紅太陽的灼熱光輝

毛澤東與中國五〇年代政治

盛慕真

———

著

謝辭

　　本書是我十多年研究成果的結晶。書中六章涉及六個不同的課題和領域，各有其成名學者及其論文專著，我需要請教的學界同仁也自然不少了。

　　在有關朝鮮戰爭的領域中，我特別要感謝（按字母為序）陳兼、Thomas Christensen、沈志華；在鎮反和三反的課題上，陳永發、Frederick Teiwes、Andrew Walder給了我很多指點和鼓勵；對於高崗事件和精英政治，我得益於Roderick MacFarguhar和楊奎松的幫助；在毛澤東和中國知識分子的關係問題上，李洪山、沈志華仔細閱讀了初稿並加以評論和指正；在兩次台海危機和中蘇分裂的課題上，我要感謝陳兼、Nancy Tucker和沈志華。關於中共政治文化和延安整風的問題，同陳永發和Timothy Cheek 的交流使我受益匪淺。劉曉原讀過序言和第一、二章，給予贊助，並向出版社推薦。聯經出版公司編委會邀請的兩位匿名學者寫的審查報告對我如何修改書稿也很有啟發。這些學者們，有的同我分享歷史資料，有的給我贊助加油，有的給予指教點撥。為此我當不勝感謝。自然，書中如有欠缺和錯誤，本人當負全責。

　　謹以此書獻給陳志讓（Jerome Chen）教授，我在約克大學的博士生導師。陳先生已於2019年去世，享壽99歲，感念師恩，永誌不忘。

目 次

序言

　　中華人民共和國成立於1949年。五〇年代則是建國立策的關鍵時刻。毛澤東則是呼風喚雨掌控全局的關鍵人物。本書旨在於用史料來披露毛澤東主宰中國政治和確立國策的前前後後，及其歷史因果。所要陳述的主要事件包括朝鮮戰爭、鎮反運動、三反五反、高崗事件、批胡風和反右派，以及兩次台海危機和中蘇分裂。這些事件涉及內政外交，舉足輕重，而毛澤東在其中的操作過程中就確定了中國內政外交的基本走向。要了解中國的今天，毛澤東和五〇年代中國政治無疑是個不可缺少的前提。

　　迄今已有的對中華人民共和國史的中外研究，大多注重於1958年後的事件，如人民公社、大躍進和文化大革命。而對1958年前的中國政治的研究，尚為欠缺。[1] 中外學者發表了一

1　此乃學術界在21世紀初達成的共識，參見Jeremy Brown and Paul Pickowicz, eds. *Dilemmas of Victory: The Early Years of the People's Republic of China* （Cambridge: Harvard University Press, 2007）。1966年開始的文化大革命對中國社會的衝擊如此之嚴重，研究中國問題的學者在七〇和八〇年代中將視線集中於此，在究其發生過程時有些學者回溯到1958年的大躍進和1955年的反冒進。麥克法夸的「三步曲」就是個典型例子。（Roderick MacFarquhar, *The Origins of the Cultural Revolution*〔Oxford: Oxford

些研究成果，為本書奠定了學術基礎，例如陳兼和沈志華關於朝鮮戰爭的著說就是第一章的出發點。[2] 由於本書六個章節寫六個完全不同的運動，同時每一個課題的前人研究成果，從史料的引用到理論的分析，都紛繁不同，很難在序言裡寫一個綜合性的史學史簡介（historiography）以及本書與現存研究之關係。比較合理的處理是在每一章的引言部分來做此闡述。本書引用的史料包括三個部分：第一是歷史檔案，中國大陸的檔案館基本不開放，少數地方檔案館，如上海市檔案館，有一度對外開放，然而2016年後又增加了很多限制。俄國檔案館也一度很開放，沈志華收集和翻譯出版的關於朝鮮戰爭的檔案改觀了對那場戰爭的研究；[3] 另一些歐美學者也從俄國檔案館發掘了很多資料，翻譯成英語出版。[4] 第二是中國出版的檔案資料集，如《建國以來毛澤東文稿》、《建國以來重要文獻選編》，以及官方編輯出版的領袖人物的傳記、年譜、日記（如《楊尚昆

University Press, 1974-1997〕）由於這一共識，最近出現的一些相關的研究開始增加，例如尤迪2019年的關於五〇年代知識分子的書就是個令人鼓舞的例子。（Eddy U, *Creating the Intellectual: Chinese Communism and the Rise of a Classification*〔CA: University of California Press, 2019〕）

2　例如沈志華，《毛澤東，斯大林與朝鮮戰爭》（廣東：廣東人民出版社，2012）；Jian Chen, *China's Road to the Korean War*（New York: Columbia University Press, 1996）.

3　《朝鮮戰爭：俄國檔案館的解密文件》（台北：中央研究院近代史研究所），史料叢刊（48），2003。

4　如威爾遜中心冷戰史不定期刊物（*Cold War International History Project Bulletin,* https://www.wilsoncenter.org/program/cold-war-international-history-project）和哈佛大學冷戰史研究中心的網站。（https://projects.iq.harvard.edu/coldwarstudies/online-document-archive）

日記》）等等。第三是轉引自已出版的學術論文和書刊。從八
〇年代至本世紀初，第二部分的資料出版了很多，在北京的檔
案館大門緊閉的情況下，這些資料就不可避免地成為研究者的
「主食」了。儘管這些「官方出版物」是經過編輯和篩選的，
但其數量之大，其中做研究的迴旋餘地仍然可觀。比如《毛澤
東年譜》1950年9月20日條目下列有毛澤東給周恩來的電報，拒
絕高崗向北韓索取路線圖的要求，並說「不要向任何方面表示
我軍有出國的意圖」。此電報是在仁川登陸後5天內發出的，可
見毛澤東已改出兵初衷了。[5]

　　對毛澤東這樣一個非常人物，中外學者的褒貶不一是無可
置疑的。他們的唯一共同點就是尋求一個合理解釋：為什麼毛
澤東能夠緊緊掌控世界上最大的政黨和人口最多的國家，直至
他與世長辭？著名漢學家史景遷（Jonathan Spence）認為毛澤東
的出身平凡，受的教育也不系統，其才華和智力並不出眾；然
而他的永不停滯的精力和「不顧一切的自信」則是他成功的祕
訣，使他成為世界上最權威的統治者。[6]

　　成功者必須具備永不停滯的精力（relentless energy）是容易
理解的。但是，「不顧一切的自信」（ruthless self-confidence）
不是要把人們引向無視現實的歧途嗎？如果一個自我為中心的
人成為個人崇拜的偶像，黨和國家不會遭殃嗎？馬克斯・韋伯
（Max Weber），現代社會學的鼻祖，對此有不同尋常的理念。
他首先對「國家」下了定義：「國家是一種人統治人的社會關

5　詳見第一章。

6　Jonathan Spence, *Mao Zedong*（New York: Lipper/Viking, 2006）, p. xi.

係，它通過合法（被認為合法的）使用暴力來維持。如果一個國家要持續下去，被統治者必須服從統治者的權力。在什麼時候和居於什麼理由人們才會服從呢？這種人統治人的機制是建立在何種內在邏輯和外在力量的基礎上的？」[7]

　　在回答這些問題時，韋伯描述了三種不同性質的國家權威：傳統權威，法制權威，超凡權威。傳統權威是建立在子承父權的理念基礎之上，而法制權威則確信依法治國的方略。韋伯描述的重點在於第三種鮮為人知的權威：超凡權威（charismatic authority）。此種權威是建立在被統治者對某一個特定的領袖人物的崇拜和忠誠之上的，因為他們相信他具有超越凡人的天賦（charisma），無論此種超凡天賦是實際存在的，還是假設的，甚至是偽稱的。換言之，在超凡權威的國度裡，被統治者對國家權威的俯首聽命是基於他們對一個特定領袖的個人崇拜。韋伯輕易地列舉了傳統權威和法制權威的實例，因為子承父權的王朝和英美式的法制國家比比皆是。然而直至第一次世界大戰之前，人類歷史上還沒有一個國家韋伯可以稱其為超凡權威之實例。不過他預測在何種社會環境下超凡權威的國家政體可能出現，以及在這種政體中領袖同群眾之間的關係。他指出當一個社會經歷政治經濟或精神宗教危機時，人們傾向於相信和渴望救世主的出現。這個超凡人物具有那種體力和精神上的天賦，人們相信他猶如神聖。而超凡領袖只憑藉內在的決心，提出歷史的使命，並找到和組織追隨他的群眾來實

7　Max Weber, *From Max Weber: Essays in Sociology*, trans. H. H. Gerth and C. Wright Mills（New York: Oxford University Press, 1946）, pp. 77-79.

現這一使命。只要他能說服和證明他的正確性，他就是他的追隨者的主人。超凡領袖對追隨群眾的主宰權並非來自他們的意願；恰恰相反，他們的責任就是服從他，因為他揭示和代表了他們的歷史使命。一旦他不能持續證明他的正確性從而失去追隨群眾的崇拜，他的權威也就煙消雲散了。與此同時，韋伯還指出，由於超凡權威的政體是以某一個人為中心的，因此，它沒有英美式的文官制度和有次序的人員升降調動，而對永久性機構和程序也沒有興趣。[8] 這種政治體制下的政策和人事以超凡權威個人的意志為轉移。

　　第一次世界大戰後，歐洲衰落了，第三世界的革命運動此起彼伏。在深沉的危機感的籠罩下，人民惶惶不安，而希望成為救世主的也不乏其人。這些人來自不同的國度，社會文化背景鮮有共同之處。但他們中的每一個都真心實意地相信他是唯一能拯救他的受苦受難的國家和人民。韋伯的預料實現了，他的超凡權威的理論得到了重視。然而韋伯沒有用實例來充分展開他的理論，後來學者的運用也就紛繁不同，甚至大相逕庭。超凡權威的根基是人們對某一個領袖人物的天賦品質的相信和崇拜，但這種天賦品質可能是真實的，也可能是假設的，甚至是偽稱的。學者們選擇的研究對象不同，他們對如何運用韋伯理論的傾向性也不同。比如喬威特（Ken Jowitt）以中國共產黨為例，傾向於認為韋伯所謂天賦品質是真實的，中國的超凡權威不是一個領袖（毛澤東），而是一群人，中國共產黨。有人稱這種解說為新韋伯論（Neo-Weberian）。可惜的是喬威特

8　同上，pp. 245-247.

對中國現代史了解膚淺，他九〇年代出版的書，用的卻是六〇年代的有關中共的二手資料。[9] 與此相反，林厚姆（Charles Lindholm）則傾向於認為韋伯所謂天賦品質是假設的或偽稱的。他選擇的研究對象是希特勒、吉姆‧瓊斯等等；還著重指出韋伯不僅闡述了人們對超凡權威的相信和崇拜是他們服從的基礎，同時也強調了其他使他們俯首聽命的世俗原因，例如對權威報復的恐懼和對權威賜善的希望。[10]

　　人們追隨某一領袖的原因是錯綜複雜並受歷史時代和文化的局限。中國人為什麼信仰和跟隨毛澤東，甚至在他死後近半個世紀了，不少人仍然湧向韶山去紀念他的生日？這是一個非常值得研究的問題，但這不是本書的著重點。與此相連的另一面是為什麼毛澤東能成為中國人信仰和追隨的領袖？他具備的哪些個人素質為其成功之祕訣？毛澤東不顧一切的自信是否是他的成功祕訣之一？如果答案是肯定的，有哪些歷史行為可以立證？如果我們假設毛澤東領導下的政府是一種超凡權威，其基礎是人們對他的信仰和追隨。那麼加強此種信仰就必然是該政府決定政策時的基本理念，以期政權鞏固和國家發展。五〇年代中國政策選擇的史實可以證明這一論斷嗎？我們之所以用韋伯的超凡權威論來研究毛澤東時代的中國，就是因為它能夠把「個人崇拜」和「群眾路線」兩個截然不同的概念聯繫起來，來研究中國政權之性質及其政策制定之基礎。以現存名詞

9　Ken Jowitt, *New World Disorder, the Leninist Extinction*（CA: University of California Press, 1992）.

10　Charles Lindholm, *Charisma*（Oxford: Blackwell, 1990）.

意義為準，「個人崇拜」是一種不健康的領袖風格；但是在韋伯理論體系中，它是超凡權威的基礎。「群眾路線」往往是指一種健康的工作作風，在此它卻成為領袖得以維持其超凡權威的途徑。換言之，如果毛澤東能使他的追隨者相信他所做的一切都是「從群眾中來，到群眾中去」，或是「以人民的名義」，「為人民服務」，他們對他的崇拜和緊跟就只會加強，不會減弱。領袖和追隨群眾是一對互存和互動的社會政治關係，有些政治心理學家用「互相照鏡子」（mutual mirroring）的理論來解說此種關係：領袖在群眾的鏡子裡看到了他的力量的源泉，而群眾在領袖的身上看到了他們的希望但他們本身所不具備的改變現狀之能力。[11] 以1966年毛澤東多次接見紅衛兵為例，領袖站在高高的城樓上看著激動流淚狂呼口號的追隨者，他加強了自信去發動文化大革命以完成他所確定的歷史使命；而年幼無知的紅衛兵們遠遠地看到領袖向他們招手，從而加強了他們的使命感去緊跟領袖。[12] 這種領袖和追隨者，統治者和被統治者之間的互動關係可以為我們提供一條研究毛澤東時代中國政治的新途徑。[13]

---

11 Jerrold Post, "Narcissism and the Charismatic Leader-Follower Relationship," *Political Psychology*, Vol. 7, No. 4（December 1986），pp. 675-688.

12 為保持透明度起見，筆者披露他是被毛澤東接見的成千上萬紅衛兵中的一個。

13 本書中的一些研究成果已在各種英語專業期刊上作為個案研究發表過，但是集中五〇年代重大事件，用韋伯的理論來綜合研究毛澤東和北京政權的性質及其戰略行為，這是一個創新。同時，學術論文的篇幅一般不超過八千字，而本書的每一章都有兩萬字以上。見Michael Sheng, "Mao's Role in Korean Conflict: A Revision," *Twentieth Century China*（October 2014），

　　如果說他的不顧一切的自信是他最終成為超凡權威的重要個人素質，那麼即使是青少年時期的毛澤東就已表露出不同凡人的志向和抱負。他十六歲離家讀書時抄寫了一首詩以表自負：「孩兒立志出鄉關，學不成名誓不還，埋骨何須桑梓地，人生無處不青山。」有一天他坐在池塘邊，看到一隻青蛙相去不遠。一個平常的十六歲少年大概會聯想起動物和自然界，但毛澤東卻不由自主地表述了不成人傑不罷休的志向：「獨坐池塘為虎踞，綠楊樹下養精神，春來我不先開口，哪個蟲兒敢出聲。」[14] 毛澤東四十三歲時寫下了「秦皇漢武略輸文采，唐宗宋祖稍遜風騷」的詩句，看來是緣由可求的。幾年之後，中共在內戰中打敗國民黨，創建了中華人民共和國。1949年的毛澤東已成為主宰中國的領袖，紅太陽升起了。人們對毛澤東的個人崇拜是他獨手掌控黨和國家的基礎，中共在毛澤東時代的一黨專政其實是一人專政。如果韋伯的超凡權威論需要例證的話，毛澤東時期的中共政權恐怕是最典型不過了。[15] 但是從個人崇拜到超凡權威政權的確立有一個歷史過程。從這層意義上

---

pp. 269-290; "Mao and Chinese Elite Politics in the 1950s: The Gao Gang Affair Revisited," *Twentieth Century China*（January 2011）, pp. 67-96; "Mao and China's Relations with the Superpowers in the 1950s: The Taiwan Strait Crises revisited," *Modern China*（October 2008）, pp. 477-507; "Mao Zedong and the Three-Anti Campaign: November 1951-April 1952," *Twentieth Century China*（Fall 2006）, pp. 21-45.

14 有關青少年時期的毛澤東，參見Michael Sheng, "Mao's Formative Years Revisited," *Chinese Historical Review*（Fall 2005）, pp. 230-262.

15 相同的例證也可以在北朝鮮的金家王朝或辛巴威的穆加比政權中找到。如果本書研究模式能成立的話，它可以幫助研究其他類同國家政體和歷史。

來說，中國五〇年代政治的特色就是毛澤東個人崇拜向超凡權威政權發展的過程。本書旨在研究這一時代的中國重大外交內政事件及其相應決策過程來看毛澤東超凡權威是怎樣確立和鞏固的，及其對中國政治發展的利弊關係。

　　本書包括六個章節，下列是各章節的簡介：

　　第一章，「東方的列寧，出征朝鮮：1950-1953」，將注重於研究毛澤東在出兵朝鮮決策的前前後後，以及對五次戰役的戰略指揮及其成敗。現存學術著說在分析毛澤東出兵朝鮮決策動機時大致帶兩種傾向：一是強調意識形態的作用，二是突出國家民族利益的考慮。兩者的共同點是認為毛澤東堅持出兵的主張是始終不變的。但是最近披露新資料顯示在1950年9月美軍仁川登陸後毛澤東此前迫不及待要出兵的姿態轉變成小心謹慎，不願急於出兵的姿態。事後毛澤東把這一轉變的原因推到政治局和史達林的頭上，而不少學者認同了毛澤東的自我解釋。鑑於毛澤東的意識形態和中國的民族利益在仁川登陸前後都沒有變化，現存的兩種分析顯然不足以解釋毛澤東出兵決策的動機。毛澤東的共產主義和世界革命的意識形態及其對國家安全的顧慮固然重要，他的個人因素和情緒變化也不可忽視。本章將顯示仁川登陸前毛澤東迫不及待出兵的主張是同他積極籌劃「東方情報局」切切相關的；他想得到「東方列寧」的領袖形象是他主張出兵動機中的一部分。仁川登陸後，戰場情況急轉直下；出兵打敗戰自然有損領袖形象。毛澤東在出兵問題上變得小心謹慎，遲疑不決。但是怕打敗戰而不出兵就像怕受挫折而不革命一樣，也不是革命領袖應有品質。於是毛澤東在遲疑不決拖延出兵之時，想方設法把不出兵的決定轉嫁於人。

從10月1日金日成和史達林向毛澤東請求出兵，他拖延了整整三星期。就是在志願軍入朝後，毛澤東的戰略方針仍然十分保守，小心謹慎，希望美軍不要越過平壤以北，志願軍在六個月內也不出擊。可是當志願軍在第一和第二次戰役中打退了毫無準備的美軍後，他的小心保守的政策突然變成盲目冒進。毛澤東否決了彭德懷推遲第三次戰役的意見，讓部隊有個休整補給的機會。他不僅命令志願軍不斷出擊，同時拒絕聯合國對中國十分有利的停戰談判提案。幾個月後，在中朝方面失去了軍事和外交上的優勢之後，毛澤東才願意在板門店坐下談判。本章不僅揭示了毛澤東獨手掌控整個軍事外交的決策過程的事實，同時還披露了他對形勢的判斷和政策的意向常常變化莫測。北京新政權和世界首強的第一次較量能打一個平手，確實是不容易的。而本章陳述了歷史真實的另一面：如果不是毛澤東的種種失誤，中方的勝利可能更大，付出的代價，特別是志願軍死傷人數，可能大大減小；同時，中國的國際地位可能更優越。

　　第二章，「人民的救星，大殺罪惡：1950-1952」，旨在研究毛澤東與鎮壓反革命運動。毛澤東不平凡的志向和抱負固然是他超凡權威的基礎，但是要打造一個建立在個人崇拜基礎上的政權並非依靠個人意願即可成功。毛澤東成功之法寶是結合階級鬥爭和群眾運動來鞏固和加強超凡權威之政權。毛澤東時代中國政治的特點就是一個群眾運動接著另一個群眾運動；而第一個群眾運動即是毛澤東親自規劃和主持的鎮壓反革命運動。把群眾劃分成多種階級，並鼓動一些階級去打擊另一些階級，不僅是統治者慣用的「分而治之」的權術，也是「群眾擁護的獨裁者」確立他們權威的訣竅。毛澤東的每一個群眾運動

都有特定的整治「對象」，從地、富、反、壞、右，到「走資本主義道路的當權派」，因為沒有「魔鬼」的存在，人民就不需要「救星」。

　　1950年其實目睹了兩個鎮反運動：第一個是以劉少奇為主持人，他起草的三月十八日《中共中央關於鎮壓反革命活動的指示》強調對反革命活動「必須給以堅決的鎮壓和剿滅，不得稍有猶豫」，對其「首要和組織者」要處以極刑。與此同時，毛澤東卻顯得特別的溫和，強調「全黨都要認真地，謹慎地做好統一戰線工作⋯⋯我們不要四面出擊」。他的政策重點顯然是要防止左傾。但是毛澤東的政策在1950年秋出現了180度的轉向。他起草的第二個《中共中央關於鎮壓反革命活動的指示》於10月10日發表。該文件批評黨內「在鎮壓反革命問題上，發生了嚴重的右的偏向」。「這不僅助長了反革命的氣焰，而且引起了群眾的抱怨」。[16] 一個溫和的毛澤東為什麼轉變態度，堅持要「大張旗鼓」地殺反革命？如果第一個鎮反運動基本上是以軍警為主，以鞏固政權為目標的行動，第二個鎮反運動之特點就是發動群眾。毛澤東曾對羅瑞卿說，鎮反運動「不僅是為了殺幾個反革命，而更主要的是為了發動群眾」。[17] 毛澤東究竟是如何發動群眾來鎮壓反革命的？這種群眾性的階級鬥爭又如何加強了毛澤東的超凡權威呢？本書第二章將試圖回答這

16　查兩個《指示》，參見中共中央文獻研究室編，《建國以來重要文獻選編》（北京：中央文獻出版社，1992），第1冊，頁141-143、420-423。

17　《羅瑞卿同志在第一次全國宣傳工作會議上的報告》，1951年5月19日。參見楊奎松，「新中國鎮反動始末」，《中華人民共和國建國史研究（1）》（南昌：江西人民出版社，2009），頁184。

些問題。

　　第三章，「中共的良心，力拒貪腐：1952-1953」，將著重討論毛澤東和三反運動。任何超凡權威的確立都必須借助韋伯所謂的「機器」（machine）的力量，這就是一個有組織又有活力，並對領袖唯命是從的黨。毛澤東對中國共產黨的掌控是在延安時期完成的。從1937年6月22日延安《解放日報》首次登載毛澤東的肖像，到1945年中共七大確立毛澤東思想為黨的理論指導，毛澤東成功地推動了三個內在互聯的運動來達到他掌控中共黨組織的目的：學習運動，整風運動，肅反運動。現有對延安時期的研究往往有兩種對立的傾向：一種是把延安理想化，另一種則強調「延安的陰影」。[18] 阿伯特和塞屈的解說顯得更全面合理，他們把延安看成即是「道德理念的制高點」，同時又是「政治手段炒作期」。他們還把整風和批評與自我批評解說為「懺悔式的互動交流」（redemptive discourse）。[19] 作為中國政治文化的產物，毛澤東一定懂得「得人心者得天下」的道理。而作為帝王權術的繼承者，他也知道壓力和恐懼是使人服從聽命必不可缺的因素。這也就是韋伯所說的人們服從超凡權威的「內在邏輯」和「外在力量」的結合。1949年後的中

18　參見Mark Selden, *The Yenan Way in Revolutionary China*（Cambridge: Harvard University Press, 1971）；陳永發，《延安的陰影》（台北：中央研究院近代史研究所，1990）。高華的《紅太陽是怎樣升起的》是迄今為止對延安整風最詳細的研究。他強調的是毛澤東的權術之高明，但是單一的權術不能解釋為什麼黨內那麼多的能人，如周恩來，都成為毛澤東的征服工具。

19　"Yan'an was both a moral high ground and a Machiavellian moment," David Apter & Tony Saich, *Revolutionary Discourse in Mao's Republic*（Cambridge: Harvard University Press, 1994）, p. 68.

國共產黨已是執政黨，眾多來自不同階層的新黨員湧入黨和政府。怎樣保持黨政「機器」的活力和服從性自然成為毛澤東的一塊心病。他的對策就是發動群眾來推動黨和政府內部的階級鬥爭。在1951年底，鎮反運動的尾聲未落，毛澤東又發動了「三反運動」：反貪污，反浪費，反官僚主義。毛澤東如何發動群眾投入三反運動？該運動對促進生產和整頓黨風有何種效應？毛澤東在黨和政府內的權威是否因此加強了？這些就是本書第三章的研究主題。

　　第四章，「諳熟的權術，掌控精英：1953-1954」，是對毛澤東與高崗事件的探討。要確保黨和政府這一台機器運作正常有效同時又俯首聽命，毛澤東首先必須掌控其核心部分：中央政治局。任何超凡權威政體中的精英政治都必然是複雜和微妙的，因為要完成領袖確定的使命，必須要有一班聰明能幹的精英們的贊助；同時又要防止精英們可能造成的「喧賓奪主」之局面。聰明能幹的精英們之間也必然有競爭和衝突。四〇年代中期毛澤東提出「新民主主義論」來確立中共的歷史使命，以取代國民黨一黨專政。但是毛澤東重提階級鬥爭並發動鎮反運動，說明他對「新民主主義」已改初衷。然而劉少奇和周恩來等政治局成員依舊遵循黨的既定路線，引起毛澤東對他們的不滿。與此同時，毛澤東從地方領導人中提拔精英人士到中央任職，比如西南的鄧小平和東北的高崗。如果毛澤東有意以高崗取代周恩來，高崗的出格言行不僅引起包括鄧小平在內眾多精英們的不滿，也使毛澤東產生疑慮。高崗事件是中共複雜微妙的精英政治之集成，而毛澤東如何處理高崗事件則反映了他駕馭精英政治之高超和政治權術之諳熟。中共黨內精英眾多，為

什麼毛澤東鶴立雞群？本書第四章將注重於毛澤東和高崗事件以答之。

　　第五章，「嚴厲的明君，馴服眾儒：1950-1957」，著重於研究「思想改造運動」，反胡風及肅反運動，和整風反右運動來看毛澤東和中國知識分子的關係。如果超凡權威的基礎是人們對某一領袖天賦才能的信任和服從，對毛澤東的個人崇拜之意念就具有絕對的重要性。這種意念的形成和鞏固具有一定的歷史和現實的條件，比如長期的戰亂和動盪使人們渴望一個明君或救星，而毛澤東又證明了他領導共產黨打敗蔣介石的能力，並承諾一個強大美好的新中國。於是人們衷心地歌唱「東方紅，太陽升，中國出了個毛澤東」。然而意念的形成也和媒體及宣傳機器的作用大有關係。在媒體和教育宣傳機構工作的知識分子是「意念生產者」（opinion maker），就如〈東方紅〉這首歌的作曲家。只有在知識分子把一個意念用文字或歌曲等形式具體化了以後，媒體才能傳播，民眾才能「消費」。正因為知識分子塑造社會意念的地位，任何類型的權威都要利用他們。舊中國的傳統帝王權威要依靠「學而優則仕」的人來為其服務，歐美法制權威也要知識分子在學校和媒體傳播民族主義。超凡權威就更無例外。但是作為受過高等教育又是「意念生產者」的知識分子，他們習慣於獨立思考，不好人云亦云。延安的知識分子只有幾千人，同時又是自我篩選的激進人士，投奔共產黨去抗日救國。但是就在這一批人中，不願唯命是聽的人並不少見。王實味就是一個例子。毛澤東懂得要掌握知識分子，單有和風細雨的學習和整風運動是不夠的。肅反運動隨之而來。他可能認為康生殺王實味是過分了，不宜爭取人心。

然而王死之前已被關押很久，毛澤東一定是知道並批准的。1949年後，全國的知識分子比延安時期多得多，成分也複雜得多。如何處理知識分子問題始終是他的一塊心病。延安時期有打有拉的政策會繼續實行，但是「打」的方式確有不同。康生主持下的延安肅反基本上是蘇聯式的，而毛澤東主持下的反胡風和反右運動則以發動群眾為特點。本書第五章將討論毛澤東和知識分子政策。

　　第六章，「國際的權威，獨樹一幟：1954-1958」，致力於研究兩次台海危機和中蘇分裂。建國七年以來，毛澤東內政的中心就是發動群眾，用政治運動的方式來解決不同層面上的問題，以求鞏固他的超凡權威。1957年反右運動後，毛澤東在國內的政治地位不可動搖。於是正值國際共運領袖們在莫斯科開會，他決定要取得對國際共運的指導權。史達林死後，赫魯雪夫批判他去世的前任，毛澤東對此的反應極其複雜。然而毛澤東的注意力卻在國際共產主義運動的領導權上。中國革命的成功是毛澤東農村包圍城市戰略路線的勝利，他要使「延安道路通天下，」而不滿赫魯雪夫的「和平共處，和平過渡」的方針。現有有關中蘇分裂的研究大多注重於兩國國家利益的衝突。毛澤東的雄心壯志和擴展他的超凡權威對國際共產主義運動的解體有何作用？他從莫斯科回來後，決心在經濟上趕超蘇聯，以加強他在國際上的地位，於是他又借助於發動群眾，搞大躍進。國內政策與國際政治聯繫起來了。1958年砲打金門實際上是對赫魯雪夫「和平共處」的挑戰。本書最後一章將對台海危機和中蘇分裂提出新的解說。

　　如前所說，運用韋伯超凡權威的理論可以把個人崇拜和群

眾運動，兩個毛澤東時代的政治特色，聯繫起來分析。從上述的本書梗概就可以看出毛澤東和史達林之間的不同點就是前者處處強調發動群眾。西方學者對毛式群眾運動做了不少研究，但其大多數都是在八〇年代之前。那時中文資料極其有限，他們的研究往往顯得幼稚和無知。以班尼特1976年的著作為例，該作者認為群眾運動給予中國公民很大的政治參與權來解決很多的社會問題，因此，毛澤東時代的中國政治不是西方的議會民主，而是「群眾參與民主」（mobilizational democracy）。班尼特還說群眾運動對促進經濟發展有積極作用，他並預言群眾運動在毛澤東之後將持續發展。[20] 這樣的解說是否與毛澤東時代的現實相吻合？讀者們在看了大量的史料後可以得出自己的結論。

其實從世界歷史的角度來看，真正群眾性的自下而上的自發運動往往為時不長。一旦它成為一種政治和社會力量，精英們就取而控之，為其服務。基督教原先是自下而上的自發運動，並長期受羅馬帝國的迫害。康士坦丁皇帝不僅將基督教合法化，還給予各地主教政教合一的統治權。隨後羅馬教皇又利用教民的狂熱發動十字軍東征，對穆斯林異教開戰。康斯坦丁後的基督教運動還是自發的群眾運動嗎？抑或是精英的「運動群眾」以實現他們自己的目標？即使是自下而上的群眾運動也往往退化成野蠻和摧毀性的力量。巴黎民眾起義推翻了法國皇朝，建立了共和國。但是民眾對貴族的階級仇恨受革命精英控

---

20 Gordon Bennett, *Yundong: Mass Movement in Chinese Communist Leadership*（CA: UC Berkeley, 1976）.

制的媒體煽動，引起血腥的大屠殺。無辜的人們被送上斷頭台，直至革命領袖們的自相殘殺。為了結束無法無天的混亂局面，推翻了一個皇朝的人們又把一個軍人推上皇位，那就是拿破崙。歷史上的群眾運動都有好結果嗎？

　　然而「發動群眾」或者「運動群眾」不僅是毛澤東的一種政治手段，也是他的超凡權威的根本。沒有群眾的支持和緊跟，超凡權威就會黯然失色，無論這種支持和緊跟是實實在在的，還是媒體塑造的。久而久之，整個中共黨組織及其領導層達成了與毛澤東的共識：只有他一人是代表黨，代表人民和國家的。這種意念就是毛澤東掌控下的政權之基礎，它在一定條件下有效地團結了共產黨去實現其既定目標，從而避免了蔣介石領導下的國民黨的四分五裂和缺乏效率之覆轍。但是當毛澤東判斷錯誤，甚至在文革期間要摧毀黨組織時，中共完全處於癱瘓狀態，無力抵制。毛澤東打造的超凡權威是非常牢固的，他掌控著中國黨和政府直至他去世。就是他離開人間後相當一段時間，要改變他的政策和體制也非常困難。這是毛澤東的成功，但是其代價如何？誰付出了這個代價？這些問題與其說是學術性的，不如說是政治性的。讀者可以引出自己的答案。本書的宗旨是用史料來追溯毛澤東打造超凡權威的過程，以及他成功的原因和利弊。故事開始於毛澤東和抗美援朝。

第一章

東方的列寧，出征朝鮮
1950-1953

毛澤東主席通盤考慮的保衛祖國安全的需要和世界大
局，高瞻遠矚，將革命膽略和科學態度結合起來，從戰略
上藐視敵人，從戰術上重視敵人，作出了用志願軍的名義
派兵入朝參戰的決策。這場戰爭的勝利，不僅保衛了我國
的安全，履行了國際主義義務，也極大地提高了我國的國
際地位。毛澤東作為一個偉大的戰略家，他在抗美援朝戰
爭中所建立的歷史功績，將永遠被人們懷念。

楊成武，1990年6月[1]

今天絕大多數的中國人可能會同意楊成武將軍的判斷。但
是人們是不是知道毛澤東在聯合國軍入朝之前，並遠遠在中國
邊界安全受到威脅之前，就鼓勵金日成用武力統一朝鮮半島，
入侵南韓，並承諾需要時會派中國軍隊入朝相助？另一個為人

---

1 徐焰，《第一次較量，抗美援朝戰爭的歷史回顧與反思》（北京：中國廣播電視出版社，1990），頁2-3。

鮮知的史實：1950年9月15日，麥克阿瑟仁川登陸成功後，北朝鮮的軍隊兵敗如山倒，而聯合國軍迅速推進到三八線上。金日成10月1日請求毛澤東出兵援助，史達林也再三敦促，但毛澤東一改初衷，遲遲不願出兵。最後出兵入朝的決定是到10月18日才作出的，而美國在10月8日已決定越過三八線。美國的決定是建立在中國不會出兵的判斷上的。如果毛澤東10月初就決定出兵，美國可能為此而停止在三八線以南，朝鮮戰爭是否可以就此避免？[2]

毛澤東在出兵朝鮮的決策和出兵後的戰略，前前後後出現過很大的變化。本文將分三個階段來追溯他的思路和政策的轉變。第一階段從1949年到1950年9月。在此期間，由於中國革命的勝利，毛澤東在國內外的聲譽極速增長。他希望組織一個由他領導的「東方情報局」來協調和指導亞太地區國家的革命運動。史達林同意毛澤東的想法，並建議先由三國的黨組成：中國、北朝鮮和日本。在此情況下，毛澤東和金日成交流頻繁，他對朝鮮黨用武力統一朝鮮半島的想法極力支持。只是史達林不願與美國直接衝突，遲遲不給金日成入侵南韓開綠燈，直至1950年春。朝鮮戰爭爆發後，北韓的軍事進展順利，毛澤東積極準備派兵入朝作戰。第二階段從1950年9月的仁川登陸和相繼的北韓軍事崩潰到10月18日。在此期間，毛澤東一改初衷，遲遲不願出兵朝鮮。但是他又不願對外顯得遲疑和軟弱，因此

2　關於對此問題的討論，參見Thomas Christensen, *Worse than a Monolith: Alliance Politics and Problems of Coercive Diplomacy in Asia*（Princeton: Princeton University Press, 2011）. Michael Sheng, "Mao's Role in Korean Conflict: A Revision," *Twentieth Century China*（October 2014）, pp. 269-290.

他推說是政治局的多數不同意出兵；他還造成一種印象，中國不出兵是因為史達林改變初衷，不給空軍地面保護。史達林說服不了毛澤東，只能指示金日成做撤退到中國或蘇聯的準備。然而毛澤東又改了主意，最終決定出兵。他為什麼在出兵問題上如此的反反覆覆？第三階段從1950年10月18日志願軍跨過鴨綠江到1951年7月停戰談判開始。在此期間，毛澤東開始非常謹慎，不打大仗，不取城市，同時希望打一下就能談判停戰。他的這種小心謹慎的戰略很快轉變成速戰速決的冒進戰略。中朝軍隊在第一次戰役打退了毫無準備的敵人後，他不顧彭德懷再三請求延緩進攻，讓部隊休整補給後再越過三八線，而命令志願軍不斷出擊，接連打了五個戰役；最後兩個戰役以失敗告終。同時，聯合國提出對中方非常有利的停戰談判條件，但毛澤東堅持要徹底在戰場上打敗敵人，拒絕談判。當毛澤東最後不得不接受停戰談判時，中方戰場上已是損失慘重，外交上也失去了良機。他的戰略思路的變化莫測是否同他對自身的權威形象過於注重有關？[3]

3　現有的著說都把討論的重點放在毛澤東的戰略動機上，即他為什麼要出兵朝鮮。學者們的解說無外有兩種：第一是強調毛澤東的民族主義精神，認為他是勉強地被拖入朝鮮衝突；第二是強調毛澤東的國際主義和地域安全理念，堅持他出兵朝鮮的決策始終如一。本章提出第三種解說：毛澤東過於注重他的東方革命領袖形象是一個不可忽視的決策動機之一，但不完全否定前兩種解說的部分合理性。詳細討論請參見下文。

第一階段：東方的列寧積極推動朝鮮革命和統一

　　1948-1949年中國革命即將成功，毛澤東國內外的聲譽節節上升，但是他究竟何許人也？各種評價和猜測紛繁不一。美國中央情報局和決策人物認為毛澤東是一個中國民族主義者，和南斯拉夫的狄托一樣，會同史達林的蘇聯發生衝突。這種「東方狄托」的解說使華盛頓對北京出兵朝鮮的判斷屢屢出錯。甚至當志願軍已集結於北朝鮮山區，幾個中國士兵已被美國人抓住，中央情報局仍然堅持中國不會出兵，而那些中國俘虜是對方有意送來，以期嚇退向北推進的聯合國軍。[4] 美國決策層對毛澤東的誤解造成了軍事上的挫敗，由於美軍毫無思想準備，志願軍很快就占領了三八線以北地區。當時只有一個真正的中國通，司徒雷登，才實實在在地看懂了毛澤東。他在1949年6月告訴華盛頓：毛澤東的「不尋常的自信」可能使他想成為「東方的列寧」，從而對莫斯科的意識形態領導權提出挑戰。最近披露的中俄文資料證明司徒雷登是正確的。[5]

　　1947年歐洲共產黨組成國際情報局，此時的史達林把戰略目標放在歐洲，似乎對亞洲革命不很關注和支持。毛澤東從1948年起，卻熱心於創立東方情報局。他向蘇聯方面提出訪蘇設想，他有意同史達林商談的問題中包括東方革命力量如何聯合的方法。1949年初，史達林派米高揚到西柏坡，毛澤東正式

4　Woodrow Kuhn, ed., *Assessing the Soviet Threat*（Langley, VA: The Center for the Study of Intelligence, CIA, 1997）.

5　參見Michael Sheng, 2014.

向蘇方提出建立亞洲共產黨情報局來與印度支那、菲律賓、印度尼西亞和朝鮮等國的共產黨建立聯繫。莫斯科看來已理解毛澤東的想法，米高揚當即表示蘇共中央同意建立以中共為首的共產黨東亞國家局，最初可以包括中國、朝鮮和日本三個共產黨，以後可逐步擴大。史達林知道在亞太地區殖民地和半殖民地贊助革命，可以牽制歐美勢力，有利於蘇聯安全利益。如果他目前不能分心，為何不讓迫不及待的毛澤東去發揮呢？ 1949年7月史達林對在蘇聯進行祕密訪問的劉少奇說：「中國共產黨是一個成熟的黨，祝願中共站在國際共產主義運動的前列。中蘇兩家都應多承擔一些義務，而且應該有某種分工。希望中國今後多做東方殖民地、半殖民地國家的工作，蘇聯對西方多承擔一些義務，多做些工作。革命中心現在轉移到了中國和東亞，中共應當履行對東亞各國革命所承擔的責任。因此應與東南亞各國建立密切的聯繫。」[6] 同時史達林在5月26日警告毛澤東不要建立東方情報局為時過早。解放軍南下，逼近東南亞，會造成那裡的革命形勢，帝國主義會想盡一切辦法控制他們的勢力範圍，和中共的軍事衝突是可能的，甚至可能在青島登陸，插到南下解放軍主力後方。毛澤東對史達林的警告非常注意。5月28日他得到情報說青島的美軍活動異常頻繁，他馬上調整軍事部署，令二野推遲南下兩個月，三野包圍青島並守衛上海，要在從天津到上海的沿海地區安排足夠的兵力。[7]

6　沈志華，〈毛澤東與東方情報局：亞洲革命領導權的轉移〉，華東師範大學學報。筆者感謝沈志華把此文在正式發表前寄來分享。發表的文章可查2012年《騰訊網》。

7　參見Michael Sheng, *Battling Western Imperialism: Mao, Stalin, and the United*

　　由於種種原因，東方情報局雖然沒有成立，但是毛澤東作為東方革命指導者的地位已經確立。他在實行作為東方革命指導者的職能時行動極其迅速。1949年3月，中共中央從西柏坡遷移到北平，立即開始與亞洲各國共產黨聯繫。7月底，「第一學習組」開始在中南海開班上課，參加者包括來自印度、越南、泰國、菲律賓、緬甸和印度尼西亞等國共產黨的領導人士。學習資料以《毛澤東選集》為主，講課人包括朱德、鄧小平、陳毅、劉伯承等中共領導人。1949年11月16日，世界工會聯合會亞澳會議在北京開幕，劉少奇在開幕詞中大力宣揚中國革命的經驗，即開展武裝鬥爭上中國人民取得勝利的基本道路，「這條道路就是毛澤東的道路，也是許多殖民地半殖民地人民爭取獨立和解放的不可避免的道路。」包括蘇聯在內的很多代表團不同意公開發表劉少奇的開幕詞，認為在工會會議上不應該提武裝奪取政權的口號，況且還有許多資本主義國家的代表參加了會議。史達林得知後，批評蘇聯代表團犯了嚴重的政治錯誤，蘇聯領導人認為劉少奇的開幕詞是正確和及時的。1950年1月，《真理報》刊登了劉少奇的開幕詞。8

　　毛澤東爭取並取得了對東方革命的指導權，這就是他積極支持金日成武力統一朝鮮半島的背景和內在原因。當金日成想在朝鮮重演中國革命的成功之路，作為東方革命指導者的毛澤東怎麼能說「不」呢？狄托是從南斯拉夫的民族利益出發，不願向蘇聯「一邊倒」，而毛澤東則是從國際主義的立場出發，

States（Princeton: Princeton University Press, 1997），p. 179.

8　沈志華，東方情報局。

支持金日成的戰爭計畫，儘管這一計畫可能對中國的國防安全和經濟恢復有害。艾奇遜和中央情報局關於毛澤東是「東方狄托」的意想不過是不合實際的想入非非，而司徒雷登「東方列寧」的描述更符合毛澤東的心態和政策。1949年5月，毛澤東對北朝鮮領導人說，如果朝鮮有戰爭，你不必擔心，因為你鄰近蘇聯和我們的東北。如果必要時，我們可以悄悄地派兵支持你。我們都是黑頭髮，誰都區分不開我們。[9] 當時中共軍隊正在南下，同時又要擔心可能的美國軍事干涉，但是毛澤東已經明明白白地支持金日成的戰爭計畫。可是史達林不給開綠燈，金日成也不敢蠻動。1950年春，中國革命成功，史達林擔心的美國干涉並未發生，而且美國還不打算保護在台灣的蔣介石。史達林估計北朝鮮進攻南方，美國干涉的可能性不大。於是他給金日成開了綠燈。但是史達林說得很明白，如果美國干涉的話，蘇聯不會加入朝鮮戰爭，金日成只能指望中國的支持。因此他要金日成去見毛澤東，只有北京同意了，平壤才可以行動。於是史達林把朝鮮戰爭的最後決定權交給了毛澤東。1950年5月15日，毛澤東接見祕密來訪的金日成，並說他曾經設想中國攻占了台灣後朝鮮再進攻南方。但是既然朝鮮決定現在就打，而這又是中朝共同的事業，他同意並準備給予必要的協助。如果美國人參戰，中國將派兵幫助北朝鮮。他還主動問朝鮮來訪者：是否現在就向中朝邊界調一些軍隊？是否需要中方

9　什特科夫關於金日成通報金一在北平談判情況致維辛斯基電（1949年5月15日），沈志華編，《朝鮮戰爭：俄國檔案館的解密文件》（台北：中央研究院近代史研究所，史料叢刊〔48〕，2003），上冊，頁187。

提供武器彈藥？[10]

　　毛澤東的肯首是蘇中朝三方發動朝鮮戰爭的最後決定，他當時是否想到朝鮮戰爭將對中國的安全和經濟建設有何影響？他預料到美軍不僅入朝干預，還派第七艦隊到台灣海峽嗎？他把金日成進攻南朝鮮看作是「中朝共同的事業」，並把攻占台灣統一中國之事放在第二位，這就說明他不僅是站在一個中國領導人的立場，而更是站在一個東方革命領袖的立場上來思考和決策的。在史達林和毛澤東的支持下，金日成6月25日向南朝鮮進攻，同日聯合國通過美國的提議，美國出兵的決定已很明顯。毛澤東在6月30日就告知蕭勁光：解放台灣向後推遲，目前的首要任務是抗美援朝。[11] 7月2日，毛澤東派周恩來去告訴蘇聯大使羅申：中國將在東北集中三個軍，十二萬兵力；如果敵人越過三八線，中國軍隊就打扮成朝鮮人，入朝參戰。周恩來還問，中國出兵後，蘇聯是否能提供空軍掩護。[12] 三天後，史達林來電：「我們認為立即集中9個中國師到中朝邊界是正確的，以便當敵人越過三八線時在朝鮮開展志願軍的行動。我們

10　史達林關於同意朝鮮同志建議致毛澤東電（1950年5月14日），同上，頁384。參見沈志華，〈唇齒相依還是政治聯姻：中國與北朝鮮同盟的建立和延續（1946-1958）〉，《中央研究院近代史研究所集刊》，第63期，2009，頁147-194。

11　《蕭勁光回憶錄》（北京：解放軍出版社，1987），下冊，頁26；徐焰，〈出兵入朝參戰決策最後確定的曲直過程〉，《黨史研究資料》，1991，第4期，頁7-13。

12　沈志華，《毛澤東，斯大林與朝鮮戰爭》（廣州：廣東人民出版社，2012），頁258。

將盡最大努力為這些部隊提供空中掩護。」[13] 7月7日，毛澤東委託周恩來主持中央軍委會議，決定成立東北邊防軍，包括四個軍和三個砲兵師，於本月底集結到中朝邊界。毛澤東當天簽署了這一軍委決定。[14] 1950年7月，金日成在南方的軍事行動進行順利，中國邊防沒有受到任何威脅，但是北京出兵入朝的步伐加速了。周恩來於12日告知金日成中國盡可能向朝鮮提供所需要的一切幫助，並要求平壤盡快提供1500張詳細的軍用地圖和朝鮮人民軍的服裝樣品。金日成及時向蘇聯大使通報了北京的要求，並說既然美國和其他國家已站在李承晚一邊參加了戰爭，社會主義民主國家如捷克和中國也可以用自己的軍隊來幫助朝鮮。但是什特科夫有意迴避這一問題。一星期後，毛澤東又對朝鮮在北京的代表說，如果朝鮮需要援助，中國可以派自己的軍隊去朝鮮。中國方面已準備了4個軍，共32萬人，並希望金日成於8月10日以前通報自己的意見。金日成再次通報莫斯科來探測史達林的意向，但史達林仍然避而不答。[15] 毛澤東似乎迫不及待地要出兵入朝，而史達林卻堅持既定原則：敵人越過三八線中國才出兵。

　　但是毛澤東箭已上弦的姿態並未改變。8月4日，他在政

13 Alexandre Mansourov, "Stalin, Mao, Kim, and China's Decision to Enter the Korean War, September 16-October 15, 1950: New Evidence from the Russian Archives," *Document 7*，CWIHPB, Issue 6-7（Winter 1995），

14 《建國以來毛澤東文稿》（北京：中央文獻出版社，1987），卷1，頁428。（此後簡稱為《毛文稿》）東北邊防軍實為志願軍前身，粟裕是第一任首長，但是因病由高崗代理，直至彭德懷10月接任。參見徐焰，《出兵入朝》，頁7-13。

15 沈志華，〈唇齒相依〉。

治局會議上說，如美得勝，就會得意，就會威脅我。對朝鮮不能不幫，必須幫助，用志願軍的形式。同一天，他同意總參謀長聶榮臻的報告，派出高砲部隊進入朝方一側，以確保鴨綠江大橋安全。[16] 第二天，他致電高崗說，8月內可能沒有作戰任務，但是要準備9月上旬能作戰，「叫各部於本月內完成一切準備工作，待命出動作戰。」[17] 同時在毛澤東的督促下，高崗對東北邊防軍將士說我們必須主動積極地援助朝鮮人民，「到朝鮮去是以志願軍的名義出現，穿朝鮮服裝，用朝鮮番號，打朝鮮人民軍的旗幟，主要幹部改用朝鮮名字。」各項準備要專人負責，限期完成。[18] 毛澤東顯然不想等到敵人越過三八線再出兵，他在8月間還看不到這種可能性。他當時只是認為「朝鮮戰爭持久化的可能性正在逐漸增大」，但是美國是可以打敗的。他8月5日說：美國「在軍事上只有一個長處，就是鐵多，另外卻有三個弱點，合起來是一長三短。三個弱點是：第一，戰線太長，從德國柏林到朝鮮；第二，運輸路線太遠，隔著兩個大洋，大西洋和太平洋；第三，戰鬥力太弱……美軍不如德、日的軍隊。」[19] 如果金日成的部隊就能把美軍擠壓在朝鮮半島南部，毛澤東當時似乎有理由認為一旦中國出兵就可以把美軍趕下海。這也是他之所以迫不及待地要出兵入朝的原因之一。但是毛澤東的上弦之箭不能發，因為史達林避而不談中國出兵之事。於是他在8月間找尤金談了兩次，說美國最近可能在朝鮮增

16　中央文獻研究室編，《毛澤東傳，1949-1976》，上卷，頁109。

17　《毛文稿》，卷1，頁454-455。

18　沈志華，〈唇齒相依〉。

19　《毛澤東文集》（北京：人民出版社，1999），卷6，頁93。

派30到40個師，那時金日成需要中國的直接軍事幫助，而中國
軍隊可以殲滅30到40個美國師。同時他又兩次接見朝鮮代表李
相朝，談朝鮮戰事；而朝方如行例事地把毛澤東的談話通報莫
斯科。在他的一再催促下，東北邊防軍的兵力計畫9月初增加到
70萬人，另加20萬補充兵員。[20]

　　在1969年中蘇邊界戰爭和尼克森訪華後，很多學者重新撿
起中央情報局和艾奇遜的「東方狄托」的說法，並認為毛澤東
是勉強地被拖入朝鮮戰爭的。更有人認為史達林為了防止毛澤
東變成東方的狄托，故意在中國邊界製造戰爭，以挑起中美衝
突。甚至還有人認為毛澤東的理念和政策更接近於美國而不是
蘇聯；因此美國幫助國民黨打內戰是把毛澤東推入史達林的懷
抱，從而失去了一個爭取毛澤東的機會。[21] 上述史料證明此類
強調毛澤東的「民族主義」的解說是經不起歷史考察的。與此
相反的另一種解說則強調「意識形態」的作用：毛澤東的馬列
主義，特別是帝國主義階段戰爭不可避免的理念，促使他始終
如一地堅持出兵入朝；在他的眼裡，新中國的安全是同東方革

---

20 Zhihua Shen, ''China and Dispatch of the Soviet Air Force: the Formation of
the Chinese-Soviet-Korean Alliance in the Early Stage of the Korean War,'' *The
Journal of Strategic Studies*, 33.2（April 2010），211-230 . 沈志華，〈唇齒相
依〉。

21 參見Sergei Goncharov, John Lewis, and Xue Litai, *Uncertain Partners: Mao,
Stalin, and the Korean War*（Stanford: Stanford University Press, 1993）;
Kathryn Weathersby, "Should We Fear This?: Stalin and the Danger of War with
America," *Cold War International History Project*（CWIHP），*Working Paper
No.* 39（July 2002）. Richard Thornton, *Odd Man Out: Truman, Stalin, Mao and
the Origins of the Korean War*（Washington, D.C.: Brassy's Inc. 2000）.

命的勝利及其打敗帝國主義是切切相關的。[22] 這種把意識形態和國家利益聯繫起來的解說似乎比「民族主義論」更全面合理一些。仁川登陸前的毛澤東確實是站在世界和東方革命的立場上，堅持要盡力援助朝鮮統一事業，出兵入朝。他不是狄托式的狹隘民族主義者；恰恰相反，他想成為東方革命的領袖。但是，這種強調意識形態的作用和毛澤東始終如一的解說是否能經得起仁川登陸後的歷史考察呢？

第二階段：仁川後的毛澤東猶豫不決，遲遲不願出兵入朝

　　1950年9月中旬，聯合國軍在仁川登陸成功，金日成的部隊兵敗如山倒，美軍很快拿下漢城，並有越過三八線之勢。史達林終於在10月1日致電毛澤東，請求中國出兵援朝。迫不及待要出兵的毛澤東突然變得猶豫不決，遲遲不願派出早已集結待命的部隊跨過鴨綠江。幾乎拖了三週以後，第一批志願軍方才於10月19日踏上朝鮮領土。事過20年後，毛澤東在1970年對金日成說：「我們雖然擺了五個軍在鴨綠江邊，可是我們政治局總是定不了，這麼一翻，那麼一翻，這麼一翻，那麼一翻，嗯！最後還是決定了。」他還說：「因為中國動動搖搖，斯大林也

22　*Jian Chen, China's Road to the Korean War*（New York: Columbia University Press, 1996）. Michael Sheng, "Beijing's Decision to Enter the Korean War," *Korea and World Affairs*（Summer 1995）, 294-313; "The Psychology of the Korean War," *The Journal of Conflict Studies*（Spring 2002）, 56-72; and "Mao and the Korean War: A Personality Account," *The New England Journal of History 60*（Spring 2004）, 212-226.

就洩氣了，說：算了吧！後頭不是總理去了嗎？是帶了不出兵的意見去的吧？」周恩來：「兩種意見，要他選擇。我們出兵就要他的空軍支持我們。」毛澤東：「我們只要他們空軍幫忙，但他們不幹。」[23] 這就是毛澤東給中國遲遲不出兵定的兩條理由：政治局翻來覆去，猶豫不決；史達林不給空軍援助，而毛澤東則是始終如一的。毛澤東定的調至今仍然影響著不少學者的看法。但是前蘇聯的歷史檔案將對毛澤東定下的調子提出質疑。

1950年10月1日，毛澤東整天忙於第一個國慶紀念活動，直到半夜才收到金日成和史達林分別發來請求中國出兵的電報。根據當事者的回憶，他立即召集了一個中央書記處緊急會議，出席的有毛澤東、朱德、周恩來和劉少奇。參加者意見不一致，但是由於周恩來的支持，毛澤東主張出兵的立場占了上風。[24] 同日，毛澤東起草了一份給史達林的電報說，我們決定出兵入朝，「這樣做是必要的。因為如果讓整個朝鮮被美國人占去了，朝鮮革命力量受到根本的失敗，則美國侵略者將更為猖獗，於整個東方革命都是不利的。」他還說：「只要我軍能在朝鮮境內殲滅美國軍隊，主要地是殲滅其第八軍……那時的形勢就變為於革命陣線和中國都是有利的了。這就是說，朝

23 《毛澤東傳》，頁119-124。

24 Jian Chen, *China's Road*, p. 173. 沈志華，《毛澤東，斯大林與朝鮮戰爭》，頁282。但是《毛澤東年譜》（頁203）卻說：「毛澤東認為出兵朝鮮已是萬分火急，但會上多數人不贊成出兵。會議決定十月四日召開擴大的政治局會議。」在沒有會議紀錄的檔案公布之前，會議的真相還是個謎。

鮮問題即以戰勝美軍的結果而在事實上結束了。」[25] 這份電報
反映出的毛澤東形象就像仁川登陸前一模一樣：堅定，自信，
為「東方革命」和「革命陣線」而堅決出兵入朝。問題是這份
毛澤東親筆起草的電報卻從來沒有發出去。在蘇聯解體後，人
們在俄國檔案館發現了另一份毛澤東在同一天發給史達林的電
報，其內容則恰恰相反。這份通過蘇聯大使館發出的電報說：

> 1950年10月1日來電收悉。我們原先曾打算，當敵人向
> 三八線以北進攻時，派出幾個師的志願軍到北朝鮮幫助
> 朝鮮同志。然而，經過慎重考慮，我們現在認為，採取
> 這樣的行動造成極其嚴重的後果。
> 　　第一，派幾個師的兵力很難解決問題（我們的部隊裝
> 備很差，與美國軍隊作戰沒有取得軍事勝利的把握），
> 敵人可能會迫使我們退卻。
> 　　第二，最大的可能是，這將導致美國與中國的公開衝
> 突，其結果蘇聯也會被拖入戰爭。這樣一來，問題就變
> 得十分嚴重了。
> 　　中共中央的許多同志認為對此表示慎重是必要的。
> 　　當然，我們不派軍隊援助，這對於正在如此困難之中
> 的朝鮮同志來說，是十分不利的，我們自己也於心不
> 忍。但是如果我們出動幾個師，隨後又被敵人驅趕回
> 來，並由此引起美國和中國的公開衝突，那麼我們的整
> 個和平恢復計畫就將被全部打亂，國內許多人將會對我

---

25 《毛澤東傳》，頁114-115。

們不滿（戰爭給人民帶來的創傷尚未醫治，人民需要和平）。

　　因此，目前最好還是克制一下，暫不出兵，同時積極準備力量，這樣做在把握與敵作戰的時機上會更為有利。[26]

　　這份電報反映出的毛澤東形象就跟仁川登陸前完全相反：冷靜，但很悲觀，從中國本身利益以及和平經濟恢復出發，不願出兵入朝，與美軍交戰。羅申當時的觀察是對的：「在我看來，毛澤東的答覆證明中國領導人改變了在朝鮮問題上最初的立場。這個答覆與以前毛澤東同尤金、科多夫和孔諾夫，以及劉少奇在同我的談話（我已及時報告過）中表示的立場是矛盾的。他們在這些談話中指出，中國人民和解放軍決心幫助朝鮮人民；解放軍士氣高，如果需要，他們有能力打敗美軍，因為美軍要比日軍弱。」他還猜測這種變化的原因可能是「當前的國際形勢和朝鮮局勢的惡化，英美集團陰謀通過尼赫魯呼籲中國人採取克制的態度，以免陷入災難」。[27] 有趣的是，中共政治局列出的不出兵的理由是和美國中央情報局列出的為什麼中國不會出兵的理由是非常相似的。如果這個冷靜，對作戰悲觀，而注重於中國利益的毛澤東持續下去的話，他就成了「東方狄托」了，也是美國希望的結果。再進一步設想，如果中國不出兵，朝鮮戰爭以北朝鮮在地圖上的消失而很快結束；同時

---

26 沈志華，《毛澤東，斯大林與韓戰》，頁279-280。
27 同上，頁249-250。

繼續以本國利益和經濟建設為重點的毛澤東願意同美國做生意，而美國也想把中國從蘇聯的懷抱裡拉出去，中國的發展將會與歷史現實完全不同，其結果也難以想像。但是毛澤東仍然要當「東方的列寧」，仍然要輸出中國式的革命。那麼，在仁川登陸後，毛澤東為什麼在出兵入朝問題上改變初衷了呢？現有學術界有一種解說，強調毛澤東沒有變，但是由於政治局多數不贊成出兵，所以講民主的毛澤東只能不發已經起草了的電報，通報史達林中國暫不出兵。這是「民主毛澤東」的解說。[28]這種解說是否經得起歷史考察呢？

　　首先，「民主毛澤東」的解說在時間和內容上都有不圓滿之處。毛澤東那份未發出的電報是何時起草的？學者們在還不知道此電未發，並了解到10月2日中央書記處緊急會議毛澤東堅持出兵的主張占上風的情況下，他們把起草時間放在會議之後。然而俄國檔案出來後，人們就把起草時間放在會議之前，同時說會議參加者的多數不主張出兵。俄國檔案館的電報中毛澤東說「中共中央許多同志」不主張出兵，而目前所知的10月2日中央書記處緊急會議只有四人參加。[29] 那次會議參加者多數不主張出兵的說法是否有據可查？同時在1950年末，〈東方紅〉的歌聲已是鋪天蓋地，毛澤東已確立了他的超凡權威地位。他作出的重大決定根本無需政治局多數的同意，也沒有人會站出來反對。比如說，他起草的1950年10月10日《關於鎮壓

28　參見《毛澤東傳》。

29　前者參見Jian Chen, *China's Road*；後者參見《毛澤東傳》和《毛澤東年譜》。

反革命的指示》發起了一場持續一年多的全國性運動，並指責前期黨的領導犯了右傾錯誤，乃致反革命氣焰復燃。這一《指示》並未通過政治局討論，然而政治局主要成員都參加了羅瑞卿主持的全國公安會議，並發言稱讚毛澤東的指示是百分之百的正確和及時。[30] 與此同時的政治局怎麼可能與毛澤東背道而馳呢？而且出兵入朝已非政治局的新課題，毛澤東在8月4日的會議上就說得很明白，同時大兵已集結於中朝邊界。如果說有人在10月2日會議上反對出兵，他們在此前的幾個月中發言表態了沒有？這種「民主毛澤東」的解說看來很難站得住腳。

其實《毛澤東年譜》對10月4日政治局擴大會議的描述可能揭示了真相：

> 毛澤東首先讓大家講講出兵的不利情況。不贊成出兵或者對出兵有種種疑慮的人，陳述的理由主要是：我們打了這麼多年仗，迫切需要醫治戰爭創傷；建國才一年，經濟十分困難；新解放區農村土改和城市民主改革還沒有進行；國民黨留下的眾多土匪，特務，反革命分子沒有肅清，人民政權還沒有完全鞏固；人民解放軍武器裝備差和無制空權，制海權，等等。他們的意見是，不到萬不得已，最好不打這一仗。毛澤東說：你們說的都有理由。但是別人處於國家危急時刻，我們站在旁邊看，不論怎麼說，心裡也難過。[31]

---

30 此命題將在下一章詳細討論。

31 《毛澤東年譜》，頁204。

　　極其聰明的毛澤東先引導會議去談出兵不利的一面，與會者心領神會，列出一串不出兵的理由；他在肯定這些理由的同時，又表示了他的於心不忍。現在他既可以把不出兵的責任推到政治局頭上，同時又不失他的東方革命領袖的光輝。他是否用同樣的方法來炒作10月2日的會議？如果是的話，他為什麼又起草了關於出兵的電報？這份電報是否是毛澤東埋下的歷史伏筆，將來可以為他作證，他是從不動搖的，是政治局卻翻來覆去，就像他在1970年對金日成說的？

　　可能也是受了毛澤東與周恩來同金日成1970年談話的某種影響，有些學者還傾向於另一個解說，即「討價還價的毛澤東」。他們認為毛澤東10月2日電報通報了不出兵的意見，同時又說不出兵的意見不是最後決定。史達林5日來電再一次勸說毛澤東出兵，他原則上同意史達林，但是要派周恩來去蘇聯和史達林面談。這就是毛澤東要確定在中國出兵後，蘇聯所承諾的武器裝備，特別是空軍的援助，會如期到來。[32] 這種解說似乎有一定的合理性，但是不夠圓滿。主要的問題是何時蘇聯援助成為北京與莫斯科間對話的主題。

　　仁川登陸前中蘇雙方已達成協議：敵人越過三八線，中國出兵入朝，蘇聯提供武器裝備和空軍掩護。躍躍欲試的毛澤東箭已上弦，卻不能發射，因為史達林不給放綠燈。10月1日史達林請求中國出兵，毛澤東卻不願出兵了，因此他不可能提出蘇聯援助問題。至今沒有任何資料表明莫斯科在提供援助問題上有改初衷的跡象。收到毛澤東10月2日電後的第三天，史達林發

32　參見《毛澤東傳》。

來長電，針對毛澤東的列寧主義和帝國主義時期戰爭不可避免的理念及其對中國自身利益的考慮，再次極力勸說出兵。史達林說：

> 我向你提出派五六個師志願軍的問題，是因為我清楚地了解中國領導同志曾多次聲明，如果敵人越過三八線，就派幾個軍去援助朝鮮同志。因此，我理解中國同志之所以準備派兵去朝鮮，是為了防止朝鮮變為美國和將來軍國主義日本反對中國的軍事基地，這對中國是利益攸關的……當然，我也考慮過，美國儘管沒有做好大戰的準備，但仍可能為了面子而被拖入大戰，這樣一來，自然中國將被拖入戰爭，蘇聯也將同時被拖入戰爭，因為它同中國簽有互助條約。這需要害怕嗎？我認為不需要……如果戰爭不可避免，那麼讓它現在就打，而不要過幾年以後，到那時日本軍國主義將復活起來並成為美國的盟國，而在李承晚控制整個朝鮮的情況下，美國和日本將會在大陸有一個現成的橋頭堡。[33]

此時史達林絲毫沒有收回援助承諾的意思，而毛澤東的回電也沒有提及此事。他在原則上同意史達林的5日來電，並說會派出9個師入朝，但不是立即就去。10月7日毛澤東對羅申說，急於出動到朝鮮作戰並不合適，因為中國需要做準備。「中國軍隊的武器裝備非常差，沒有坦克，大砲不足，缺乏其他技術

33　沈志華，《毛澤東，斯大林與朝鮮戰爭》，頁294-295。

兵種的專業人員，運輸工具也十分短缺。最嚴重的問題是中國沒有空軍，既不能保護中國的大城市和工業中心，也無法向入朝作戰的地面部隊提供空中掩護。在這種情況下參戰，如果引來美國的空中打擊，必將在國內造成混亂。」[34] 毛澤東要派周恩來去和史達林面談。周恩來確實是帶著出兵和不出兵的兩種意見去同史達林談判的嗎？師哲和康一民是周恩來的隨同人員，但是他們的回憶相互矛盾。師哲說周恩來離開北京時中央還沒作出決定，到了蘇聯後接到來電說是不出兵。但是周恩來告訴史達林不出兵後僅僅兩天，毛澤東又來電說要出兵。康一民則說周恩來此行的目的就是告訴史達林中國出兵的決定，並討論蘇聯援助的問題。這一場官司一直沒有定論，而多數學者認為康一民是對的。因為中文資料顯示，周恩來8日出發前後中共中央的一系列行動證明了毛澤東要出兵入朝已是無可置疑的既定政策。因此，師哲的記憶一定有誤。下列是中文資料簡介：

1. 10月5日，政治局開擴大會議。在毛澤東的鼓勵下，彭德懷慷慨陳詞，會議統一了思想，決定出兵；

2. 10月6日，毛澤東委託周恩來主持軍委會議，確定入朝戰鬥的具體部署。周恩來說，毛澤東決心已定。現在不是出不出兵的問題，而是出兵後如何取勝；

3. 10月8日，毛澤東發布命令，正式組成中國人民志願軍，任命彭德懷為司令和政委，同時把這一消息通知金日成，並請

34　羅申致斯大林電，1950年10月7日，引自沈志華，《毛澤東，斯大林與朝鮮戰爭》，頁297。

朴一禹到瀋陽，討論志願軍入朝的事宜。[35]

　　然而，一份來自俄國檔案館的文件出乎意外地證實了師哲的回憶是正確的。10月11日，周恩來到了黑海同史達林面談，告訴他中國不出兵的決定。會談的結果是他們兩人聯合簽名的一份給毛澤東的電報，把他們談的內容如實記錄：

駐北京的蘇聯使館立即轉告毛澤東同志

　　貴國代表已於今日到達，我們聯共（布）的領導同志與貴國代表一起討論了貴國已知的那些問題。

　　我們交換意見後，弄清了以下情況：

　　1. 計畫派出的中國援軍沒有做好準備，裝備差，缺少大砲，沒有坦克，執行掩護任務的航空兵至少兩個月後才能到位，用於裝備和培訓上述軍隊的時間至少需要六個月。

　　2. 如在一個月內不用相當數量的、裝備精良的部隊提供直接援助，那麼由於三八線以北的朝鮮軍隊無力支撐，朝鮮將被美國人侵占。

　　3. 因此，為朝鮮人提供的像樣的援軍只能在半年後，即在朝鮮被美國人占領，朝鮮已不再需要援軍的時候才能到位。

　　基於上述原因並考慮到周恩來同志報告的因中國參戰而給國內帶來的不利因素，我們一致決定：

　　1. 儘管國際形勢有利，但中國軍隊因目前尚未做好準備，就不要越過朝鮮邊境，以免陷於不利局面；

---

35 沈志華，《毛澤東，斯大林與朝鮮戰爭》，頁298。

　　2. 如果部隊已經越過邊境，也只能在靠近中國邊境一帶的山區而不應深入；

　　3. 一部分朝鮮軍隊應在平壤和元山以北的山區組織防禦，另一部分軍隊要轉入敵後打游擊；

　　4. 把戰時應徵入伍的朝鮮人中的優秀分子及指揮員分批悄悄地調入滿洲，在那裡把他們整編成朝鮮師團；

　　5. 要盡快對平壤和北朝鮮山區以南的其他重要據點進行疏散。

　　至於中國同志所需的用於重新裝備中國軍隊的坦克、大砲和飛機，蘇聯將充分予以滿足。

　　等待您的決定。

簽名：菲利波夫

周恩來[36]

　　這一份電報至少說明白了兩個問題：第一，周恩來並沒有帶著兩種意見去同史達林討價還價，毛澤東讓他去告訴史達林中國不出兵，至少目前不出兵；出兵要等半年以後。這是和他同羅申10月7日說的是完全一致的。史達林不無諷刺地說，沒有中國出兵，北朝鮮在一個月後將不復存在。第二，10月11日是史達林第一次提出蘇聯空軍到位的具體時間。兩個月可能是真實的估計，也可能是誇大的估計，因為他對中國不出兵的決定不滿意。但是即使在中國不出兵的情況下，蘇聯仍然會給中

---

36 轉引自沈志華，〈斯大林，毛澤東與朝鮮戰爭再議，根據俄國檔案文獻的最新證據〉，《史學集刊》，2007，第5期，頁54-65。

國軍隊提供武器裝備。顯然，毛澤東不出兵的原因既不是政治局多數的反對，也不是史達林在軍援問題上的反悔。那麼第三種解說，即「憂慮動搖的毛澤東」，可能更符合歷史的真實。政治局會議上列出的不出兵的理由都是客觀的現實，它在仁川登陸前後都沒有變化。所變化的是毛澤東的主觀因素，即他對現實的判斷和情緒的傾向與仁川登陸前大相逕庭了。其實，一個迫不及待要出兵的毛澤東在仁川登陸後的5天內就已經變了。9月18日，高崗給倪志亮的電報說：估計我軍進入朝鮮境內以後，鴨綠江橋可能被炸，部隊龐大的供應將依靠公路汽車為主。我們對朝鮮公路、鐵路情況了解甚差，請向朝方要一詳細的公路路線圖並註明各地橋梁寬度、水深，以便準備和籌劃器材。作為東北邊防軍領導的高崗，他是應該做這些基本的作戰準備的。但是，毛澤東9月20日看到這份電報後很不高興，寫下批示：「周：這種電報打得很不好，去一電制止。」他又起草了一份覆電：「不要向任何方面表示我軍有出國的意圖，向朝鮮調查作戰情況或要路線圖只在不涉及此種意圖時才可以，否則不要做。」[37] 不久前還躍躍欲試的毛澤東向平壤索取軍用地圖和人民軍制服樣品，現在卻出現了180度的大轉彎。

　　毛澤東的憂慮是完全可以理解的。鼓吹速戰速決的金日成在短短幾天內被打得落花流水，這對毛澤東無疑是一帖清醒劑。用裝備差和訓練也差的中國軍隊去打世界第一的美軍，他自然害怕「出動幾個師，隨後又被敵人驅趕回來」的結局。出兵打敗仗自然也會有損於他的光輝形象。對於凡人來說，害怕

37　《毛澤東年譜》，頁195-196。

是一種正常的情緒，就像喜怒哀樂；但是作為一個超凡權威的毛澤東，害怕是同他的形象格格不入的。由於害怕失敗而不敢鬥爭是比失敗本身更有損於革命英雄的形象。因此，毛澤東一定要把作為凡人的害怕情緒隱藏起來；於是就把不出兵的原因推到政治局和史達林身上。史達林似乎很了解毛澤東，他在5日電報中說到中蘇可能都被拖入戰爭時發問：「這需要害怕嗎？我認為不需要。」其實他也害怕，而不願直接加入朝鮮衝突，並已命令蘇聯在朝鮮的人員撤離。但是他知道委婉地指責毛澤東害怕而不出兵是最有效的方法來激勵毛澤東出兵。當他讀到這裡時，他是否突然感到自己的形象比史達林矮了一截？史達林5日來電是否提醒了毛澤東，他絕對不能讓下屬看到他因為害怕打敗仗而不願出兵的實情，於是他在此後幾天做了很多舉動來表示他要出兵入朝，但同時又派周恩來去告訴史達林現在不出兵？

　　沒有人能夠真正把握毛澤東此時此地的思想和感情活動。但是如果這種推斷的思路多少有點道理的話，為什麼毛澤東兩天後又決定出兵了？毛澤東在10月12日下午收到史達林和周恩來的聯名電報，當即向羅申表示同意他們的意見。晚上10點他又讓羅申發下列電報：

致菲利波夫同志和周恩來同志

　　我同意10月11日電報的意見。

　　我方軍隊還沒有出發，我已命令中國軍隊停止執行進入朝鮮的計畫。

　　關於朝鮮同志應根據形勢重新部署兵力並執行新的計畫

一事，我已委託高崗向朝鮮同志進行解釋。[38]

其實史達林已經告訴了金日成他們10月11日的決定，並要他準備把政府撤退出朝鮮。可是毛澤東又改變主意了。他在13日召開政治局會議，決定即使兩個月內沒有蘇聯空軍掩護，中國仍然出兵。在給史達林的電報裡，毛澤東說：「我們的同志以前下不了決心，是因為他們對國際局勢問題，蘇聯的軍事援助問題，空軍掩護問題還不清楚。現在，所有這些問題都已經清楚了……主要的問題是必須有掩護我們的空軍。我們希望空軍盡快到達，無論如何不遲於兩個月。」[39] 這一份電報再一次證明周恩來11日告訴史達林的北京決定是不出兵，但是他又把此責任歸之於政治局的「我們的同志」和蘇聯的援助問題。然而蘇聯空軍到位的時間兩天前才冒出來，毛澤東對出兵入朝有改初衷開始於9月20日。可是他為什麼13日又決定出兵了呢？對於這個問題的答覆永遠只能是推斷。1950年春，史達林把讓不讓金日成發動朝鮮戰爭的最後決定權交給毛澤東；毛澤東不僅支持金日成的戰爭計畫，還在此後幾個月內躍躍欲試，出兵入朝，只是史達林不放綠燈。現在北朝鮮面臨滅亡之災，毛澤東只有兩種選擇：他要繼續堅持不出兵的話，他躲不開北朝鮮滅亡的責任；他想當東方革命領袖的路程也就此終至了。如果超凡權威是建立在追隨者對領袖的天賦品質的信任和崇拜上的，當追隨者一旦了解到他因為害怕打敗仗而不出兵，造成北朝

38　沈志華，〈斯大林，毛澤東與朝鮮戰爭再議〉。

39　沈志華，《毛澤東，斯大林與朝鮮戰爭》，頁310。

鮮的滅亡，他的權威基礎也將面臨危機。史達林簽署11日的電報，同時又讓金日成準備撤退，這就把毛澤東逼到牆角裡了；他不得不決定出兵，以便保住他的領袖形象。直至1970年他還堅持中國出兵推遲的原因不在於他，這不僅證明他對自身形象的極其重視，也說明了他知道不出兵將對他的形象造成多大的損害。

　　但是13日的出兵決定並沒有結束毛澤東的憂慮動搖。10月14日，他致電周恩來兩次談入朝後的軍事方針，表示出至少在第一階段中不與美軍接觸，專打南朝鮮偽軍。他同意彭德懷的意見，把四個軍部署在平壤元山以北。如此做，「則第一，可能使美偽軍有所顧慮而停止繼續前進，保持平壤元山線以北地區至少是山岳地區不被敵占。如此，則我軍可以不打戰，而爭取時間裝備訓練。第二，如元山平壤兩敵向北進攻德川等處山岳地帶，則我軍可以必要兵力牽制平壤之敵而集中主力由元山方向來攻之偽軍……彭和高崗同志均認為打偽軍有把握。」「現在的決心是打偽軍，也可以打某些孤立的美軍。如時間許可則將工事繼續增強，在六個月內如敵人平壤，元山不出，則我軍也不去打平壤，元山。在我軍裝備訓練完畢，空中和地上均對敵軍具有壓倒的優勢條件之後，再去攻擊平壤，元山等處，即在六個月以後再談攻擊問題。」[40] 此時毛澤東的軍事方針是非常保守的，他還沒有信心同美軍直接較量，害怕會打敗戰。這就是他之所以遲遲不願出兵的原因。同時也說明周恩來對史達林說的中國出兵至少要六個月的準備也是毛澤東的主

40　《毛文稿》，頁558-561。

意，但是這並不是建立在科學分析基礎上的估計，只是反映了他當時的悲觀情緒。僅僅幾天之後，他的情緒變化了，他的戰場形勢分析和作戰方針就會截然不同。當他還在悲觀憂慮之時，10月17日又傳來壞消息：史達林說即使蘇聯空軍到位後也只能防衛中國領土，不能入朝作戰。他15日已下令志願軍於18日渡江入朝，至遲19日，17日他又改令「準備於19日出動，明（18）日當再有正式命令」。出兵還是不出兵，以及什麼時間出兵，毛澤東再次動搖。18日周恩來回國，毛澤東召集政治局會議討論出兵之事。會議決定照原計畫出兵，即便沒有蘇聯空軍的掩護。[41] 毛澤東在出兵問題上的翻來覆去總算結束了，但是他在朝鮮戰爭中的戰略目標及其方針的反反覆覆還剛剛開始。

第三階段：從出兵後到談判開始

　　朝鮮戰爭是世界戰爭史上第一個「有限戰爭」，而杜魯門總統則是其作者。他從一個政治家的角度來確定軍事行動的限制範圍，以避免原子彈時代實行老式的軍事觀念的悲慘結局。對麥克阿瑟將軍來說，只要戰爭已經打響，對敵攻擊之範圍就沒有限制；一切以打敗敵人為目的。杜魯門不允許對中國境內採取軍事行動，因為中蘇有同盟條約，而蘇聯擁有原子彈。當麥克阿瑟堅持要攻擊志願軍後方，他被總統解職。此後美國的

---

41 關於史達林的空軍部署變化，參見沈志華，《毛澤東，斯大林與朝鮮戰爭》，頁333-340；關於毛澤東的電報，參見《毛文稿》，頁563-567。

戰爭目標是恢復原狀，重建三八線。作為戰爭另一方的領袖，毛澤東的戰爭目標是什麼？實行該目標的戰略方針是什麼？為什麼他的目標和方針多有變改？

　　10月19日，在志願軍跨過鴨綠江的同時，毛澤東電報中共各地領導人，向他們通報：「志願軍決於本日出動，先在朝鮮北部尚未喪失的一部分地方站穩腳，尋機打些運動戰，支持朝鮮人民繼續奮鬥。」[42] 此時毛澤東的戰略目標和方針是保守的，同他10月14日對周恩來說的相類似。兩天後，21日凌晨2-3點，他連發了兩份電報給彭德懷，要求部署志願軍主力打大仗，以便「殲滅偽軍三幾個師爭取出國第一個勝仗」。他同時否定了他自己幾天前的防禦性的戰略方針：「現在是爭取戰機問題，是在幾天之內完成戰役部署以便幾天之後開始作戰的問題，而不是先有一個時期部署防禦然後再談攻擊的問題。」在從消極防禦轉為積極進攻後的毛澤東還是現實和穩當的。23日他給彭德懷電報說，志願軍可以利用敵人完全沒有料到的突然性，全殲兩三個甚至四個偽軍師。對於美軍，「我也可各個殲滅之。如此便有迫使美國和我進行外交談判之可能。」同時他也估計到如果敵人的空襲給志願軍的地面行動帶來太大的困難，志願軍又不能殲滅幾個偽軍和美軍師，加上美軍再調五至十個師，「則形勢將於我不利」。[43] 同時，史達林命令蘇聯空軍在10月底進駐中朝邊境，11月初開始在朝鮮空中行動，完全

42　《毛文稿》，頁571。

43　《毛文稿》，頁575-589。

同他不久前所告訴周恩來的意見相反。[44] 這對毛澤東一定是個很大的安慰。

10月底，敵軍沒有停止於平壤—元山—線，其先頭部隊已迫近鴨綠江。10月26日晚，志願軍的第一次戰役開始，11月6日結束；殲敵一萬五千餘人，自身傷亡一萬餘人。隨著短促的交鋒，志願軍撤退防禦，以便誘敵深入。而美軍則認為志願軍在朝鮮的人數不多，戰略目標也有限，並繼續北進。11月25日至12月24日是志願軍的第二次戰役，這一戰役把聯合國軍一直推回到三八線以南，並收復平壤。[45] 毛澤東利用敵人的情報和判斷錯誤，先誘敵深入，然後集中主力出擊，根本地扭轉了朝鮮戰爭的局勢。但是志願軍的勝利是付出了很大代價的，同時也面臨新戰局中的嚴重困難。經過兩個戰役後，三十八萬人的志願軍已損失了十萬人；由於美軍空襲，中國方面的運輸車只剩下260輛，而運輸路程則已從鴨綠江延伸到三八線。志願軍各部的武器彈藥緊缺，連食品和冬季衣服鞋帽的供應也跟不上。單是第九兵團就有三萬士兵被凍傷，一千士兵被凍死。於是彭德懷12月8日向毛澤東建議，下一個戰役到明年春季發動，越過三八線的時間向後推延，讓部隊有時間休息和補給。[46]

44　Zhihua Shen, "China and Dispatch of the Soviet Air Force: the Formation of the Chinese-Soviet-Korean Alliance in the Early Stage of the Korean War," *The Journal of Strategic Studies,* Vol.33（2）（April 2010）：211-230．

45　關於志願軍戰史，中文參見軍事科學院軍事歷史研究部編，《中國人民志願軍抗美援朝戰史》（北京：軍事科學出版社，1990）。英文參見Michael Hickey, *The Korean War: The West Confronts Communism*（New York: Overlook Press , 2000）．

46　徐焰，《第一次較量》，頁52-60；洪學智，《抗美援朝戰爭回憶》（北

　　正值此時，外交上出現了一個重大轉機。12月5日，印度等13個「第三世界」國家在聯合國提出建議：中國軍隊停止在三八線以南，雙方達成停火狀態；然後中國、蘇聯、美國和英國的代表談判解決朝鮮衝突。12月14日，聯合國通過十三國建議，並組成一個委員會來推行該決議。同時還作出承諾，北京所關心的台灣問題以及聯合國席位問題也可以在談判中一併提出考慮。美國勉強地投了贊成票，因為艾奇遜認為北京會拒絕停火。他希望美國不但在外交上得分，把「好戰」的形象加在北京政府頭上，從而加強聯合國軍在朝鮮取勝的決心。[47] 毛澤東會幫助艾奇遜實現他的希望嗎？

　　在第二次戰役勝利之前，毛澤東對朝鮮戰爭的戰略目標和方針是保守和現實的；他不希望同美軍直接交戰，並希望打幾個勝仗就能迫使美國談判。1950年12月，志願軍打了勝仗，但是亟需休整和補給；同時聯合國又提出停火和談判。如果北京方面同意停火和談判，不僅可以爭取世界輿論之同情，也能給志願軍時間來休整和補給。即使談判不順，戰事復起，也是對中國有利的。為什麼毛澤東決定放棄這一「黃金機會」而拒絕停火談判呢？[48] 其實，他對朝鮮戰爭的形勢估計和戰略目標及

京：解放軍文藝出版社，1991），頁94-96。

47　參見艾奇遜回憶錄：Dean Acheson, *Present at the Creation: My Years in the State Department,* p. 513. 斯杜克詳細地討論了朝鮮戰爭時聯合國中主要參戰國間的微妙而復雜的政治外交關係。參見 William Stueck, *The Korean War, An International History*（Princeton: Princeton University Press, 1995）.

48　陳兼、沈志華和夏亞峰都認為毛澤東的政策決定是錯誤的，失去了一個對中國極其有利的機會來結束朝鮮戰爭。但是他們都沒有充分展開來討論毛澤東錯誤的根源。參見Jian Chen, *China's Road*, pp. 91-93; Zhihua Shen,

其方針在聯合國停火和談判提議之前就又有一次大轉變。在仁川登陸之前，他認為美軍的戰鬥力比起德軍和日軍來弱得多，中國如果出兵入朝，可以打敗美軍。這是他急於出兵的原因。仁川登陸後，他對中美軍事實力的對比轉變了；他認為中國軍隊裝備和訓練差，出兵後可能又被「驅趕回來」。這是他不願出兵的原因。11月下旬，他對美軍戰鬥力的估計又回到並超過了他自己在仁川登陸前的估計，從而完成了360度的轉彎。11月22日，毛澤東為軍委起草的電報說：「美國人是可以戰勝的，美國軍隊比起蔣介石的某些能戰的軍隊其戰鬥力還要差些。」[49]這是他拒絕停火談判的原因。12月3日，毛澤東對金日成說：「敵人有可能要求停戰，我們認為必須敵人承認撤出朝鮮而首先撤至三八線以南，方能談判停戰。最好我們不僅拿下平壤，而且拿下漢城，主要是消滅敵人首先是全殲偽軍，對促進美帝撤兵會更有力量。」[50]這是北京對聯合國停火談判的回答的底線：一方面指控聯合國決議是一個要為美軍爭取喘息機會的陰謀，同時要求敵方先撤軍，然後再談判停火。這在世界軍事和外交史上是絕無先例的。換言之，毛澤東在聯合國決議提出前就已經決定拒絕它了。

當第二次戰役勝利發展之機，毛澤東本人在國內外的聲譽也隨之激增。當志願軍收復平壤的消息傳來，在華沙開世界

Yafeng Xia, "Mao Zedong's Erroneous Decision During the Korean War: China's Rejection of the UN Cease-fire Resolution in Early 1951," *Asian Perspective*, 35（2011）：187-209.

49 《毛文稿》，頁680。
50 《毛澤東傳》，頁135。

和平大會的三千多與會者起立鼓掌長達15分鐘，並呼喊口號：
「毛澤東萬歲！」[51] 志願軍打勝仗的消息傳至國內，舉國上下
歡欣鼓舞，紛紛傳說美國「少爺兵」如何被志願軍連著睡袋扛
走而當了俘虜之類的故事。人們把志願軍的勝利看成是毛主席
革命英雄主義的功績，於是〈東方紅〉的歌聲更加響徹神州。
[52] 始終把中國出兵推遲的原因推給別人的毛澤東，當然會很高
興看到自己不怕困難敢於鬥爭的英雄形象在國內外與日俱增。
據中共黨內傳說，毛澤東曾經說過朝鮮戰爭是一個半人的戰
爭，意即只有他和一個半心半意的周恩來是主張出兵入朝的。
[53] 值得注意的是，此時的毛澤東又轉到國際主義，而非中國民
族主義的立場上來確定朝鮮戰爭的戰略目標和方針。他以前常
用「東方革命」、「世界革命陣線」等語來說明中國出兵入朝
的必要性。11月18日，在他給彭德懷的電報中，他說：「美英
法對我毫無辦法，悲觀情緒籠罩各國，只要我軍多打幾個勝
仗，殲滅幾萬敵軍，整個國際局勢就會改觀。」[54] 第二次戰役
於12月24日結束，毛澤東否定了彭德懷要求推遲第三次戰役和
越過三八線的時間，決定元旦之夜就發動攻擊。他的決定並非
以戰場分析和中國利益為出發點，他在12月29日給彭德懷的電
報中說：

---

51 徐焰，《第一次較量》，頁33。

52 關於中國人對於朝鮮戰爭的回憶，參見大型歷史紀錄片，《百年中國革
命史》，第3集（*China: A Century of Revolution*, directed by Sue Williams,
1997.）

53 這是根據沈志華與師哲的談話。師哲的回憶無可證實或否定，只能作為
「黨內傳說」。

54 《毛文稿》，頁672。

　　但不打這一仗，從12月初起整個冬季我軍都在休整，沒有動作，則必引起資本主義各國甚多揣測，民主陣線各國亦必有些人不以為然，發生許多議論。如我軍能照你們目前部署，於一月上半月打一個勝仗，爭取殲滅偽軍幾個師及美軍一部，然後休整兩個月，準備春季攻勢，則對民主陣線及資本主義各國人民大眾影響甚好，對帝國主義則給以新的一擊，加重其悲觀失敗情緒。[55]

　　很顯然，毛澤東否決彭德懷的建議，並決定立即發動第三次戰役，是以「政治考慮」為前提的。中國政府和他自己在世界範圍的形象是這種考慮的重要部分。在這種情況下，北京於1951年1月17日正式拒絕聯合國決議，並指責該決議是一個試圖給美軍喘息機會的陰謀。這一行動正中艾奇遜下懷。美國駐聯合國代表1月18日發表長篇演說，指責中國為「進犯者」（aggressor），並說聯合國在和平解決朝鮮衝突的嘗試失敗後，現在是採取堅定行動的時候了。2月1日，聯合國通過了美國倡議的決議，指責中國為朝鮮戰爭中的「進犯者」。[56]

　　中國在外交上大失其利後，志願軍在1951年春的戰場上也節節失利。志願軍的第三次戰役只持續了一星期，1月4日占領漢城，8日占領仁川，並推進到三七線附近。此次戰役的進展速度快主要是因為敵軍主動撤退，而毛澤東的大量殲敵的目標沒有達到。但是他的政治目標完全實現了：志願軍越過三八

55　《毛文稿》，頁741。

56　參見Stueck, 1995, p. 157.

線，並繼續向南挺進。《人民日報》題為〈祝漢城光復〉的社
論可能反映了毛澤東的心態和意向：「前進！向大田前進！向
大邱前進！向釜山前進！把不肯撤出朝鮮的美國侵略軍趕下海
去！」[57] 戰爭的勝利自然使毛澤東的超凡權威的英雄形象更加
光輝耀眼。第四次戰役是否馬上就發動？彭德懷認為時機不成
熟，因為「糧彈接濟不上，部隊很疲勞亟需休整，且考慮到朝
鮮是一個狹長半島，東西兩岸到處可登陸」。於是他建議在漢
城以南的三七線上停火，爭取時間鞏固海防和後方，並進行休
整和補給。[58]

　　但是毛澤東再次否定了彭德懷的意見。1月14日，他對彭德
懷說，美軍的今後動向有兩種可能：一是在中朝兩大軍隊的壓
迫下，略做抵抗即退出南朝鮮；二是在大邱，釜山地區做頑強
抵抗，要待我們打得他們無法再打下去了，方才退出南朝鮮。
他完全沒有考慮另一種可能，即美軍反攻而迫使志願軍退卻。
根據毛澤東的要求，志願軍總部決定：「爭取下一個戰役開始
後，連續作戰，一氣呵成，全殲敵人，全部解放朝鮮，這是下
一戰役的奮鬥目標。」[59] 1月28日毛澤東在給彭德懷電報中說：
「我們必須立即開始第四次戰役，以殲滅2-3萬美軍和偽軍，並
占領大田和安東以北地區。我們還有力量消滅幾個美軍和偽軍
師。在占領大田和安東以北地區後，中朝軍隊可以用兩個至三

57　徐焰，《第一次較量》，頁67。
58　《彭德懷軍事文選》（北京：中央文獻出版社，1988），頁373。參見徐
　　焰，《第一次較量》，頁68-69。
59　參見徐焰，《第一次較量》，頁69。

個月休整，然後進行第五次戰役，即最後的戰役。」[60] 其實美軍已在1月15日開始小規模的反擊，全面反擊在25日開始。毛澤東要志願軍以進攻來回答敵人的進攻，但是主動撤退和重新組合後的美軍要比毛澤東的估計強得多。2月10日，美軍占領仁川；17日，彭德懷正式決定把此次戰役的目標轉為全線防禦，次日，志願軍撤退到漢江以北。3月14日漢城失守；4月初，志願軍和北朝鮮軍決定基本撤退到三八線以北。第四次戰役於4月21日結束，毛澤東的「全殲敵人，全部解放朝鮮」的戰略目標也告失敗。[61]

　　1951年2月底，為了讓毛澤東了解戰場上的實際情況和困難，以及不能速勝的原因，彭德懷親自回到北京與他面談。此後毛澤東似乎對戰場實情有所了解，他在3月1日告訴史達林：「敵人不被大部消滅，是不會退出朝鮮的，而要大部消滅這些敵人，則需要時間。因此朝鮮戰爭有長期化的可能，至少應做兩年的準備。」[62] 但是他並沒有完全放棄速勝的念頭，提出「能速勝則速勝，不能速勝則緩勝」的方針。他要再試一次來爭取速勝，那就是第五次戰役。4月22日，志願軍發動攻擊，並

---

60 Jian Chen, ''China's Changing Aims during the Korean War,'' *The Journal of American–East Asian Relations* Vol. 1（Spring 1992），pp. 30-33. 翻譯是本作者的。

61 關於志願軍戰史，中文參見軍事科學院軍事歷史研究部編，《中國人民志願軍抗美援朝戰史》（北京：軍事科學出版社，1990）。英文參見Michael Hickey, *The Korean War: The West Confronts Communism*（New York: Overlook Press , 2000）.

62 《毛文稿》，卷2，頁151。

強調這一仗是決定「朝鮮戰爭的時間縮短或拖長的關鍵」。[63]
但是毛澤東的嘗試將使志願軍付出慘重的代價。戰役的頭七天
內，志願軍損失七萬人，平均每天一萬；而美方損失總數才只
有七千人。就是損失了那麼多人後，志願軍只把戰線推進了35
英里。由於損兵折將太嚴重，新奪取的地域也不能保住。4月底
時，志願軍在美軍反擊下開始退卻。5月16日，志願軍又以21個
師加上6個北朝鮮師在東線發動攻擊。但是這一仗也很快失利；
僅僅四天內，志願軍損兵折將九萬人，成為整個朝鮮戰爭中損
失最為慘重的一仗。5月18日美軍開始總反擊，志願軍的防線崩
潰，士氣低落；僅僅在5月的最後兩週內，一萬七千人被俘，有
些是不戰而降。[64]

　　就像輸了最後一筆賭注，毛澤東於6月間終於接受了現實，
同意談判停戰了。然而中國已失去了強者的談判優勢；美方拒
絕談判台灣問題和中國在聯合國席位問題，停戰線也在原來的
三八線以北。犧牲了那麼多的志願軍將士，中國卻一無所得。
毛澤東在朝鮮戰爭的發生、進程和結果起了什麼樣的作用呢？
六〇年代結構主義風靡一時，此後，個人在歷史上的作用往往
被忽視。著名的英國社會史學家E・P・湯姆生（Thompson）曾
精闢地指出，過分強調「系統」和「機構」，而把個人看成只
是無關重要的客體（objects）是反歷史的。人在「系統」的形成
和更換過程中有不可忽視的作用。[65] 作為「系統」的意識形態

63　徐焰，《第一次較量》，頁82。

64　David Rees, *Korea: The Limited War*（New York: St Martin's, 1964），pp. 243-
256.

65　E. P. Thompson, *The Poverty of Theory and other Essays*（New York: Monthly

和國家利益是研究朝鮮戰爭歷史的有用工具；但是如果忽視了毛澤東個人的主觀因素，比如他的此時此地的情緒（振奮還是憂慮？）、人生的志向（希望成為東方革命領袖），及其對自我形象的關注等等，我們就不可能真正理解朝鮮戰爭史。中國的國家利益和毛澤東的意識形態在仁川登陸之前和之後都沒有改變，為什麼北京對出兵入朝的姿態卻明顯不同了？中美軍事實力的對比和中國外交利益的權衡在志願軍第二次戰役前後也都沒有改變，為什麼中國的戰略目標和方針卻大相逕庭？在超凡權威政體中，決策者的個人主觀因素必須引起格外的重視，因為在此種政體中，一人掌控全局。

　　同時，回顧毛澤東在朝鮮戰爭前前後後的表現，人們對超凡權威在實際政治中如何操作及其特徵應該有些感性認識了。首先，要在追隨者的心目中加強領袖的光輝形象，領袖必須要有不顧一切的自信和超越常規的自我追求。毛澤東在中國革命完全成功之前就已有要當「東方的列寧」的雄心，確實是在中國精英中獨一無二的。然而作為東方革命的指導者，毛澤東的實際政治權力並沒有擴張，比如他是不能命令金日成去做任何事情的。但是一個「東方的列寧」的形象對他鞏固和加強在黨內和國內的實際權力則是價值無比。這是為什麼他可以把解放台灣和國內建設暫時放在一邊，而支持金日成武力統一朝鮮的戰爭行動。如果說領袖在追隨者心目中的形象是超凡權威的統

Review Press, 1978）; Richard Ashley, "The Poverty of Neorealism," *International Organization,* 38：2（Spring 1984）：225-286; Alexander Wendt, "The Agent-Structure Problem in International Relations Theory," *International Organization,* 41：3（Summer 1987）：337-370.

治基礎，那麼保護和加強這一形象就有絕對的重要性。其實毛
澤東不是神，而作為一個人，他不免會有判斷錯誤。但是作為
超凡權威的領袖，他是不能承認錯誤的；一旦他承認他也會犯
錯誤，他的超凡形象就會黯然失色，政權危機隨之而來。毛澤
東在仁川登陸後的不出兵決定，或至少是在六個月內不出兵的
決定，具有兩層意義上的錯誤：其一是他先前對敵情判斷的錯
誤而使他急於出兵；其二是他不出兵的決定有「害怕」之嫌。
兩者都是萬萬不能公開承認的，要不然他的光輝形象就會日落
西山。這就是為什麼在事過二十年後毛澤東仍然堅持他的說
法，把不出兵的決定推到史達林和政治局的頭上。當志願軍打
勝了第二次戰役，毛澤東重新恢復了自信，他認為自己先前對
美軍戰鬥力差的判斷是完全正確的。此外，如果他指揮下的軍
隊能打敗美軍，那更是「無限風光在險峰」了。這恐怕是毛澤
東為什麼拒絕聯合國談判決議，也不顧戰場現實，而堅持徹底
消滅美軍的戰略目標，直至損兵折將，被迫談判。即便如此，
事實真相仍然不能公之於眾。1951年7月3日，中共中央發布關
於朝鮮和平談判宣傳問題的指示，強調中國一貫主張以和平的
方式解決朝鮮問題，和平是志願軍入朝參加反侵略戰爭的基本
目標。該指示並稱抗美援朝已取得了勝利，不僅保衛了北朝鮮
和中國的安全，也迫使美國放棄其原來的侵略目標，承認中國
人民的力量。美方主動提出停戰談判，我方取得了政治主動，
如此等等。[66] 宣傳是維護和加強超凡權威必不可少的工具。歷
史是可以打扮的；在超凡權威政體下，歷史必須要打扮。

---

[66] 參見Jian Chen, *Mao's China and the Cold War*（CA: The University of North
Carolina, 2001）, p. 100.

第二章

人民的救星，大殺罪惡
1950-1952

中華人民共和國的頭兩年真是改天換地的多事之秋。作為中國的最高決策者，毛澤東不僅要決定是否支持金日成武力統一朝鮮和是否出兵入朝；他還要選擇中國政治體制的基本走向：繼續「新民主主義」還是確立「無產階級專政」？在1950年10月，毛澤東一改初衷，放棄他本人提出並持之以久的「新民主主義」政體，開始建立無產階級專政的政策和體制。其信號就是發動毛澤東時代的第一個群眾運動：鎮壓反革命；以「階級鬥爭為綱」實際上起源於1950-1951年的鎮反運動。

研究鎮反運動的學者大多主張政權鞏固論（regime consolidation）。他們認為，就如法國革命和俄國革命一樣，中共以暴力奪取的政權，必須用暴力來鞏固，特別是當新政權面臨國內外反對勢力的嚴重挑戰。[1] 這一理念基本上是正確的，但

1　參見楊奎松，〈新中國鎮反運動始末〉，《中華人民共和國建國史研究》（南昌：江西人民出版社，2009），卷1，頁168-127；Julia Strauss, "Paternalist Terror: The Campaign to Suppress Counterrevolutionaries and

並不全面。手段服務於目的，手段也可以修正甚至改變目的的性質。當羅伯斯比爾和雅格賓黨人把成千上萬法國人送上斷頭台之際，即是反對帝王確立民主的法國革命的壽終正寢之時，拿破崙稱帝與波拿巴皇朝復辟也為期不遠了。鎮反運動不僅鞏固了中共政權，同時也改變了中共政權，因為該運動的規模之大，對社會心理和機構的衝擊之深，必然要影響政權與民眾，國家與社會的關係（state-society relations），從而改變北京政權的性質。

當抗日戰爭進入了相持階段後，國共之間的摩擦和爭鬥日趨激化。這種爭鬥不僅在於軍事地盤的控制，例如皖南事變，同時更是一種政治鬥爭：何黨代表戰後中國之未來？毛澤東於1940年和1945年分別發布《新民主主義論》和《論聯合政府》，批判國民黨的「一黨專政」，同時提出中國共產黨領導下的多黨分享權力的「新民主主義」政體。抗日戰爭結束後，由於腐敗無能、內戰失利和通貨膨脹，國民黨政權江河日下，而共產黨和毛澤東的聲譽卻蒸蒸日上。眾多市民真心實意地上街遊行，歡迎解放軍進城部隊，是因為他們希望共產黨和毛澤東領導下的新中國將是一個和平與民主的社會。他們的希望會實現嗎？

中國正處於一個歷史性的十字路口，而毛澤東則居於一個獨一無二的地位來決定中國的未來。羅馬共和國內戰危機不斷，凱撒（Caesar）以武力來集權於一身，成為帝國的奠基人，

他的名字在歐洲歷史上成為「皇帝」的同義詞。法國革命後的
共和國也是內爭不息，拿破崙從此崛起稱帝。美國建國時期也
有人勸華盛頓稱帝，因為歐洲史上帝國似乎是統一內部征服夷
地的法寶。中國的帝制有上下幾千年的歷史，直至20世紀才壽
終正寢。張勳和袁世凱的下場證明帝制在現代中國政治中是不
可行的。但是長期戰亂下的民眾希望一個明君的心理卻依舊如
故。於是，一個共和國名義下的強人專制，或超凡權威，似乎
是順理成章的。毛澤東無疑是想成為這種集權於一身的權威，
本章將揭示他是如何用群眾運動的方式來實現其目標的。

鎮反運動的起源

　　1950年其實有兩個《中共中央關於鎮壓反革命的指示》，
代表了兩個很不相同的鎮反運動：第一個文件是1950年早期由
劉少奇主持起草的；那時的鎮反是以軍警為主的治安保衛行
動。第二個文件是毛澤東10月10日起草頒發的，而該運動是群
眾性的政治運動。兩者在形式和性質上大不相同。

　　北京政府成立後確實面臨一個政權鞏固和加強治安的問
題。解放軍在中國的南方和西南方的軍事行動還沒有結束，就
是在北方的老區裡，舊政權的同情者和新政權的反抗者時有破
壞行動。據中共內部報告，華北老區裡縱火、爆炸、盜竊、暗
殺、破壞事件頻頻發生，「大部與國民黨特務和反革命分子有
關」。[2] 西南新區的情況更為嚴重：據中共西南軍區1950年3月

2　《華北局關於華北老區裡縱火，爆炸，盜竊，暗殺，破壞事件的通報》，

中旬的一個報告，該地區的股匪已發展至70餘萬，其中「川東北游擊總隊一萬餘，其骨幹者皆為蔣匪潰逃前在成都訓練之游擊骨幹班分子」。[3] 實際上，西南反抗新政權的嚴重局勢很大程度上是由於過激的徵糧政策引起的。1949年末1950年初新政府的財政收入主要來源於「公糧稅」，同時中共接管大城市後，糧食供不應求，糧價和通貨膨脹上升，引起人心不穩。為穩定人心，鞏固政權，北京方面要求西南地區向上海緊急調糧4億斤。然而，西南地區本身面臨城市糧食供不應求的問題，包下大量國民黨投誠官兵和留用國民政府人員更使情況惡化。加上不少地區前政府已經徵收了1949年的稅，而中共新政權再徵稅恰是農家青黃不接之時。儘管如此，為鞏固政權，徵糧任務層層下壓，以致不少徵糧工作隊「為完成任務，不擇手段，隨便扣押，捆綁吊打，遊行罰跪，甚至有逼死人命的，有迫使農民賣子納糧的」。在此情況之下，民變與暴動便油然而起。鄧小平在1950年1月8日至2月18日給中央的報告中對西南地區「匪情」的估計層層加碼，從「不多」，到「開始抬頭」，到「普遍發展」，乃至「到處土匪峰起」。40天內西南「匪情」發展之速可想而知了。[4]

　　1950年初中共控制下的大城市中社會穩定狀況也是危機重

1949年8月9日，轉引自楊奎松〈新中國鎮反運動始末〉，《中華人民共和國建國史研究》（南昌：江西人民出版社，2009），卷1，頁172。

3　白希，《開國大鎮反》（北京：中共黨史出版社，2006），頁113。

4　參見王海光，〈徵糧，民變與「匪亂」──以中共建政初期的貴州為中心〉，華東師範大學中國當代史研究中心編，《中國當代史研究》（北京：九州出版社，2011），卷1，頁229-266。

重，特別是上海、北京等地。以上海為例，中共1949年5月占領
上海後的7個月中，社會治安很不穩定，發生強盜案737起，盜
竊案11,430起，搶劫案530起。[5] 根據中共的估計，上海在1949
年5月前，共有各種特務組織83個，特務分子不下6,000人，其中
不少潛伏下來了。根據中共的數據，1949年5月後的7個月中，
上海公安機關破獲特務案417起，捕獲特務1,499人，繳獲電台
109部。[6] 但是，1950年初上海的情況仍然不妙。通貨膨脹和糧
價飛漲造成人心惶惶：1949年7月底至11月13日，上海物價漲了
一倍半；1950年1月4日至9日，上海糧價上漲23%；1月下旬又
比月初上漲80%。[7] 與此同時，上海周邊的華東地區，或因「災
荒嚴重，或因秋徵負擔過重」，群眾性的「搶糧騷動」時有發
生。[8] 中共華東局1950年春估計，華東境內有「殘匪六萬餘」，
「土匪結合惡霸地主及會門，擾亂襲擊我各地方政府及駐軍，
阻我交通。」情況之嚴重，迫使毛澤東推遲進攻金門，而以華
東「剿匪」為先。[9] 由於國民黨空襲，特別是二六轟炸，上海生
產一度停頓，謠言四起，同時也助長了反對新政權的情緒和行
動。[10]

　　面對如此的挑戰，中共新政權決定大開殺戒，以暴力來

5　白希，頁196。

6　同上。

7　金沖及、陳群主編，《陳雲傳》（上）（北京：中央文獻出版社，
　　2005），頁639、670。

8　中央文獻研究室編，《建國以來毛澤東文稿》（北京：中央文獻出版社，
　　1987），卷1，頁324。

9　白希，頁192-193。

10　參見楊奎松，頁224-226。

鎮壓反對者。《中共中央關於鎮壓反革命活動的指示》在3月18日出台。《3.18指示》指出，各地「發生多次反革命的武裝暴動」，殺害幹部，搶劫公糧，破壞工廠鐵路，並造謠鼓動群眾。該《指示》的重點是要各地對這些反革命活動「必須給以堅決的鎮壓和剿滅，不得稍有猶豫」，對其「首要和組織者」處以極刑。與《雙十指示》後的情況不同的是，該《指示》仍然要求死刑和長期徒刑須經省級批准；只是「批准的手續應該簡便迅速」。[11] 種種跡象表明，1950年春開始的鎮反運動確實是北京政府面臨嚴重挑戰之時為鞏固新政權而發動的。經過半年多的鎮壓和剿滅，加上政策和工作上的調整以平民心，1950年秋中國的社會治安和政權穩定的情況大有改善。就是「匪亂」最嚴重的西南地區，中共不僅平息了武裝暴動，同時鄧小平在10月1日還宣布了1949年徵糧工作的完成。1950年的秋徵更是提前超額完成。[12]

　　當劉少奇主持下的鎮反全面開展之時，毛澤東卻顯得出奇的溫和。查《建國以來毛澤東文稿》，從1950年3月1日至10月10日，共有文件二百餘，其中沒有一件是同「鎮反」有關的。毛澤東在這段時間對「鎮壓反革命」似乎是隻字不提。[13] 如果

11　中共中央文獻研究室編，《建國以來重要文獻選編》（北京：中央文獻出版社，1992），卷1，頁141-143。

12　王海光，頁262-264。值得注意的是，1950年正是新區土地改革之際，而毛澤東似乎對此無甚興趣。查《毛文稿》1950年集共收395份稿件，事無鉅細，平均每天有1件以上，然而有關土地改革的只有12件。6月之後，更是僅有1件。在他1月17日的電報裡，土改和徵糧並提，而徵糧似乎更為重要。見《建國以來重要文獻選編》，卷1，頁126。

13　其中唯一的一件提到「鎮壓反革命」的，也是在編者所加的標題之中。在

在中共政治術語中「右傾」意味過分強調統一戰線而推動階級鬥爭不力，那麼此時的毛澤東是非常「右傾」的。在關於對待起義人員和處理黨和非黨關係時，他說：「現在共產黨成了全國性的大黨，又有了政協全國委員會，我當主席有責任使各方面都有利，使別的黨派也有利否則會引起不滿，會被人罵，甚至會被推翻。中國永遠是黨與非黨的聯盟，長期合作。雙方要把幹部都當成自己的幹部看，打破關門主義。這次政府的名單中，共產黨人和進步人士還是一半一半好，要搞五湖四海。」[14]1950年3月，他提出土改中不動富農，「保護中農，並防止亂打亂殺。」其理由是：「我們和民族資產階級的統一戰線，現在已經在政治上、經濟上和組織上都形成了，而民族資產階級是與土地問題密切聯繫的，為了穩定民族資產階級起見，暫時不動半封建富農似較妥當的。」[15] 4月間，針對一些幹部對待民主黨派不公平的態度，毛澤東說：「資產階級要求平等博愛，我們這樣做就不平等，也不博愛……蔣介石不肯給人家自由我們要給人家平等，博愛，自由。」[16] 5月底，中共中南局提出在城市中要改善勞資關係，「在勞資協商，維持生產，克服困難，度過難關的口號下，領導工人主動團結資方。」毛澤東立即表示完全贊同。[17] 6月6日，毛澤東在中共七屆三中全

對華東局所提如何處理群眾性搶糧騷動時，毛澤東加寫：「絕對不可向群眾開槍。」《建國以來毛澤東文稿》，卷1，頁324。

14　中共中央文獻研究室，《毛澤東年譜，1949-1976》（1），頁27。

15　《建國以來毛澤東文稿》，卷1，頁272-273。

16　《毛澤東年譜，1949-1976》，卷1，頁123。

17　同上，頁382-383。

會解釋方針路線時說：「為了孤立和打擊當前的敵人，就要把人民中間不滿意我們的人變成擁護我們……全黨都要認真地，謹慎地做好統一戰線工作……把小資產階級，民族資產階級團結起來……總之，我們不要四面出擊。」[18] 9月12日，他還在號召要「克服一些同志在改造起義部隊問題上存在的『左』傾情緒」。[19] 當他發現新華社要報導新疆的解放軍逮捕了原國民黨軍隊中反動分子時，毛澤東立即指示胡喬木：「此類新聞不應在全國發表，也不應在西安、蘭州的廣播台上廣播，只可在哈密等地地方報紙上發表。」[20] 他非常明白在嚴格控制的媒體上發表這類消息，可能被理解為對原國民黨人員政策轉變信號。1950年10月10日前出奇溫和的毛澤東隨著《雙十指示》的發布而永久地消失了，取而代之的是一個左得出奇的毛澤東，大談階級鬥爭，督促下屬「大張旗鼓地大殺反革命」。《雙十指示》實際上是毛澤東政治走向急轉彎的里程碑。

對比《3.18指示》和《雙十指示》，在打擊對象的定位上兩者完全一致，都是「國民黨反革命首要分子」，「土匪，特務，惡霸」；所不同的是，後者把鎮反作為黨內政治路線問題來處理。《雙十指示》著重指出：「不少幹部和黨委……在鎮壓反革命問題上，發生了嚴重的右的偏向。」以致大批的反革命分子沒有受到應有的制裁，「這不僅助長了反革命的氣焰，

18　同上，頁398-400。楊奎松在解釋此時毛澤東為何如此溫和時提出「這其實也正是毛澤東在軍事上所擅長的『各個擊破』的策略在政治上的一種運用」。楊奎松，頁178-180。

19　《毛澤東年譜，1949-1976》，卷1，頁190。

20　《毛澤東年譜，1949-1976》，卷1，頁28。

而且引起了群眾的抱怨。」為糾正此種偏向，該《指示》要求
各級黨委逐級向中央定期地提交有關鎮壓反革命的報告；第一
次中央局向中央的報告必須在一個月內提出。同時，該《指
示》又要求在處理反革命時，「必須公布判決，在報紙上發布
消息（登在顯著地位），並採取其他方法，在群眾中進行廣泛
的宣傳教育。」[21] 這同前不久不准發逮捕前國民黨人員報導的
毛澤東相比，真是天壤之別。《雙十指示》後不久，各地殺人
數字急劇上升，毛澤東於1951年2月把殺人批准權從省級下放到
地區專署一級。[22] 殺戒於是大開。按照毛澤東的說法，鎮反運
動一共殺了70萬，關了120萬，管了120萬。實際上殺人的規模
更是大大超過了這些數字。[23]

　　在溫和的毛澤東的影響下，不少中共幹部確實希望以法治
國，把「新中國」建設得比特務橫行無法無天的國民黨時期更
好。1950年10月14日，由饒漱石簽署的《華東軍政委員會逮捕
人犯暫行條例》稱：「為保障人民合法權利，鞏固人民民主專
政……在本區內逮捕人犯，除法令另有規定者外，概由公安、
司法機關依法定手續執行之；其他任何機關、團體或個人，不

21　《建國以來重要文獻選編》，卷1，頁420-423。
22　楊奎松，頁190。
23　有些學者估計殺人的總數在兩百至三百萬。有關殺人規模的討論，參見楊
　　奎松，〈新中國鎮反動始末〉，《中華人民共和國建國史研究（1）》（南
　　昌：江西人民出版社，2009），頁127-168；根據7省3市的檔案館所藏資
　　料，Frank Dikotter 認為在1950年10月到1951年11月間，河南、湖北、湖
　　南、江西、廣西和廣東6省，殺人總數達301,800人，占人口總數之1.69‰.
　　The Tragedy of Liberation, A History of the Chinese Revolution, 1945-1957（New
　　York: Bloomsbury Press, 2013），p. 100.

得逮捕人犯。」對已逮捕者，「不得毆打，侮辱或擅自拘押，處理……不論其案情如何，均不得施以刑訊或變相刑訊及任何侮辱。」對於密告案件，「須經調查研究，慎重處理，檢舉密告屬實者獎，蓄意誣告者以誣告論罪。」「司法機關對於已捕之人犯，因在二十四小時內進行首次詢問，不得任意擱置，如發現逮捕錯誤，應即釋放。」上海人民政府隨及將此條例轉發各級試行。[24] 該《條例》是在《雙十指示》四天後發布的，可見地方幹部根本不可能「緊跟」時常打急轉彎的領袖；於是他們也免不了會遭受毛澤東的批評和鞭策。1951年1月21日，毛澤東致電上海市委：「在上海這樣的大城市，在今年一年內，恐怕需要處決一、二千人，才能解決問題。」[25] 此後，上海只能加快捕人殺人的步伐。毛澤東在3月24日又致電饒漱石，表揚上海新計畫提出的「殺關管的數目字，比過去大進一步了。在上海這樣的大城市，要大捕大殺幾批」。同時他還告訴饒漱石北京的鎮反經驗，即開5,000人大會，「由苦主登台控訴……會後即大殺一批。」[26] 為了迎合毛澤東的意向，上海完全拋棄了前所提及的《10.14條例》之精神。三月底，上海一次就槍斃了91人。1951年4月27日深夜，36,000名警察、工人、學生組成了四千四百多個突擊行動組，一夜間逮捕八千餘人。兩天後，上海召開萬人大會，同時組織二百八十二萬餘人收聽實況轉播。

24　上海檔案館，B-1-1147。楊奎松將此條例看成是上海市政府和華東軍政委員會共同發布的，似有誤。見楊奎松，頁231。
25　《建國以來毛澤東文稿》，卷2，頁47。
26　同上，頁192-193。

「苦主們紛紛登台控訴」，會後285人被集體槍斃。[27] 為了達到殺人指標，上海複審大批舊案，以前從寬處理的，現在都改判死刑。上海6月處決了436人，7月處決了624人。[28] 隨著行刑者的槍聲，與世長辭的不僅是那些「反革命」，還有以法治國的理念和希望。

毛澤東為什麼在此時此地作出如此重大的政策急轉彎，並且運用如此激烈的手段來完成政策轉向？其用意何在？幾乎所有現存的研究都從朝鮮戰爭來找答案。毛澤東對羅瑞卿說，財政問題基本解決了，朝鮮戰爭打起來了，「你們不要浪費了這個時機，鎮壓反革命恐怕只有這一次，以後就不會有了。千載難逢，你們要好好運用這個資本。」劉少奇也說：「抗美援朝很有好處，使我們的好多事情都好辦，如搞土改，訂愛國公約，搞生產競賽，鎮反等。」[29] 也就是說，朝鮮戰爭給鎮反提供了一面愛國的旗號，更可以理直氣壯和大張旗鼓地搞了。這種解釋似乎有點道理，但是沒有觸及問題的實質。國際矛盾加劇，國內反對派可能蠢蠢欲動；為什麼不繼續劉少奇主持下以軍警為主的鎮反運動，同時鞏固和加強與民主黨派和民族資產階級的統一戰線呢？在與外敵作戰時國內團結不顯得更重要嗎？同時，如前所述，1950年10月10日前後，毛澤東派周恩來去蘇聯以告史達林中國不出兵入朝了；至少在六個月內不出兵。朝鮮的局勢究竟和毛澤東的國內政策急轉彎有多大關係？

27　《文彙報》，1951年4月28、30日，5月1日。

28　參見楊奎松，頁242-243。

29　引自楊奎松，頁184。

如果先撇開時間問題，毛澤東政策急轉彎的實質卻是很明白的：他已決定「新民主主義革命」已經完成，中國要向「社會主義革命」過渡。因此，無產階級專政必須取代新民主主義政治。毛澤東決定用強硬和流血的方式來建立「無產階級專政」，即中共的「一黨專政」，在很大程度上，這也就是毛澤東的「一人專政」。《雙十指示》後鎮反運動的實際打擊對象可以證實這一論點。

鎮反的打擊對象

如果新民主主義政治的基礎是以中共為領導的多黨多階級的統一戰線，民主黨派、民族資產階級、小資產階級都屬於團結對象，被包括在政治協商機制中。他們不僅參與了作為臨時憲法的《共同綱領》的起草，毛澤東不久前還要他們分享執政權，在政府人選中「一半一半，搞五湖四海」。如果這些新民主主義政治中的團結對象，甚至於一般的平民百姓，都成為《雙十指示》後鎮反的打擊對象，那不就表明毛澤東鎮反的實質是以「無產階級專政」來取代「新民主主義政治」嗎？從這層意義上來說，鎮反其實是一次「政變」，它改變了北京政權的性質。此後的中國國家與社會的關係，以及政權與民眾的關係，也必隨之改變。30

毛澤東在頒發《雙十指示》時，在打擊對象的定位上同

---

30 當然，毛澤東的「新民主主義」並不只是與民主黨派分享政權的問題，筆者在此並非為「新民主主義」下定義，只是顯示毛澤東對民主黨派和「中間分子」的政策大轉向。

《3.18指示》沒有區別，問題在於這一類人經過一年來的打擊，剩下的已為數不多。要搞一場重大的政治運動，必須找到更多的打擊對象。1950年11月19日，北京市委提交毛澤東的報告總結前期鎮反情況，提出今後鎮反計畫。其中認定三類打擊對象，「分別主次前後，先搞特務，再搞反動黨團，最後搞各種反動的封建勢力。第一類自建國以來就是打擊重點，然而第二第三類究竟指何許人也？其對象和標準很不明確。但毛澤東對此報告大加讚賞，轉發各地『參照辦理』。」[31] 在沒有明確打擊對象和標準的情況下，加上毛澤東指定並提高殺人指標，鎮反擴大化就不可避免了。然而，「鎮反擴大化」正是毛澤東所需要的。

　　1951年1月17日，毛澤東致電各地領導：中南局報告「在湘西二十一個縣中殺了匪首惡霸特務四千六百餘人，準備在今年由地方再殺一批，我認為這個處置是很必要的……只要我們不殺錯，資產階級雖有叫喚，也就不怕他們叫喚」。[32] 其實當時不只是「資產階級雖有叫喚」的問題，整個中國社會震動極大。河南省委1951年1月13日報告，鎮反在糾正右傾傾向後，「社會各方面不可避免地引起了巨大反響……民主人士中除左傾者積極擁護外，另一部分表示『摸不著底』，緘默寡言；工商界也表示沉默小心，有『莫談國事』之味；城市學生和機關新幹部中，也有些震動。而有些地方的領導已為勝利所迷惑，

31　《建國以來毛澤東文稿》，卷1，頁676。
32　同上，頁36-37。

開始出現不清醒的現象。」[33] 顯然，在毛澤東「反右傾」後，
地方幹部的「左傾傾向」已很明顯，「新民主主義」的同盟者
受到震動，或「有所叫喚」。毛澤東是否要「糾左」了呢？就
在他與1月21日批轉河南省委報告的同一天，如前所述，毛澤東
致電上海市委，敦促「處決一二千人」。時隔一天，毛澤東又
致電中南局：「廣東必需有計畫地處決幾千個重要反動分子，
才能降低敵焰，伸張正氣，望妥慎布置施行。」[34] 再隔一天，
他又致電廣西：廣西軍區「曾經犯了驚人的右傾錯誤……與去
年九月起開始糾正此種錯誤，三個月中，正確地殺了匪首慣匪
及其他首要反動分子三千餘人，情況就完全改變過來」。同時
他又致電葉劍英等：「廣西工作大為開展，殲匪九萬餘人，處
決匪首惡霸三千餘……我及中央同志都很高興。」[35] 兩天後，
毛澤東再電各地：「為了打落敵焰，伸張民氣，對匪首慣匪惡
霸及確有證據的重要特務和會門頭子，應當放手殺幾批。」[36]
接連四天，毛澤東一封接一封的電報，催促各地放手大殺反革
命。1951年2月和3月間，毛澤東寫了41份鎮反文件，其主旨就
是要「放手殺幾批」。[37]

　　那些被集體槍斃處死的「反革命」究竟是何許人也？查看
北京軍管會軍法處5月23日布告，221個被槍斃的人中大致可分
成下列三類：

33　同上，頁46。
34　同上，頁51。
35　同上，頁62-63。
36　同上，頁70。
37　同上，頁109-209。

　　第一類是前國民黨軍政官員，其中很多是原「中統」和「軍統」的特工人員。此群人中不少是在《雙十指示》前就被逮捕判刑，但是為了實現毛澤東「大殺」的指標，他們被改判死刑，立即執行。值得注意的是，這類人中也包括起義的高級軍官，如崔正春，出任過天津警備司令部參謀長，第八戰區少將指導員；田樹梅，國民黨副軍長，晉東南保安司令。他們在綏遠和平解放過程中倒戈投誠。[38]《雙十指示》前他們是新民主主義政治中的「座上客」，此後即成為「階下死囚」了。這是一個全國性的現象。湖南茶陵縣共有九名國民黨將級軍官，內戰時起義倒戈，當時是中共的英雄，鎮反時四名被槍斃，三名銀鐺入獄，其中兩名殘死獄中。朱自清之子朱邁先是中共黨員，打入國民黨，內戰時幫助策動起義。鎮反時定為「歷史反革命」被處死。[39] 正如前提湖北省報告所稱，鎮反後不少民主人士緘默寡言，工商界也表示沉默，就是城市學生和機關新幹部中，也有震動。周鯨文是民盟領袖之一，北京政務院的政法委委員，親眼目睹鎮反大屠殺，雖然大為反感，但無力改變毛澤東的政策，最後只能離開大陸出逃香港。[40] 曾經參加起草《共同綱領》的政治協商會議在鎮反後成為名副其實的政治擺設了。儘管中共到1954年才正式放棄「新民主主義」的提法，鎮反運動已使之名存實亡。

　　第二類是「地主」和「惡霸」。那些被指控為地主而處死

38　《人民日報》，1951年5月23日。

39　楊奎松，頁206-207。

40　Chow Ching-wen, *Ten Years of Storm: The True Story of the Communist Regime in China*（New York: Holt, Rinehart & Winston, 1960）.

的為什麼都住在北京城裡？是他們本人靠出租土地為生，還是他們鄉裡的家屬是地主？在土改中成千上萬的地主和他們的家庭成員被殺，因此在這221人中有一些「地主」應當不足為奇。但是什麼人屬於「惡霸」？那天在北京被槍斃的人中有一個叫王永的「惡霸」，50歲，所列罪名為「1943年將一投宿於村廟內一不知姓名的人，用棍打死。1948年將王永恆抓走當兵，致使王之母憂急死去」。[41] 此王永看來是個體壯而且霸道的人物，據說多年前打死了一個無名的過路人。但是為什麼他既不是徵兵的軍官，卻能將某人抓走當兵？其人之母憂急而死，王永就該處死？其實翻閱當時的報紙，類似的某某惡霸被處決的報導比比皆是。上海《港大公報》的醒目標題稱：「橫行二十多年的女惡霸『雌老虎』高王氏落網」。這個「反革命」住在北京路上的居民區，夥同她的子女，「糾眾行凶，敲詐勒索」，鄰居們對這一家「窮凶極惡的強徒們」早已恨之入骨，但是只能忍氣吞聲。當「人民政府」逮捕了她，街道鄰里「莫不拍手稱快」。[42] 城市居民區歷來是一塊政治空白點；男主人們到單位去工作，留在家裡的是「家庭婦女」。國民黨政府顧不上去控制這塊陣地，共產黨卻必須掌控人口密集的城市居民區。其方法就是在每個街道建立一個公安局的「派出所」。1951年5月25日《滬新南報》報導：嵩山北站等四區居民紛紛檢舉特務惡霸；邑廟區家庭婦聯訂立愛國公約，表示要以實際行動協助政府鎮壓反革命。該報導顯示，單嵩山一個區就有八萬

41　《人民日報》，1951年5月23日。

42　《港大公報》，1951年5月20日。

多家庭婦女。鎮反運動正值「派出所」初建之際，因此把「惡霸」作為鎮壓對象不僅「符合民意」，更有其控制城市居民區的戰略意義。[43]

毛澤東多次強調鎮反是人民所要求的，是「為民除害」，因此在判死罪時，「有民憤」或「民憤很大」成為一條重要理由。1951年5月7日，他在批轉杭州鎮反報告時就寫道「有血債及其他引起群眾痛恨的」人要處死。[44] 於是在報刊宣傳中人們常常讀到如下之標題：「接受人民要求，執行市區代表會決議，天津今日槍決一批反革命。」[45]「順從民意」不僅可以證明大殺反革命的合理合法性，也可以繼續發動群眾來支持無產階級專政。

第三類是會道門成員，以一貫道為主，還有九宮道、正字普濟會等等。在被處決的221人中，此類有86人，占38%。[46] 會道門是民間祕密結社，明末以來，時常氾濫成災，各種組織多達數百種，成員上千萬。各屆中央和地方政府都想取締它們，無一成功。會門，如大刀會和紅槍會，致力於用武裝來擴大地盤和影響，而道門，如一貫道和九宮道，則用「三教合一」（儒、佛、道）的宗教理念來吸引門徒成員。[47] 中共建國前後，武裝的會門常常在農村和山區同新來的中共政權發生衝

---

43 此後很多重大政策都是通過派出所和街道委員會來貫徹的，比如獨生子女政策。

44 中央文獻出版社，《建國以來重要文獻選編》，卷2，頁254。

45 《進步日報》，1951年5月31日。

46 《人民日報》，1951年5月23日。

47 參見邵雍，《中國會道門》（上海：上海人民出版社，1997）。

突，從而成為解放軍「剿匪」的對象。在城市中對新政權的威脅則來自道門，特別是一貫道，因為它的組織健全，人數眾多，道產雄厚。於是他們就成為鎮反的重要對象之一。就北京一地共逮捕了947名道首，20多萬道徒登記退道。[48] 天津在1951年4、5月間，共登記了道首5,743人，209,480人退道。[49] 在「無產階級專政」的政體中不存在言論和結社的自由。當任何一個組織的規模發展到能與執政黨齊肩時，它就成為一種對政權的威脅，而必須斬除。毛澤東對鎮壓一貫道非常重視，1951年1月24日，他批轉山西省委的報告，要求全國學習其經驗，以期有計畫地徹底地取締一貫道，及其他會道門，並消滅其中反革命重要分子。2月21日，他又轉發察哈爾省委報告，著重指出消滅一貫道要「充分準備，同時動作，方能一網打盡」。而且還要「布置展覽會，向群眾做宣傳工作」。[50] 五〇年代的「一貫道」和九〇年代的「法輪功」命運都同樣不可避免。此乃政權性質所致。

　　然而訴苦大會，集體槍殺，只是一個開端，毛澤東很快就把運動面從社會「外層」擴大到軍隊和政府的「中層」，既而又是中共「內層」。1951年2月9日一份來自湖北的報告稱，省政府機關查出160餘個反革命，包括5個處級幹部。毛澤東立即將該報告轉批全國，以引起「嚴重的注意」，在中共黨政機關內開展「三查運動」：查階級，查立場，查工作。[51] 1951年3

48　《當代中國的北京》（下），頁543（北京：中國社會科學出版社，1989）。

49　邵雍，《中國會道門》（上海：上海人民出版社，1997），頁455-456。

50　《毛年譜》，卷1，頁291、305。

51　《建國以來毛澤東文稿》，卷2，頁114-116。

月，山東軍分區的一名幹部，王聚民，被人告發為有階級立場
問題，因為其家庭出身是地主，並在學習中流露出對土改時其
家族受到的處置的不滿。王某從一名「革命幹部」，一夜間變
成了鎮反審查對象。因為受不了精神上的刺激，王某開槍殺死
其上司，隨而自殺。毛澤東得此報告後立即通報全國：對付這
種反革命報復行動，「最重要的是採取積極手段，破獲反革命
的組織，消滅反革命的巢穴，堅決迅速地殺掉應該殺掉的反革
命分子，使反革命措手不及，無力施行報復手段。」[52] 其實在
鎮反高壓之下，全國自殺事件多如牛毛，據不完全估計，至少
有幾十萬人自殺。[53] 王案與眾不同的只是王某在自殺之前，先
打死整他的上司。但毛澤東抓住此事件大做文章，他根本不談
鎮反中可能出現的偏差，反而強調階級敵人反抗報復，藉此推
動更多更快的「大殺」。

　　如果王聚民之類的中共部隊幹部也在劫難逃，政協系統的
原統戰對象就更無力抵抗來勢洶洶的鎮反運動了，因為他們多
數出身於「剝削階級」家庭，又和舊政權牽掛頗深。「新民主
主義」下的統戰對象就難免成為鎮反打擊對象了。1951年5月21
日，《中共中央關於清理「中層」「內層」問題的指示》說：
「我們必須抓緊時機，從現在開始，在今年夏秋兩季，採用整

---

52 同上，頁166-167。

53 參見Frederick Teiwes, "Establishment and consolidation of the new regime," in
　　Cambridge History of China, Vol. 14（Cambridge: Cambridge University Press,
　　1987）, pp. 88-92. 周鯨文估計自殺人數不下於五十萬。*Chow Ching-wen, Ten
　　Years of Storm: The True Story of the Communist Regime in China*（New York:
　　Holt, Rinehart & Winston, 1960）.

風方式，有計畫，有步驟地對機關工作人員普遍地初步地加以
清理……清理的範圍應包括各民主黨派和政府，軍隊，民眾團
體及財經文教等機關的一切工作人員和幹部學校的學生。主要
是其中的留用人員和新吸收的知識分子。打擊的對象，主要是
各種反革命分子。」[54] 延安時期從「學習運動」到「搶救（肅
反）運動「的模式現在在全國範圍內展開了。國民黨留用人員
和新吸收的知識分子不久前還是毛澤東的統戰對象，說要把他
們與中共自己的幹部一視同仁，現在則成為主要的審查打擊對
象了。社會中人人自危的氛圍就無可避免。

發動群眾的方針和做法

　　對毛澤東來說，大殺反革命只是一種手段，目的是發動群
眾。1951年3月15日，毛澤東決定把鎮反的重點轉到大城市。
他說：「從二月起，先有北京市，現在又有天津重慶兩市動起
來了，這是好現象。大城市是反革命分子及其領導機關潛藏的
最主要的巢穴，必須用很大的力量去對付，必須認真研究，周
密布置，大殺幾批，才能初步解決問題……人民說，殺反革命
比下一場透雨還痛快，我希望各大城市，中等城市，都能大殺
幾批反革命。」[55] 三天以後，毛澤東批轉福建公安廳的報告，
大為讚揚。其中提到城市鎮反要「發動群眾控訴，經人民法庭
或軍法處依法判處，政府機關組織公審大會和群眾大會公布處

54　《建國以來重要文獻選編》，卷2，頁274-275。
55　《建國以來毛澤東文稿》，卷2，頁168-169。

決。」[56] 3月20日，他又批轉華北局報告，其中強調，鎮反「必須在發動群眾的基礎上殺，並且在殺的過程繼續發動群眾，用一切可能的和有效的辦法暴露反革命分子的罪惡，激發群眾義憤」。[57] 於是，一本政治「舞台排劇」的初稿已成型，羅瑞卿將其先在北京施行，再在天津重演，然後經毛澤東批示，推廣全國。1951年3月24日，五千五百餘人在北京中山公園集會，公安部長兼北京公安局長羅瑞卿首先報告北京鎮反情況和最近清理出來的一批反革命案件，隨後將「反革命分子」押上台，「苦主們」也逐一登台控訴。各界代表也紛紛發言：「毛主席的領導是正確的，鎮壓反革命，是每一個人民的利益，也為人民出了氣。毛主席真是為人民謀幸福的好領袖。」最後市長彭真講話：「剛才羅局長的報告和大家控訴的，有這樣一批壞人……我們應該怎麼辦呢？」「槍斃！」與會者一起高呼。彭真隨著說：「大家的意見很對，應該槍斃……我們是大家的勤務員，我們是毛主席領導下的勤務員，你們大家要辦的事，我們一定辦，你們不贊成的事，我們一定不辦。」與會者又高呼：「感謝英明的領導」，「毛主席萬歲」！會後那些反革命被押往刑場處死。[58] 3月29日，天津一萬五千餘人集會，同樣的「舞台排劇」，先是公安局長，跟著是市長，就連「台詞」都和北京集會大同小異。不同的只是天津的人犯是一個一個押上台的。「當喊到每個罪犯名字時，群眾一致憤怒高呼：『槍斃

56　同上，頁170-171。

57　同上，頁176-177。

58　《人民日報》，1951年3月25、27日。

他！』」會後行刑也如同覆轍。[59]

　　有了北京天津的典型範例，毛澤東將親自加以推廣。3月30日，他批轉中南局報告時說：「很多地方，畏首畏尾，不敢大張旗鼓殺反革命。這種情況必須改變。北京天津兩市最近兩星期來大有進步，對鎮反大張旗鼓，廣泛宣傳，利用幾十人，百餘人，幾百人，幾千人乃至萬餘人的會議；利用報紙和廣播電台，利用展覽會，大肆宣傳，使家喻戶曉。」同一天，他又致電東北局，特別提到北京天津的兩個大會，要各地仿效。[60]在毛澤東的推動下，各大城市召開北京式的萬人大會，控訴鬥爭「反革命」，隨後集體槍斃。南京、上海、西安、武漢、重慶、青島、廣州、蘭州、迪化等等，都在4月內，「紛紛擴大舉行人民代表會議和控訴大會，人民政府接受群眾要求處決了罪大惡極的特務匪徒」，《人民日報》4月20日報導。第一陣殺風剛刮遍全國，北京又以更大的規模，掀起了第二陣殺風。5月22日，北京再次召開「人民代表會議」，組織了四十萬人收聽廣播實況，221人會後被押赴各刑場槍決。「每個刑場都有上萬群眾觀看，當槍聲一響，掌聲雷動，並連聲高呼：「感謝政府為民除害！」「毛主席萬歲！」隨後群眾進入刑場，鞭屍出氣。東郊刑場的觀眾「高興得扭著秧歌回去」，《人民日報》5月23日報導。

　　在經歷了長期的戰亂和經濟財政崩潰後，人民怨聲載道是很自然的。在世界歷史中利用群眾中普遍存在的負面情緒，

59　《人民日報》，1951年3月31日。

60　《建國以來毛澤東文稿》，卷2，頁202-208。

如怨恨和復仇的心理，來為一定的政治目的服務，是政治家們常用的手法。毛澤東的高明在於他一石二鳥的「大張旗鼓地殺反革命」的方針：它既發動群眾，給他們一個出氣的機會；同時又證明他領導下的共產黨是順從民意，受人民擁護的。這樣就能激發群眾中的正面情緒，即對黨和領袖的愛戴。樹立對立面，指出替罪羊，群眾就有了發洩的目標；找到了「魔鬼」，並引導群眾打殺他們，「紅太陽」和「大救星」的光輝就更加燦爛。強調階級鬥爭也將有助於塑造以雷鋒為代表的一代新人，其特徵之一就是「愛憎分明」：對階級敵人的無比憎恨和對黨和領袖的無限忠誠與熱愛。這就是毛澤東放棄「新民主主義」，實行政治急轉彎，打造無產階級專政的根本原因。

要發動群眾，首先要宣傳群眾。「宣傳」在英語中（propaganda）是個貶義詞；同忠於事實的報導相反，宣傳常常以誇大和歪曲事實來實現既定政治目的。要宣傳群眾，首先要宣傳幹部，統一黨內思想；《雙十指示》是毛澤東黨內宣傳的一個典範。不久前的毛澤東強調統一戰線，是非常之「右」的，現在他卻指責別人犯了「嚴重的右的偏向」，並稱「這不僅助長了反革命的氣焰，而且引起了群眾的抱怨」。然而政治局對毛澤東的急轉彎是緊跟無誤。《雙十指示》發布後，公安部立即召開全國公安會議，劉少奇、周恩來、彭真都與會作指示。羅瑞卿給毛澤東的報告稱，與會者認為《雙十指示》「是十分正確的適時的，必須堅決準確的執行」。為表明毛澤東反對「嚴重的右的偏向」是「十分正確的」，報告舉了一長串例子，主要是各地殺人寥寥無幾，同時「判決批准，手續繁多，

華東說最快兩三個月，慢的兩三年」。[61] 此時中共建國剛一周年，怎麼可能有判決拖上兩三年的例子？顯然與會者為迎合毛澤東，也不惜誇大事實。

在黨和領袖的宣傳引導之下，群眾很快被發動起來了。成千上萬的人不僅參加群眾訴苦公審大會，觀看集體行刑，同時積極地尋找、揭發和舉報反革命。北京3月24日大會和大殺「反革命」後，《人民日報》報導，家屬們或紛紛勸說有問題的人向政府交代，或紛紛揭發檢舉有反革命嫌疑的親人。全國各地的報刊登載兒子揭發老子，妻子檢舉丈夫的故事比比皆是，層出不窮。[62] 鎮反群眾運動把檢舉揭發和互相密告舉報變成政治生活中的一種常規。兒子為了保護自己，檢舉揭發父親並不鮮有；為了當「積極分子」或爭取入黨而密告同事和鄰居的人大有所在。無中生有，誣告無辜，以報私仇者也為常事。由於下層機關幹部為完成或超額指標，時常偏聽偏信，把誣告當事實，大搞「逼，供，信」。雲南某縣有人密告稱，小學生中有些為土匪放哨送情報，當地幹部抓了一百多個學生，一名六歲的小孩被指控為特務小組頭子，逼供時吊打造成兩人死亡。四川有一民兵組織也企圖從小學生中挖出反革命，抓了五十多人，行刑逼供時，三人死亡，五人自殺。江西某縣幹部懷疑一個小村落窩藏反革命，帶著民兵包圍整個村落，不問青紅皂白，開槍就打，並焚毀屋子。最後在廢墟裡找出被打死的

61　《建國以來重要文獻選編》，卷1，頁441-446。

62　《人民日報》，1951年4月17日，5月16、18日；《星島日報》1951年7月3日報導，韓山師範學生帶引公安人員捉拿父親和叔父等等。

四十七人中，只有一名成人男子，其餘都是婦女和兒童。[63] 但是這種事實都被埋藏在檔案館裡，鮮為人知。階級鬥爭常常就是群眾鬥群眾；鷸蚌相爭，而得利的漁翁則是精英和領袖。

從群眾運動到社會控制

在近代世界歷史中，革命和造反的領袖人物常常利用群眾對現實的不滿和怨恨來挑動和組織反政府的鬥爭，以流血的方式來奪取政權。然而當群眾已經崛起，並不是所有的革命領袖都能控制局面，避免群眾運動退化成群氓政治和無政府狀態。法國革命的失敗和法蘭西第一共和國的滅亡就是一個實例。毛澤東的高明就在於他能始終緊緊掌控群眾運動，並很快把它引導到社會控制的方向。如前所述，中共用打擊街道鄰里的「惡霸」來發動群眾，推動派出所和居民委員會的工作，從而加強對城市居民區的控制。這種永久化和制度化的政策開始在上海等大城市，隨後很快推廣至全國。比如，江西省公安廳長1952年8月15日在省委擴大會上報告「鎮反第二階段」的成績，列出殺關管的人數。可見以前把1951年末看成是鎮反的下限是不正確的。江西和很多其他地方實際上把鎮反的「第二階段」同「三反」結合在一起了。在不斷的「鎮反」和「三反」運動中，政府對社會和民眾的控制不斷加強。1952年12月，江西公安廳總結戶口管理工作，報告他們如何按「先城市後農村」的方針，總共建立了派出所140個，有戶籍警1,060名。該報告特別

---

63 參見Dikotter，頁89-90。

強調：「戶管工作在配合鎮反，維護社會治安，減少治安案件等方面發揮了重要作用。」[64]

　　對社會居民區域的控制僅僅是中共社會控制政策的一個側面。更主要的政策是把每一個「工作單位」變成一個「政治單位」，並把每一個單位成員控制起來。首先是把所有的人「排隊摸底」，即把所有人員分別歸類，哪些是政治上可靠的，哪些是有「歷史問題」或政治上不可靠的。這後一類就是鎮反的對象，但其中又有輕重緩急之分。同事們互相監視，稍有出軌言行就會被舉報。而領導手中把握著每人一份的政治檔案，其中包括本人政治歷史自述、單位的政治調查報告，以及別人的檢舉揭發材料等等。除了自述以外，所有個人政治檔案中的材料都是祕密的。政治運動一來，人人提心吊膽。這種在鎮反中形成的「單位型」制度便成為最有效的社會控制機制。

　　當毛澤東和中共中央沒有確切的「反革命」的定義和標準時，下層就大有自我發揮的餘地。以上海為例，下層單位的黨政領導一般把有「歷史問題」和政治上不可靠的人分成五類，通常稱為「黑五類」，按由輕到重為序，排列如下：

　　第一類：有一般歷史問題者，如集體參加過三青團的，或加入中共而後脫黨的，或為國民黨報紙寫過文章的；

　　第二類：有一般政治問題者，如國民黨黨員、國民黨或三青團任職者，或與國民黨高官來往甚密者；

　　第三類：有嚴重政治歷史問題，但無現行活動者；

64　江西省公安廳編撰，《江西省公安史：1949-1992》，公安機關內部使用（南昌，1996），頁24-25。

第四類：有嚴重政治歷史問題，可能有現行活動者；

第五類：有血債或有現行活動者。[65]

這五類的定義之含糊，給予基層政策執行者極大的餘地，他們輕易就可把大多數人劃入「黑五類」來加以整治。第二類更是明明白白的「牽連定罪論」（guilty by association）：即使某人不是國民黨官員，但如與國民黨官員來往甚密者即有罪。什麼是「可能的現行活動」呢？「偷聽敵台」，「有海外關係」，「散布謠言」等等，都可能把某人劃入「第四類」，如果此人同時又有「歷史問題」，問題就更嚴重了。中共基層幹部通常把「排隊摸底」的結果列成一表，叫作「政治情況表」。比如1951年6月邑廟區中心小學列出了《教職員工政治情況表》，其中把全校所有71名人員都列入「黑五類」，包括48人為第一類，4人為第五類。[66] 此類政治情況表通常是付在該單位的「鎮反計畫報告」後面一起呈報上級黨委。中共上海永安印染廠黨委根據其掌握的有關工人政治情況的材料編出一份《上海永安印染廠工人參加反革命組織情況表》，把除中共黨團員外的大多數工人列入「黑五類」。在解釋為何某人被劃入某類時，該表提供了簡單的說明，比如「聽短波」、「國民黨員」、「從香港帶回東西」等等。在某些此類「罪名」後，常有備註：「尚待查實」。顯然這些莫須有的「罪名」只是根據密告者的指控而來，並無查實，卻已被用來對人劃類了。[67]

65　《南模教職員政治情況分類表》，1952年2月，上海檔案館，B105-5-697。

66　《邑廟區中心小學政治情況表》，1951年6月16日，上海檔案館，B105-5-699。

67　《上海永安印染廠工人參加反革命組織情況表》，1953，上海檔案館，

這種制度很快成為中共控制群眾的有效手段，同時也給予基層幹部巨大的權力，並造成人人自危的現象。這種幹部和群眾的關係，國家和社會的關係，顯然不是「新民主主義」政體下的「自由、平等、博愛」，也沒有政府人員中共產黨和非黨「一半一半」分享權力的格局。這是鎮反運動創造出來的「無產階級專政」的理念和格局。

　　「排隊摸底」其實只是內部控制的鎮反運動之準備階段，真正的基層群眾運動開始於「學習討論」階段。1951年2月2日，毛澤東發出指示，把3個有關鎮反的文件編成一冊，發給廣大群眾學習，批判各種錯誤思想，以達到堅決徹底地鎮壓反革命的目的。[68]　上海在轉發毛澤東的指示時，又加上兩個文件讓全市人民學習。[69]　所謂「分組學習」只是洗腦和「端正思想」的第一步，真正帶有實質性的是下一步，即「聯繫實際進行討論，展開批評與自我批評」的階段。所謂「批評與自我批評」實在是自我坦白交代和相互檢舉揭發的代名詞而已。在「排隊摸底」之後，各「學習小組」的「重點對象」已經內定了，並讓組內的「積極分子」做到「心中有數」，在學習討論時對那些「重點對象」施加壓力，令其反省交代。如果這些對象試圖為自己辯護，就會被扣上「態度不端正」和「有牴觸情緒」的帽子，而「學習討論會」就變成了「批判鬥爭會」了。最後那些既有「歷史問題」又懷疑有「現行活動」的人就被打成「反

C197-2-107。

68　《建國以來毛澤東文稿》，卷2，頁135。

69　上海市委直屬機關黨委會《關於繼續進行鎮壓反革命時事政策學習的通知》，1951年5月26日。上海檔案館，A77-1-391。

革命」了。[70]

　　陳琴珍是上海第一絹紡廠的女工，曾參加過國民黨時期的工會並選為常務理事，參與過開除其他女工。她被指責為不滿中共政權，散布謠言，抗拒登記，其單位領導定她為反革命，建議判處死刑；最後她被判了12年徒刑。[71] 在毛澤東提出「三查」後，「查立場」的含義被推得很廣。前述王聚民就是在此種「學習討論」過程中，他「發現群眾控告後，情緒突變」，最後導致他的槍殺和自殺行為。[72] 但一般人的所謂「立場問題」包括「發牢騷」、「對現實不滿」等等，幾乎每個人都能被視為有罪。陳江海是永安印染廠工人，他之所以被劃入「黑五類」就是因為有人密告，他曾說「美國製造的產品如何好，蘇聯製造的產品如何不好」。[73]「三查」中最後一項是「查工作」，或「工作態度」，更是每個人都可以「聯繫自己」來進行檢討，「提高認識」的。不少人會自我檢討「工作態度不端正」，「有時偷懶走捷徑」，似乎沒有政治上的含義。但如某人有「歷史問題」，情況就可能不同了。57歲的程阿鴻是一名

70　有關「學習討論會」以及「批評與自我批評」的一般過程，參見《上海市中等學校教職員思想改造骨幹學習班總結報告》1952年7月31日，上海檔案館，B105-5-695-6；《上海市中小學教師思想改造典型試驗情況及今後工作意見的報告》，1952年3月，上海檔案館，B105-5-695-18。這種「學習討論」的模式在鎮反中確立之後，一直被延用到「文化大革命」。本作者於1970年參加了「清隊學習班」，所用的模式與此一模一樣。

71　引自楊奎松，頁247。

72　《建國以來毛澤東文稿》，卷2，頁249-250。

73　《上海永安印染廠工人參加反革命組織情況表》，1953，上海檔案館，C197-2-107。

40多年的上海鐵路開車工，被懷疑參加過「正氣社」，但無證據。同時他被指控為「不滿中共，開快車子，賭錢怠工」，為此被定性為反革命，判了他死刑。最後複審時改判20年徒刑。他自己強調「開快車」不是「圖謀破壞」，案裡也沒有任何有關開快車造成事故的紀錄。但如果單位領導欲加其罪，「工作態度」和「圖謀破壞」之間的界限就非常模糊。[74]

　　中共基層單位的書記們幾乎對他們的職工有生殺之權，因為他們既是負責整理職工政治材料的人，又是組織和操作名為「學習討論」的政治鬥爭的人，同時他們有權提出判處意見；是殺，還是關，或管，他們的意見舉足輕重。這就決定了單位內政治權力分配的基本構架。如果每個單位的黨組織把全廠、全校或全店的職工置於嚴密掌控之下，中共對整個社會的掌控也就完成了。為了單位和社會的穩定，中共沒有任何理由來鼓勵單位間人口的流動；恰恰相反，單位間人口流動加劇會影響單位的穩定，而單位的穩定關係到控制社會的穩定。於是毛澤東時代就出現了「一人，一生，一單位」的現象。[75]

　　由於鎮反運動極大地增強了中共政權自下而上的社會控制力，作為一種政治手段，「鎮壓反革命」的永久化和制度化

74　《程阿鴻反革命案》，1951年5月，上海檔案館，B1-2-1059。

75　五〇年代初，上海大多數的生產和銷售單位還是私營為主，中共書記們還沒有掌握工資待遇的分配；但是他們已對這些單位的雇人或裁員的決定有所掌控。因此從理論邏輯上來推斷，在其他經濟和體制方面的原因出現之前，政治方面的原因就決定了單位人口穩定的趨向，以致出現「一人一生一單位」的現象。有關單位和社會的討論，參見Xiaobo Lu, Elizabeth Perry, ed. *Danwei, The Changing Chinese Workplace in Historical and Comparative Perspective*（M. E. Sharpe, 1997）.

自然就成為毛澤東時代的一個特徵。中共中央在1952年要求各地定出一個鎮反「五年計畫」，並定期向中央彙報執行情況。上海市人民法院1955年11月30日給北京的報告稱，上海於1952年計畫在今後五年內逮捕二十萬反革命，1953至1955年內，已抓了四萬，1956年計畫再抓五萬，1957年再抓三萬。[76] 看來上海將完不成它1952年制定的鎮反五年計畫了。可想而知，當市級機關感到壓力之時，它一定會向其下級機關施加壓力，以期完成指標。如果鎮反已變成一種永久性的活動並有一個五年計畫，1951年首創的以基層單位為中心的各項鎮反措施，例如「排隊摸底」、「學習討論會」等等，也就會變成永久性了。前所引用的1953年制定的《上海永安印染廠工人參加反革命組織情況表》就是一個證明。到了1955年，上海各單位的「經濟保衛部門」必須向上遞交《經保部門掌握政治材料統計月報表》。[77] 基層單位變成一種政治運動的體制也就順理成章了。同時，個人政治檔案的調查、轉遞、收集、整理也逐漸體制化了。1954年2月，中共中央組織部頒發《關於全國黨，政，軍，群各系統調查，轉遞證明材料範圍及手續的規定》，把不同性質的材料之調查處理劃分職責範圍，例如有關審幹的材料由黨政機關的組織部門負責；而有關「五個方面反革命分子的材料」，或「有關反革命政治嫌疑分子的材料」，則由公安部門

76　《上海市人民法院給最高人民法院的簡況報告》1955年11月30日，上海檔案館，B2-1-14。

77　上海市公安局企業保衛處，《關於鎮反總結提綱》1955年3月1日，上海檔案館，B123-2-1135。

負責。此《規定》還把使用和印製整材料用的卡片統一化了。[78]

　　根據中央的旨意，上海公安局在1955年向全市各單位發出《關於鎮反總結提綱》，其目的「在於進一步掌握情況，認識敵情，找出存在問題，明確今後對敵鬥爭的方向」。該《提綱》明確要求「結合鎮反總結複查材料，把單位中的調研對象找出」，特別注重下列六種人：「（一）政治上不可靠，不清楚的技術人員和高級職員；（二）歸國華僑、國外歸來，及與港、澳、台海外有密切關係的可疑分子；（三）破壞事故，破壞嫌疑事故的涉嫌分子，以及其他政治嫌疑分子；（四）內部的資產階級分子及原為資本家服務的資方代理人和高級職員中表現可疑的分子；（五）來自敵對陣營或反革命家屬中心懷不滿或表現可疑的分子；（六）原在帝資國家領館、企業、文化機構服務的高級技職人員中的可疑分子。」[79] 顯然，在鎮反永久化的過程中，當舊有的敵人，如土匪特務及「黑五類」已成「死老虎」後，中共必然要確認新的鬥爭目標，於是各單位便須先縱上述六類「可疑分子」中找出「調研對象」，以便整理材料來為將來的鎮反做準備。

　　在鎮反永久化和體制化的情況下，一旦毛澤東掀起另一個政治運動浪潮，這一套體制就會很快進入狀態，運作自如。在上述《鎮反總結提綱》發出不久，毛澤東在1955年中期發動了反對胡風反革命集團和「肅清反革命」運動，於是各地相繼緊

78　中共中央組織部，《關於全國黨，政，軍群各系統調查，轉遞證明材料範圍及手續的規定》，1954年2月20日，上海檔案館，A3-2-10-14。

79　上海市公安局企業保衛處，《關於鎮反總結提綱》，1955年3月1日，上海檔案館，B123-2-1135。

跟。由於鎮反體制化的結果，中共上海第一重工業局黨委得以
立即推出《反對胡風反革命集團鬥爭的初步計畫》，首先對該
局所屬單位的全體人員共54,552人作出「政治分析」。在此五萬
多人中，「有政治材料」的共11,628人，占總人口的12.31%，
其中包括599人為「黑五類反革命」，356人為「其他類型反革
命」，3,160人有各種政治材料，還有7,513人為前反革命組織
成員。[80] 此《計畫》把所屬單位分成五批來搞運動，並要求每
個單位每週提交一份《鎮反運動單位發動群眾情況統計表》，
分別列出「積極分子人數」、「中間分子人數」、「思想落後
人數」和「有政治問題人數」，同時還加上一檔「本週比上週
積極分子增長比例數」。由於積極分子和中間分子的標準完全
由單位領導主觀而定，各單位上報每周積極分子增長比例數相
差很大；有的報「無變化」，有的報告增長了10%以上。[81] 同
1951年有些單位把所有人員劃入「五類」的情況相比，1955年
職工政治情況的劃分似乎要合理些。例如中華廠報告在其2,353
個職工中，1,286人（54%）為「積極分子」，450人（19.5%）
為「中間分子」，227人（9.6%）為「落後分子」，而「有政
治問題人」有390人，占總人數16.57%。[82] 顯然中共已認識到把
所有職工劃入「黑五類」是自我孤立的政策，並注重「建黨工
作」和「培養發展積極分子」的工作。同時新招入的人數比例

80　中共上海市第一重工業局委員會，《反對胡風反革命集團鬥爭的初步計
　　畫》1955年7月9日，上海檔案館，A43-1-4。

81　中共上海市第一重工業局委員會，《鎮反運動第四，五批單位發動群眾情
　　況統計表》，1955年9月1日至5日，上海檔案館，A43-1-259。

82　同上。

上升很快。以上海市第三商業局的中百站為例，在其3,138總人數內，「1949年後新參加者」有2,570人，「部隊轉業者」有206人，而「留用人員」只有249人。但是，「參加過反動組織者」仍然有732人，占總人數23.3%。而且同上述《關於鎮反總結提綱》相一致，在「參加過反動組織者」的頭銜下出現了新的分類，包括「政治可疑分子」、「歸僑」、「有港台關係者」等等。[83]

不管中共如何劃分「群眾」，其基本策略仍然是以階級鬥爭的理論來分而治之，爭取團結一部分，以便孤立打擊另一部分。具體的做法還是1951年的那一套，即以單位為範圍的「學習討論會」和自我檢討與互相揭發。有些市局要求各單位自報1955年內將被定為反革命而逮捕的人數。例如一〇一廠共有1,621人，「五五年擬捕」50人；廣播器材廠有316人，「五五年擬捕」7人。[84] 為了達到或超額完成「肅反」指標，有些單位幹部故伎重演。美亞鋼筆廠職工討論會接著討論會，以致「廠中其他工作完全停頓，生產任務加班加點也完不成，群眾疲勞異常」。有些把單位成員「分組互相揭發，造成廠內空氣很緊張」。在無其他重大問題時，有些把「到人民大道『吃豆腐』，生活腐化」作為必須「坦白交代」的內容。[85]

83　《上海市第三商業局政治情況統計表》，1955，上海檔案館，B22-2-33。

84　此政治情況統計表沒有名稱和單位，從包括的廠家單位來看，似乎是上海某工業局的。因為包括中國第二機械部上海供應處，應為二機部下屬部門。從內容看，時間當屬1955年。上海檔案館，A44-1-48。

85　《中共上海市委員會批轉邑廟區委的報告》，1955年11月29日，上海檔案館，B122-2-9。

　　1955年的「肅反」在規模和深度上同1951年的鎮反不可相提並論，但它也不是一個僅限於知識分子中的運動。[86] 它是鎮反永久化和體制化的一個里程碑。毛澤東說右派就是反革命、反右運動的做法，如單位分配打右派指標，學習討論，自我檢討，互相揭發，都是鎮反體制的重演和發展。1960年中共中央批准公安部黨組《關於當前敵我鬥爭形勢和開展社會鎮反，內部肅反（清理）運動的意見提綱》，各地相繼而行。上海1月到10月間，「共破獲政治案件3,399起，內重要政治案件858起」：同時逮捕反革命和刑事犯6,936人。[87] 上海各級單位隨著開展運動，其方法和步驟完全與鎮反相似。以上海輕工業局為列，肅反準備工作包括四步：一、建立組織，訓練骨幹；二、審查檔案材料；三、人員的排隊，在5,541人中（內有學生2,202人）排出肅反清查對象22人，重點調查對象32人，調查對象400人左右；四、單位排隊。[88] 這一「社會鎮反，內部肅反（清理）運動」以後逐漸演化為「四清運動」。

　　毛澤東發動群眾性的鎮壓反革命運動就是要以階級鬥爭的方式來建立和鞏固在他領導下的無產階級專政，而取代他以

---

86 現有國外對1955年肅反的研究基本上把它看成為一個針對知識分子的運動，這是不正確的。參見Andrew Endrey, "Hu Feng: Return of the Counterrevolutionary," *Australian Journal of Chinese Affairs*, Vol. 5（January 1981）, pp. 73-90.

87 《市委批轉公安局黨組「關於當前敵我鬥爭形勢和開展社會鎮反，內部肅反（清理）運動的意見提綱」的意見》，1961年1月8日，上海檔案館，B63-2-1105。

88 上海市輕工業局肅反辦公室，《關於肅反準備工作情況彙報》，1961年10月25日，上海檔案館，B63-2-1105-7-11。

前提出的新民主主義政體。這也就是建立他的超凡權威政治體系的起點。一種特殊的領袖—政黨—國家—民眾之間的關係出現在中國政治舞台上。他不僅以人民的名義大殺反革命，同時也加強了他在黨內和黨外的威望。群眾運動成為推動個人崇拜的工具，而毛澤東同時又找到了用群眾運動來控制群眾和社會的方式。鎮反運動取得了如此的成功，毛澤東將以此為模式來指導下一個政治運動，即「三反」運動，其重點是黨和政府的各級機關。「一樣的大張旗鼓，一樣的發動群眾」，就是他對「三反」運動的指導方針。他在鎮反中運作的模式也會在此後的列次運動中不斷重複和更新。

第三章

中共的良心，力拒貪腐
1952-1953

　　毛澤東親自策劃和領導的鎮壓反革命運動是當代中國第一個群眾性的政治運動，其基點就是運用階級鬥爭的理論，發動一部分「群眾」去打擊另一部分「群眾」。這種群眾運動不僅鞏固了中共政權，建立了「無產階級專政」的體系，加強了國家對民眾和社會的控制，同時也提高了毛澤東的威望。「紅太陽」的光芒顯得更加灼熱和輝煌。嚐到了甜頭的毛澤東決心用同樣的方式，大張旗鼓地發動群眾，對黨和政府，包括軍隊，加以整頓，使之成為超凡權威手中的馴服工具。於是，鎮反的尾聲未落，毛澤東又發動了「三反」運動：反貪污，反浪費，反官僚主義。

　　1990年以後，從江澤民到習近平的北京政府都有不斷的反貪污行動，不少官員和企業家被關被殺。與其相應的就有各種各樣的有關「三反」的文章和書刊。然而，大多數此類出版物，與其說是「學術研究」，不如說是政治宣傳。這些作者們基本上是用當時中共的宣傳資料來證明該運動的必要性和「重

大成果」及其「深遠的歷史意義」。但是他們似乎對真實的歷史現象毫無興趣。比如，當他們列舉貪污款項之巨大來證明運動的必要性時，都不提及1955年的人民幣幣制改革，改革後的新幣一元兌換舊幣一萬元。於是，他們的讀者們看到某某人貪污一百萬元，他們會感到十分驚訝，同意當時反貪污運動的必要性。但是如果作者讓讀者知道，那時的一百萬元實際上只是一百元，作者的宣傳效應便消失了。[1]

　　現有的國外對此運動的研究甚少，研究者基本是依靠北京政府控制下的公開出版物為依據，因此他們對該運動的目的、對象、範圍及其效應的理解往往不甚正確。他們認為「三反」運動是北京新政府政權鞏固總戰略的一個有機部分，其主要對象是新招入到政府機關的城市知識分子和舊政府的留用人員。作為「增產節約」運動的一部分，由於制止了貪污浪費，國家建設基金的增加對促進經濟發展有益；同時黨政幹部也成為比較可靠的管理人才（reliable administrators）。[2] 泰韋斯還認為，

1　這樣的例子比比皆是。比如，吳珏，《「三反」「五反」運動紀實》（北京，東方出版社，2014）；王朝彬，《三反實錄》（北京：警官教育出版社，1992）；王順生、李軍，《「三反」運動研究》（北京：中共黨史出版社，2006）；王守法、趙洪順，《山東的「三反」「五反」運動》（山東人民出版社，2008）；中共湖北省委黨史研究室，《建國初期湖北的「三反」「五反」運動》（武漢：湖北人民出版社，2010）。

2　Sherwin Montell, "The San-fan Wu-fan Movement in Communist China," in *Papers on China*（Cambridge: East Asian Research Center, Harvard University）, Vol. 8（February 1954）: 136-196; Theodore Chen and Wen-hui Chen, "The Three-Anti and Five-Anti movement in Communist China," *Pacific Affairs,* Vol. 26（March 1953）: 3-23. Frederick Teiwes, *Elite Discipline in China: Coercive and Persuasive Approaches to Rectification, 1950-1953*

儘管毛澤東已成為不容置疑的主宰者，他在五〇年代初期和中期仍然遵守集體領導的民主原則，在制定政策時廣泛聽取各方意見，並鼓勵，而不是壓制精英們公開發表不同意見。[3]

　　本章將依據前所未用的史料來勾畫出一幅不同的關於「三反」運動的圖片。所謂「三反」起初只是「增產節約運動」的一個側面，一種延伸。北京政府在1951年年末面臨著嚴重的經濟財政困難。11月13日，周恩來為毛澤東起草給史達林的電報中說：1951年的財政預算比1950年增加了百分之六十，而總預算的百分之三十二用在朝鮮戰爭。「因此，如現在不立即採取緊縮的方針，則明年預算必更膨脹，財政必受影響，物價必大波動，勢必使前方戰爭打不好，後方建設亦搞不好……在國內，我們正在準備整編部隊，精簡機關，厲行節約，增加生產。」[4] 這就是「增產節約運動」之背景，而這些措施是在政治局10月間的擴大會議上就已提出了。[5] 11月1日，高崗作了《關於開展增產節約運動，進一步深入反貪污，反浪費，反官僚主義鬥爭的報告》。11月20日，毛澤東向全國批轉高崗的報告：「中央認為這個報告是正確的。請你們重視這個報告中所述的各項經驗，在此次全國規模的增產節約運動中進行堅決的反貪

　　（Canberra: Australian National University, 1978），pp. 1-10, 115-148; also Teiwes, *Politics and Purges in China, Rectification and the Decline of Party Norms, 1950-1965*（New York: M.E. Sharpe, 1993），pp. 105-129.

3　Teiwes, "The Establishment and Consolidation of the New Regime," in *The Politics of China, 1949-1989,* ed. Roderick MacFarquhar（Cambridge: Cambridge University Press, 1993），pp. 5-87.

4　《周年譜》，卷2，頁195。

5　薄一波，《若干重大決策與事件的回顧》，上卷，頁139。

污，反浪費，反官僚主義的鬥爭。在展開這個運動和這些鬥爭之後，每一部門都要派出必要的檢查組檢查所屬的情況，總結經驗，向上級和中央作報告。」[6] 於是毛澤東就把一場原本為改善經濟財政狀況的運動轉變為一場群眾性的政治運動。他為什麼要發動群眾搞「三反」呢？他為什麼把貪污和浪費以及官僚主義綁在一起來作為運動的打擊目標？其結果是促進了，還是「促退」了經濟生產？

「三反」是毛澤東發動的一場「階級鬥爭」

　　毛澤東對具體的和日常的經濟財政工作既沒興趣，也無擅長。但是為了掌握和控制龐大的黨政機關，他重演「延安整風」之故伎：先找出鬥爭對象，發動群眾，然後在群眾中推動「批評與自我批評」，從而揭發出更多的鬥爭對象，推動運動的「深化」。延安整風開始是「學習運動」，即學習馬列主義，批判「主觀主義」、「官僚主義」和「宗派主義」。在「端正思想」之後，批判王明、張國燾等等或左或右的「機會主義」便開始了。參加者在此階段中的主要活動就是大會小會的「批評與自我批評」，即政治攻擊和自我懺悔的互動。最後是「肅反運動」，把諸如王實味之類的不願緊跟而且說話帶刺的人打成反革命。隨著整風的逐步深化，毛澤東的威望也日益高升，這就是「紅太陽是怎樣升起的」。但是這一程序時間很長，而且全國黨政機關的幹部人數比延安時期多出無數倍。怎

6　《毛文稿》，卷2，頁513-514。

樣在新形勢下成功地運用延安時期的政治操作方式？鎮反的經驗證明，大張旗鼓地殺人是一種「震撼型」方式來迅速發動群眾。毛澤東很快就找到了劉青山、張子善貪污案來震撼和發動黨政機關的「群眾」。

毛澤東之所以喜歡高崗的報告是因為高崗說到他的點子上了。東北經驗的第一點就是「必須開展一個群眾性的民主運動，才能收到最大的效果」。同時高崗還提到「加強思想領導，提高群眾的積極性」，以及「爭取群眾，使壞分子孤立」等等在延安整風和鎮反運動中行之有效的原則。值得注意的是，在高崗報告原文中其實只有「二反，」即反貪污蛻化，反官僚主義。毛澤東在批語中將其改為「三反」。[7] 12月2日，他在批改中央關於「三反」的決定時寫道：「浪費和貪污在性質上雖有若干不同，但浪費的損失大於貪污，其結果又常與侵吞、盜竊和騙取國家財物或收受他人賄賂的行為相接近，故嚴懲浪費，必須與嚴懲貪污同時進行。浪費的範圍極廣，項目極多，又是一個普遍的嚴重現象故須著重地進行鬥爭。」[8] 貪污在任何社會裡都是一種非法行為，可是「浪費」完全沒有定義；碗裡的飯沒有吃完也是一種「浪費」。為什麼毛澤東要把這兩種完全不同的行為混淆一氣，納入打擊對象？顯然他是要擴大打擊面；否則只反貪污，運動的面太狹窄，不利於發動群眾。就如鎮反時「反革命」的定義極其模糊，反而成為發動群眾的有利因素，因為人們可以揭發別人「發牢騷」或「聽短波」等

7　同上。
8　同上，頁535-536。

等行為。正因為毛澤東知道「浪費的範圍極廣，項目極多，又是一種普遍的嚴重現象」，將其列入打擊目標，是有利於發動群眾的，至少可以使人在批判揭發和自我檢討會上有例可舉，有話可說。

在毛澤東批發了高崗的報告後，他於11月30日得到了天津地委前書記劉青山和現書記張子善大貪污案的消息，並立即通告全國：「這件事給中央，中央局，分局，省市區黨委提出了警告，必須嚴重地注意幹部被資產階級腐蝕發生嚴重貪污行為這一事實，注意發現，揭露和懲處，並須當作一場大鬥爭來處理。」[9] 兩天後，他又重申：「一切貪污行為必須揭發，按其情節輕重，給以程度不等的處理，從警告，調職，撤職，開除黨籍，判處各種徒刑，直至槍決。典型的貪污犯，必須動員群眾進行公審，依法治罪。」[10] 12月4日，北京市委關於展開反貪污鬥爭的報告送到了毛澤東的桌上，其中決定「大張旗鼓地廣泛發動黨內外群眾自上而下的檢舉，來配合領導上的檢查，開展全市反貪污運動」。毛立即將此件批發全國，並指示：「中央責成你們大體上仿照北京市委報告樣式，在收到本指示後一個月內，向中央作第一次關於檢查和懲治貪污人員的報告……凡不作報告者，以違紀論。」[11]

在1949年中共二中全會時，毛澤東曾說新民主主義時期的階級鬥爭表現為腐蝕和反腐蝕的鬥爭。因此，強調「三反」

9　同上，頁528。

10　同上，頁535。

11　同上，頁542-543。

是一場階級鬥爭，既證明了他的預言之英明，又能激勵他的部下去「戰鬥」。當賀龍的西南軍區呈上「三反」簡報後，他立即寫下批語：「各級領導同志都要學習賀龍同志那樣親自『上前線』，把三反鬥爭當著一場無產階級和資產階級之間的大戰爭，務必取得勝利。」[12] 在此前提下，毛澤東12月8日的電報指示全國：「應把反貪污，反浪費，反官僚主義的鬥爭看作如同鎮壓反革命的鬥爭一樣的重要，一樣的發動廣大群眾包括民主黨派及社會各界人士去進行，一樣的大張旗鼓去進行，一樣的首長負責，親自動手，號召坦白和檢舉，輕者批評教育，重者撤職，懲辦，判處徒刑（勞動改造），直至槍斃一大批最嚴重的貪污犯，全國可能須要槍斃一萬至幾萬貪污犯才能解決問題。」[13] 至此，毛澤東兩周內就把一場改善財經建設的增產節約運動，徹底地轉變為一場如同鎮壓反革命一樣的群眾性政治運動。在此期間，他自行其是，沒有通過任何政治局的討論；然而他完全改變了10月間政治局擴大會議決定的方向。一場人為的階級鬥爭即將席捲全國，先是在黨政機關，不久將波及整個社會，同時，毛澤東在運動正要開始之際，已經定下了殺人指標。

　　當時劉少奇不在北京，周恩來就成了中共在京領導人中的第二把手。作為政務院總理，中央一級的部委是周的管轄範圍。但是，當毛澤東把中央一級機關作為「三反」的試點時，毛澤東根本不同周商量。他時常直接聽取各部委領導人的報

12　同上，頁646。

13　同上，頁548-549。

告，並直接向他們發指示。12月29日，董必武和羅瑞卿給周
恩來寫了一個關於中央一級五個部委的「三反」運動報告，
並送報毛澤東。第二天，毛澤東卻直接寫信給董、羅兩人，發
指示，要求進一步的具體情況，而沒有發送周恩來。毛只是讓
董、羅閱後，「交彭真同志閱辦」。周恩來實際上被撇開了。[14]
查看《周恩來年譜》，從1951年10月20日，即毛澤東批發高崗
報告的那一天，到當年的最後一天，只有五條記載是同「三
反」有關的。然而在同時期的《毛文稿》中，卻有44件指示、
決定、批文等等，是關於「三反」的。再細看《周年譜》的記
載，毛澤東似乎把周恩來當作他的祕書來對待。比如，中央12
月1日的決定是由周組織的人根據毛的旨意起草的，毛澤東作了
兩次修改定稿。12月1日修改完後，毛澤東寫道：「周：此件請
你重打清樣兩份，一份存你處，一份連原稿交我再看一次。打
清樣時請校對勿錯。」第二天毛再次修改後又寫道：「周：再
打清樣兩份（校正勿訛），一份用電報發各地，一份印發中央
一級……」[15] 顯然，毛澤東無意遵守「集體領導」之原則，他
一手掌控了「三反」運動，從確定其名稱開始。

毛澤東發動群眾搞「三反」

要發動廣大的群眾，毛澤東首先是發動和鞭策他的部下去
積極地按他的指示照辦無誤，通過大力的表揚和嚴厲的批評來

14　同上，頁651-652。

15　同上，頁533。

敦促下層領導幹部去推行他的政策。他一再強調問題的嚴重性和發動群眾的必要性，由此來造成一種緊迫感，驅使下屬去推動「三反」。11月30日，毛轉批鄧小平報告時說：「我們認為需要來一次全黨的大清理，徹底揭露一切大中小貪污事件，而著重打擊大貪污犯。」[16]12月11日，在批發華北軍區後勤黨委報告時，毛澤東說：「軍事系統各部門，特別是後勤部門，貪污浪費和官僚主義的情況極為嚴重，很多黨員，甚至負責幹部，沉埋於事務工作，政治思想極不發展，黨內生活極不健全，因此許多人陷入了貪污，浪費和官僚主義的泥坑……這種情況必須改變。必須在整個軍事系統，特別著重在後勤部門，展開整黨整風，展開反貪污反浪費反官僚主義的嚴重鬥爭，並號召一切指戰員參加這一鬥爭。」[17]於是軍隊也被納入了運動軌道，在朝鮮戰爭前沿的部隊也無例外。

　　12月14日，中南局提交的關於「三反」的報告得到毛澤東的特別賞識，因為「這個報告是正確的，有分析，有決心，又有周詳的辦法，其中許多足以補充中央過去指示的不足」。該報告說「三反」實際上是審幹，整黨運動的開始和鎮反時清理「中層」的繼續深入，並勾畫出三個步驟：「第一步，坦白檢舉，第二步，清查處理，第三步，教育建設。整個運動中必須加強兩個方面的工作，以求密切有力地相互配合。一方面是有聲勢，有規模的群眾運動，廣泛的坦白，檢舉和批評自我批評；一方面是專門機關所領導的調查研究，處理和審訊工

16　同上，頁524。
17　同上，頁558。

作」。[18] 在1951年最後的40天裡，毛澤東經手的有關「三反」的文件達44件之多，其中大部分是他轉發下層呈上的報告，並加上他的批語。在這些毛所喜歡而向下轉發的報告中，至少有三個共享的特點：（一）把「敵情」描寫得「極其嚴重」，因此強調要大張旗鼓地發動群眾，表示不獲全勝不收兵的決心；（二）發動群眾就是要坦白，檢舉，批評和自我批評，來推動運動的進一步深入；（三）把「三反」提高到「階級鬥爭」的高度來強調其嚴肅性和緊迫性，從而不可掉以輕心。毛澤東不斷強調他在1949年二中全會上關於革命勝利後資產階級用「糖衣砲彈」來進攻的預言是完全正確的。他把幹部的貪污浪費看成是資產階級三年以來「對於我黨的猖狂進攻（這種進攻比戰爭還要危險和嚴重）」，因此必須給以「一個堅決的反攻，給以重大的打擊」。[19] 聰明的下屬很快摸到了上司的心理，他們的報告也即投其所好，並特別著重於強調毛澤東指示使他們的思想提高了。比如，12月28日，華東軍區黨委呈上的報告不僅強調了所屬部隊和機關貪污浪費的「嚴重情況」，同時也檢討說以前由於沒有廣泛發動群眾，「因此便不能制止貪污浪費的狂潮……直到毛主席再次批電指示，」他們才認識到上海南京地區「乃是全國資產階級勢力和影響最集中的地方，三年來對部隊所起的腐蝕作用是極為驚人的」。於是他們決定「首先發動一場激烈而嚴肅的反貪污浪費，反腐化墮落的思想鬥爭，才能打破資本主義的影響包圍，才能保持我軍的純潔，鞏固部

18　同上，頁595-560。

19　《毛文稿》，卷3，頁21。

隊，加強國防」。毛澤東看了這一報告十分喜歡，不僅「轉發
所屬各級軍區一律仿照辦理」，還要在刊物發表，「使廣大幹
部都能閱讀」。[20] 如果鎮壓反革命提高了他的「人民大救星」
的形象，「三反」運動亦將鞏固他作為「中共的良心」的地
位，因為他領導了打退資產階級進攻的鬥爭，保持了黨和軍隊
的純潔。

　　從這樣的道德高地，毛澤東居高臨下，對任何的異議或
「自由主義」，即不甚積極之態度，都決不容忍。12月30日，
他看了董必武和羅瑞卿關於中央五機關三反情況報告後極不滿
意，立即責令他們把說「利用民主人士打勝仗」的人的姓名
報給他，並說「這樣的人已喪失作為一個嚴肅的共產黨人的
立場」，必須處罰。同時他又要那些說只要「一反」，不要
其餘「二反」的人的名字，以及有「採取自由主義的黨員」的
名字，並「給以一個限期（例如十天），遵照中央決議，認真
發動群眾開展反貪污反浪費反官僚主義的鬥爭，否則即須撤
職」。[21] 毛澤東一惱怒，薄一波和安子文等人立即行動，12月
31日就開部長至處長級的數百人黨委擴大會，限期1月1日至10
日，一切單位「務須發動群眾鬥爭，實行坦白檢舉，於1月11日
送來報告。違者，不論部長，行長，署長，處長，局長，股長
或經理，一律撤職查辦」。同時他們還當場宣布將一名部長、
一名辦公廳主任，和一名局長撤職查辦。毛澤東聽了這一報告
非常高興，因為「這樣一來，全場振奮，當日回去，連夜開

20　《毛文稿》，卷2，頁648-649。
21　同上，頁651。

會……至1月3日差不多所有單位都開了坦白檢舉的群眾會議。紛紛送來報告」。1月3日，他把薄一波報告的情況寫成《中央關於立即抓緊三反鬥爭的指示》發送全國，同時任命薄一波為中央節約檢查委員會主任。[22]

　　毛澤東歷來就是偏「左」的，1950年10月之前的「溫和」的毛澤東是一種例外。然而在他要發動群眾時，特別是在一個運動的初期，他總是極「左」的，因為他知道，誇大「敵情」是有利於使人感到恐懼和擔憂，隨之就會奮起鬥爭。鎮壓反革命時如此，「三反」也如此。1952年1月，西南軍區「三反」簡報稱其後勤系統清出34%的貪污分子。軍委總政治部認為西南軍區對貪污的定義有問題，並指示說：「對於貪污行為和一般公私不分的錯誤行為，必須加以區分，並分別對待，不能把占公家的小便宜統統叫作貪污。簡報說不少單位是100%的人員有大小不同的貪污行為，這樣把貪污面擴大到所有人員身上，會減低反貪污鬥爭的嚴重意義。」此件被毛發現後，他立即寫了批語：「這個指示不妥，不要發出。西南軍區後勤系統清出34%的貪污分子是符合事實的。目前大多數機關部隊的偏向是不願或不知道認真去清查貪污分子。」[23] 其實賀龍領導下的西南軍區是毛在「三反」時的偏愛，1月15日他轉發西南軍區簡報時就說：「我們不怕貪污人數多，款數大，只怕不能發動群眾鬥爭，不能把大中小各類貪污分子全部弄清楚。」[24]1月25日，他轉發志願軍十九兵團的報告時說：「報告說『一般財經管理幹

22　《毛文稿》，卷3，頁12-13。

23　同上，頁64。

24　同上，頁58。

部中，有些單位暴露了80%以上的人有貪污，有的單位甚至達到100%』，這種認識是合於事實的。」他還說要「組織精幹力量搜捉大貪污分子，捉大小老虎（一千萬元以上的為小老虎，一億元以上的為大老虎）。照我的推測，在一百多萬志願軍中很可能捉到幾百個大小老虎，你們應該為此目標而奮鬥」。[25] 擴大打擊面是毛澤東發動群眾的慣用手段，就像鎮反時「大張旗鼓地殺反革命」一樣，因為打擊面小了，不利於造成聲勢和發動群眾。然而被打擊者個人和他們的家屬的命運則完全不在他的考慮範圍之內。

在毛澤東的親自指導和督促下，「三反」運動迅速席捲全國，不僅在黨政機關和部隊，還包括學校，工廠，遍及整個社會。同延安整風和鎮反相同，發動群眾的主要方式是用大會小會把每個單位的全體人員聚集起來，先是學習毛澤東著作和黨的文件指示，然後就是坦白和檢舉。這個程序同鎮反相比，有兩個細節上的不同。第一是在動員群眾前，單位領導要帶頭作「深刻的自我檢討」，這樣領導不僅作出了榜樣，也可以「放下包袱」去領導運動。因為毛澤東知道，他把打擊面擴大到那種程度，以致每個人，包括領導人，都可能是嫌疑犯。誰沒有浪費之嫌？而毛澤東又把浪費和貪污之間的界線說得模糊不清。一些國內的出版物把這種「領導帶頭檢討」稱為「民主方式」，有利於保持「黨的先進性」。[26] 這種解說完全沒有歷史根據。第二是不再用「批評與自我批評」的隱晦字眼，而直呼

---

25 同上，頁94-95。1955年的幣制改革後，一萬舊幣兌換一元新幣。
26 王順生、李軍，頁50。

其名為「坦白和檢舉階段」。經過鎮反運動後，大家都知道所謂的「批評與自我批評」就是坦白交代和揭發檢舉的代名詞，於是，延安時期的躲躲閃閃就失去了作用。除此之外，一切都是舊戲重演，一樣的大張旗鼓，一樣的咄咄逼人。

在坦白交代和揭發檢舉會議之前，單位領導先對全體人員進行「排隊摸底」，找出主要的運動打擊對象，同時組織「積極分子」準備「發動攻擊」。一些單位還把「積極分子」分為「核心」和「外圍」兩部分。景晰是個26歲的重慶商業局辦事員，「三反」時被列為外圍積極分子。但是他對核心分子們對待運動對象的態度很不滿，因為他們「像豺狼虎豹那樣長嘶噭叫，侮辱人格的怒罵」，還「根據大膽的懷疑，主觀臆斷假想出來」各種罪名，逼迫運動對象坦白交代。當輪到他去攻擊時，他感到不能違背良心，儘管核心分子們的不斷暗示，他仍然閉口無言。會後他被核心分子圍攻，似乎他闖了「滔天大禍」。在「反右」的鳴放座談會上，他談了這一段經歷，他的發言被收入了《重慶市右派言論選輯》，他的政治下場也就不言而喻了。[27] 這就是毛澤東製造階級鬥爭的真相：發動依靠一部分人來打擊另一部分人。每次運動的打擊對象不同，從反革命到貪污浪費分子，以後還有胡風分子和右派，最後是黨內走資派。但是所用的發動群眾搞階級鬥爭的基本方式，卻是萬變不離其宗。

由於毛澤東認為一個單位中有30%到100%的貪污分子「是符合事實的」，而低於30%的估計是「右傾」，下層幹部在政

---

27 中共重慶市委宣傳部編印，《重慶市右派言論選輯》，1957，頁34-35。

治壓力下，極力去找出更多的貪污犯。同時毛澤東又把貪污和多吃多占混同一氣，因此捕風捉影和打擊面的擴大就不可避免了。當時機關部隊幹部中實行供給制，國家不發工資，卻按照幹部級別保證他們及其家庭成員的衣食住行。但是很多人有「超支」現象，他們的消費超出了他們的級別的規定，那是「貪污」還是「浪費」呢？天津市委把「超支」分成三類：一是正常的超支，如煤火費，親戚多住幾天的伙食費，「這種超支，既非貪污，也非浪費」。二是「生活鋪張性質的超支，如小灶標準過高等」。三是「腐化性的揮霍，即跡近貪污的浪費」。毛澤東很賞識這種分析，令黨刊發表，因為這可以使多數的幹部放下包袱，「理直氣壯」地去領導運動，同時也體現了他對幹部的嚴格要求。[28] 但是一般的群眾就沒有這種優待了。比如，上海南洋模範中學，挖出貪污犯39人，占全校教職員工總數的54.9%。員工中貪污人員占總數75%。這些統計數字可以讓該校的黨支部書記和校長過關了。然而細看這些貪污分子的「罪行」，卻「以小揩油性質的偷盜居多」，（上海方言中「小揩油」即「貪小便宜」之意）包括把食堂的剩菜剩飯拿回家，或者把學生交來的失物，如鋼筆，雨傘等，留為自用。[29] 1951年12月24日，毛澤東批轉了西南局關於學校教師思想改造的報告，要求各地「開一次大規模的學校教師思想改造會議」。因此，學校的三反運動和思想改造運動同時進行。上

28　《毛文稿》，卷3，頁36-37。

29　《南模反貪污鬥爭總結報告》，1952年5月1日。上海檔案館，B 105-5-671。

海邑廟區中心學校的主要運動對象是個名為蔣華卿的教師，但是他「頑強抵抗，激起幹部的氣憤」。於是校領導意識到「搞材料」的重要性：「搞材料必須克服右傾思想，要大膽懷疑，這就必須通過人員排隊，經費排隊，從中發現問題。」最後在「校產歸隊」時，找到了蔣華卿「盜竊」風琴的材料。當時一些教師對學校的財產，如書報雜誌和樂器等，有「借而不還」的現象，運動中就成為「盜竊」了。該校有個叫張德媚的女教師，「因受不住批判而跳樓」。[30] 毛澤東指導和鞭策下的中共基層幹部簡直有點胡作非為，對下屬人員「大膽懷疑」，妄加指責，被指控者不「認罪」時，再去整理材料，真是欲加之罪，何患無辭了。運動造成的精神壓力逼人自殺，不僅無人承擔任何責任，反而指責自殺者「自絕於人民」。毛澤東的「群眾運動」就是如此無法無天的。然而，只有在這種「群眾運動」的矛頭指向了「黨內走資派」以後，才有「十年浩劫」和「撥亂反正」的說法。其實人民群眾在五〇年代初就已經幾遭「浩劫」了。

　　經過數月的折騰，大會小會的坦白交代和檢舉揭發，各單位都清出了大量的「貪污分子」，占總人數的30%到50%以上。但是細看這些「貪污案」，大多是雞毛蒜皮。教師對學校的樂器「借而不還」，員工把食堂的剩菜剩飯拿回家，這怎麼成為「和資產階級的嚴重鬥爭」呢？恐怕毛澤東也意識到這一問題，因此，要證明他發動三反的正確性和必要性，他必須要

---

30 《邑廟區中心學校反貪污運動總結報告》，1952年5月20日。上海檔案館，B 105-5-698-1。

清出大量的像劉青山和張子善那樣的「大老虎」。於是，「打虎」就成為三反的重點階段。

打虎階段

毛澤東在1952年1月中旬，開始把運動的重點轉到「打虎」上。1月14日，他轉發集寧軍分區的三反報告，批評該報告「只說了浪費和生活腐化，還沒有提到貪污事件。像一個軍分區一定有大批的貪污犯」。過了一會兒，他又看了遵義軍分區的報告，其中提到反貪污鬥爭。他於是立即轉發：「遵義分區這個報告比剛才轉發的集寧分區的報告接近事實得多。一個分區，一個軍，一個小市，一個縣，必定有大批的貪污犯，這是必然無疑的。凡說那裡只有浪費而無貪污，或貪污甚少者，必不可靠，千萬不要相信。」[31] 根據毛澤東的旨意，薄一波於1月19日在中央機關召開一千人高級幹部會議，宣布集中力量打「老虎」，把運動推向高潮。貪污舊幣一億元（新幣一萬元）以上的是「大老虎」，舊幣一千萬（新幣一千元）以上，一億元以下的是「小老虎」。[32] 毛澤東立刻轉發薄一波的報告，全國性的「打虎」階段從此開始。1月22日，毛下令停止部隊整編，先「全力進行三反」，並要「尤其注意打一億元以上的大老虎」。他還說：「像華東中南西南三大軍區系統估計至少有大老虎二百以上，華東中南可能更多，千萬不要讓他們溜走了。

31　《毛文稿》，卷3，頁51-53。
32　中共中央文獻研究室編，《毛澤東傳，1949-1976》（上），北京：中央文獻出版社，頁212-213。

望各大軍區提出一個大老虎的估計數字告我為盼。」[33] 時隔不久，他又看到華北軍區的報告，其中要各單位自報公議打老虎的人數，在一周內「拿下貪污一千萬元的人數的任務，並力求超過」。毛澤東立即將此件批轉全國，並說「這即是中央的意見，請你們一體尊行……請你們注意打大老虎」。[34] 部隊整編原來是增產節約的重要一環，可以節約一大筆軍費開支。現在他一改增產節約運動的初衷，停止整編，一心「打虎」了。

其實毛澤東對大貪污案的估計完全不著邊際。1951年12月8日，他估計全國須殺一萬至幾萬大貪污犯才能解決問題；1952年1月22日，他認為各大軍區至少有二百隻以上大老虎；過了兩天，他又說每個大軍區「至少有幾百隻大小老虎，如捉不到，就是打敗戰……中央一級昨天還以為只有八十多隻，今天會報就有一百五十隻，可能達到二百隻」。[35] 1月25日，他又說「在一百多萬志願軍中很可能捉到幾百個大小老虎」。儘管他的數字多變，他的基本宗旨不變，那就是「老虎」的數字越大越好，同時「在鬥爭中還要根據情況的發展，追加新任務」。如果數字小了，就是右傾，可能被處罰。他還振振有詞地警告下屬說：「要向同志們指出：如果他們不願意包庇大貪污犯，以致將來查出來（總有一天會查出來）自己要受指責和處分，就應該組織一切可用的力量為搜盡一切暗藏的大貪污犯而奮鬥。」[36] 在毛澤東的壓力下，下層中共領導紛紛謊報大老虎數

33　《毛文稿》，卷3，頁78。
34　同上，頁80。
35　同上，頁89。
36　同上，頁87-88。

字，並層層加碼。為了保住他們自己的權力地位，各級領導投
其所好，迎合「主席」意圖。中央一級1月24日報告說打大老
虎「可能達到二百隻「，三天後又報告毛說清出的大老虎可以
「達四百隻」。毛澤東對薄一波領導下的中央一級機關打虎報
告十分滿意，立即轉發全國，並著重指出：「這些都是一億元
以上的大老虎，一千萬元以上的小老虎未計入。」同日，他對
北京市委的報告也很滿意，因為「北京市機關企業暫定大老虎
一百隻，工商界三百隻，共四百隻，看來只會多，不會少」。
他要全國「參考中央和北京市兩處經驗，規定自己的打虎目
標」。37

　　1952年2月是「打虎月」，毛澤東要求各軍區和志願軍
在月底前完成打虎任務。2月初，第十軍黨委報告備受毛的賞
識，因為他們「原以為沒有多少搞頭的，回爐再煉，就清出了
大批老虎」。他們的經驗是：「領導必須有堅強的決心和最大
的魄力，敢於大膽懷疑和頑強戰鬥。」他要「各軍都向十軍看
齊」。就是在這種經驗的指導下，上述上海邑廟區中心學校的
領導在完全沒有依據時，硬要教師蔣華卿坦白貪污，而該教
師拒絕後，幹部還很氣憤，然後再去「搞材料」，最後將該教
師把學校的風琴「借而不還」當著「盜竊」論罪。這就是毛澤
東要大家「都向十軍看齊」的後果：黨和國家的最高領導鼓勵
基層領導對無辜人員進行「大膽懷疑」，運動一部分群眾去攻
擊此類「懷疑對象」，拒絕坦白者，再去「搞材料」。教師蔣
華卿即使沒有「盜竊」風琴之事，逃過了三反這一關，但是他

---

37 同上，頁111。

已經成為校領導的目標了，他本人也自然「對領導不滿」。他能逃過下一次的「反右」運動嗎？就像鎮反運動一樣，三反運動過程本身大大加強了中共基層領導對他們下屬人員的掌控權力。他們可以大膽懷疑任何職工，組織大會小會批判鬥爭，即使某人經不住批判而跳樓自殺，領導也毫無責任，只是在報告中輕描淡寫，一筆帶過。毛式「群眾運動」究竟對人民群眾有利，還是對領導權威有利？鎮反和三反的現實使這個問題的答案一目了然。

　　毛澤東不僅給了中共幹部對人民群眾的命運的掌控大權，他還驅使他們有力地使用這個權力。使用不力，戰功不顯著者，要被批評和處罰。他時常比較各地報來的打虎估計或「預算」，表揚數字大者，逼迫數字小的去「克服右傾」，增加打虎數字。2月3日東北的高崗報告，1月28日捉500隻大老虎的計畫「已增至2,000隻」。同時他又得知軍委直屬系統追加了150隻，共計250隻，加上中央一級其他系統的300隻，共計550隻。他把東北和中央一級數字猛漲作為「經驗」，發給各地，「供你們做打虎預算的參考」。[38] 譚政的中南軍區似乎是個「落後分子」，他們1月30日的報告，令毛很為不滿：你們「對各省任務的分配數目都太少，是不合實際的，必須指導他們逐步增加。特別是廣東軍區系統包括海防和各軍在內至少有幾百隻乃至上千隻大中小老虎，而你們只分配該軍區大老虎二十隻，中小老虎一百八十隻，這是完全不適當的。你們對各省壓力太小，遷就他們的右傾思想，特別對廣東是如此，望注意改

38　同上，頁142。

正」。[39]2月11日，他看了華東局的打虎預算，「須打大老虎五千隻，中小老虎二萬隻……這是全國各大行政區打虎預算的最高數字。至今天為止，沒有哪一個大行政區比得上華東。」他說華東為全國樹立了榜樣，各地「必須克服幹部中對大貪污犯估計不足的右傾觀點，按照自己的情況提高打虎預算」。[40]同日，他看了中南局的報告，對以前的打虎預算做了大幅度增加：大虎3,000，中小老虎20,000。可是毛澤東說，相比華東，「還是低了」。要他們「請考慮再告」。他看了華南軍區的報告，他們的預算是大老虎40，中小老虎800。毛澤東說，「這個數目少了十倍」！[41]兩天後，中南局的打虎新計畫使毛澤東很為滿意：大虎八千小虎42,000，「把全國各大行政區的打虎水平，提到了目前時期的最高度，比過去設想的計畫接近於實際。」[42]毛澤東的「實際」和「實事求是」究竟是何許玩意，此地或許可見一斑。

各大行政區和軍區系統的領導人在毛的鞭策下，相互競爭，提高打虎預算，以博得毛的歡心。但是為了實現這些不現實的目標，他們必須層層下壓，驅使他們的部下去清出更多的老虎。下級幹部為了保住自身利益，討好上司，打虎中便無所不用其極。為了完成和超額完成任務，基層幹部紛紛「大膽懷疑」，對不願坦白的就實行逼、供、信。逼的方式各種各樣，五花八門，而最為普遍的是組織「積極分子」在小會上對懷疑

39 同上，頁143。
40 同上，頁192。
41 同上，頁193。
42 同上，頁221。

對象進行攻擊，就像前述「右派分子」景晰所描寫的一樣。十軍是毛澤東在2月初樹立的模範，但是2月11日，他得知十軍搞逼供信，於是宣布十軍已不是模範了，改樹六十六軍為模範。該軍的打虎經驗包括「大會壓，小會擠，結合幹部談話，內外夾攻，八方圍殲」。[43] 這種「攻堅戰術」其實就是最普遍的「逼」的形式，是一種精神折磨。相類似的還有「疲勞戰術」和「車輪戰術」；人格侮辱和變相肉刑在軍委直屬部隊都有發生。總政治部不得不在3月初規定兩條打虎紀律：1、禁止打、罵、綑等人格侮辱和變相肉刑；2、不得採用「疲勞戰術」和「車輪戰術」。[44] 如果毛澤東不把精神折磨列入逼供信之內，十軍的逼供信很可能就是肉刑了。

　　就像在鎮反運動中一樣，毛式發動群眾的一個重要方式就是對懷疑和打擊對象的家庭成員軟硬兼施，引誘和脅迫並用，使之「同貪污犯劃清界線，站到人民一邊」，「大義滅親」，來檢舉揭發他們的親人。在中共控制的報刊上，妻子揭發丈夫，女兒密告父親，爸爸告發兒子之類的故事比比皆是。比如，石景山發電廠材料股長被懷疑為貪污犯，他16歲的女兒是個共青團員，因為他不肯坦白而與他斷絕父女關係。女兒還去參加鬥爭爸爸的群眾大會，發言譴責貪污犯，公開宣布再不認他為父親了。另一個15歲的女共青團員，聽媽媽說，她家應有300斤小米，可是她當採購員的父親卻拿回500斤。於是她斷定父親是貪污犯，向團組織彙報檢舉，同時說服媽媽和弟弟，

43　同上，頁195-198。
44　同上，頁300-301。

共同催促父親坦白交代，否則要同他脫離關係。[45] 這是一種很有效的逼迫嫌疑對象坦白交代的「攻心戰」：在單位被「大會壓，小會擠」後，回到家裡又有親人的擠壓，嫌疑分子自然感到四面楚歌。在此情況下，不少人就會坦白，有些沒有貪污的人也承認貪污了，只圖減輕精神壓力。也有一些人則走上絕路，自殺身亡。這顯然是一種逼供信的手段，一種精神折磨的方式，在法治和人權的國度裡，這是犯法行為。但是在人治和專制的國度裡，這種逼供的手段被渲染為「大義滅親」，至今如此。[46] 至於這些女孩子事後的成長過程可能發生的心理和性格上的扭曲，那更是遠遠超出了毛澤東的想像力和理解力了。

　　在毛澤東的眼裡，逼供信只是指打、罵、綑、肉刑或變相肉刑。在他極力下壓打虎指標不久，逼供信就在下屬的報告中反映出來了。2月11日，他已知道他樹立的模範第十軍搞逼供信，也知道六十六軍有「左」的偏向。2月22日，他在批語中明確說「嚴禁逼供信」。3月2日，蕭華報告，軍委直屬部隊「已發現『左』的逼供信偏向」。3月22日，三十八軍的報告說，「目前已經發現不少假老虎或不夠標準的老虎」，甄別工作的重點放在連隊和戰士中的老虎。[47] 然而他並沒有想到這些普遍發生的「左」的逼供信現象同他下壓打虎指標有任何關係。直至3月中旬，他仍然一心追求不現實的打虎數字，特別是「大老虎」。1952年10月25日安子文寫了《關於結束「三反」運動

45　吳玨，《「三反」「五反」運動紀實》，頁155-158。

46　兩百多年前，美國第一至第十條憲法修正案，即「人權法」，就是要防止國家侵犯公民的人權。其中第五條就是禁止自我加罪（self-incrimination）.

47　《毛文稿》，卷3，頁195-196、252、300、348。

和處理遺留問題的報告》，該報告承認「很多地方發生過『逼供信』的偏向，有些地方逼供，誘供情況還比較嚴重」，同時還承認「少數人因肉刑而至傷殘，對這些人應以十分關心的態度給以醫治和調養」。此報告是經毛澤東批准的中共官方文件，對運動的「偏向」自然要避重求輕。但是此報告用「很多地方」和「比較嚴重」等字眼，還專門提及對肉刑致殘者的照顧，打虎階段逼供信的普遍性和嚴重性就顯而易見了。[48]

　　該《報告》還透露了一些重要的數據：全國縣以上黨政機關（軍隊除外）參加運動的總人數三百八十三萬多，共查出貪污分子和犯貪污錯誤的一百二十萬多，占參加總人數的31.4%。所謂「犯貪污錯誤的」即指那些多吃多占，公私不分的人。所有的貪污分子和犯貪污錯誤的人中的75%以上免於處分，可見所謂「犯貪污錯誤的」至少占一百二十萬人中的75%，因為有些貪污分子主動坦白並退贓的，也免於處分。打虎高潮中全國打出一千萬以上的貪污分子最高數為二十九萬二千多，現在剩下十萬五千多，減少了65%左右。[49] 也就是說，毛澤東逼著打出來的老虎中，一大半是「假老虎」。這些數據還只是黨政機關，社會上的學校、工廠、商店等等，並不包括在內。至於一億元以上的「大老虎」究竟打出多少？《報告》避而不談。毛澤東逼著下屬去打出成千上萬的「大老虎」並把它作為是打了勝仗還是敗仗的衡量標準，為什麼此報告對此隻字不提呢？恐怕這一

---

48 中共中央文獻研究室編，《建國以來重要文獻選編》（北京：中央文獻出版社，1992），卷3，頁384-388。

49 同上，頁384-388。

數字同毛澤東的「預算」相差太遠，說穿了會有損領袖形象？
那麼還是考察一下總共處決的大貪污犯的人數吧。毛澤東說全
國要殺一萬到幾萬才能解決問題，可是該《報告》說全國處決
了42人，其中還包括5人為殺人犯。[50]

「三反」的草草收場

　　毛澤東在發動「三反」運動時對貪污的嚴重性和普遍性
的估計遠遠脫離實際，他不斷擴大事實，下壓打虎預算，就是
要證明他發動運動的正確性。但是現實是逃避不了的，全國折
騰了數月後，清出的「大老虎」寥寥無幾，而無辜受冤枉者則
有成千上萬。很多受冤枉的人就是在複查後，仍然不得翻身，
特別是被毛澤東「欽定」的對象。朱由芹是軍事學院院務部副
部長，準軍級。毛在一份批語中說：「像朱由芹一類的人要嚴
懲」。直到毛死後的1980年，朱才被平反，恢復準軍級待遇。[51]
還有多少無名人士屈受冤枉而毀了終身的？但是整個共產黨內
竟然沒有一個人敢對毛澤東說個「不」字。在主觀主義地盲目
追求巨大的打虎「預算」的同時，毛澤東對貪污的定義不僅沒
有明確的概念，還把貪污和浪費的界線攪渾。《中華人民共和
國懲治貪污條例》是在運動基本結束以後於1952年4月21日頒布
的。[52] 而且，毛澤東對運動究竟要持續多久也心中無數。1952
年12月22日，他同意陝西省委的意見，三反「從發動到結束只

50　同上，頁384-388。
51　《毛文稿》，卷3，頁170-171。
52　《建國以來重要文獻選編》，卷3，頁155。

需要一個月」。[53] 可是一個月後，他正忙著發動「打虎」而把
運動在二月中推向高潮。1952年2月4日，他要求把打虎和三反
限於地委一級，等地委以上的機關部隊的「打虎基本勝利」
後，再把運動「發展到縣區鄉三級去」。他還估計「四五兩月
基本上完成全國區鄉兩級的三反工作」。[54] 然而毛澤東的計畫
很快就被嚴峻現實打破了。

　　1952年2月初，毛澤東要全軍「都向十軍看齊」，而第十軍
的經驗就是把「打虎」引向部隊的基層幹部，在「管理排長，
指導員，股長」中「清出了大批老虎」。[55] 當前線部隊處於群
龍無首狀態之時，朝鮮戰爭的形勢突然緊張起來。彭德懷於2月
9日和12日命令志願軍停止三反，全力對敵。毛澤東13日電報彭
德懷等人：「你們的處置是正確的」。[56] 這是毛澤東第一次承
認他發動的運動也受外界形勢之限制。但是這種限制不僅來自
朝鮮戰場。「三反」和「打虎」造成的混亂已經使日常工作和
經濟生產無法正常進行。2月14日，天津市委報告說：

> 　　自三反以來，內外交流，城鄉交流停滯，對天津經濟
> 已發生重大影響。批發商業成交較前減少一半；銀行不貸
> 款，銀根很緊；私人不買貨，也無心賣貨；工廠生產開始
> 下降；稅收顯著減少。一部分直接受到影響的勞動人民已
> 在叫苦。如不採取措施，經濟上的萎縮現象還要發展，

53　《毛文稿》，卷2，頁612。
54　《毛文稿》，卷3，頁140-141。
55　同上，頁131。
56　同上，頁208。

時間過長，則元氣損傷過大。三反後，恢復將遇到更多困難，生產，稅收會受更多的影響。[57]

　　天津發生的情況在全國是有普遍性的。根據浙江省財委的報告，1952年春節期間，由於經濟業務停滯，浙江的年貨供應銷售成了問題，年貨積壓造成損失一百六十億元。同時，浙江合作社系統預購肥料大幅度減少，肥料加工大部停止。土產品收購或減少或停頓，已收購的土產品則因三反停止業務而積壓腐爛。2月15日，周恩來同陳雲及薄一波商量後寫信給毛澤東：「三反鬥爭中業務停頓問題，現在已到應該予以解決的時候了。」[58] 糧食部門由於三反業務停頓，發生了倉庫無人管理，糧食發熱，生蟲和黴壞的現象。陳雲不得不代表財經委員會發表《關於及時加強糧食保管以防黴壞的指示》，並公開登載在《人民日報》上。[59]2月22日，鄧小平報告說：

　　　三反五反運動開展後，出現了一些新的問題。從外部來說，主要是工商業出現暫時的顯著的停滯現象，貿易額大大縮小，稅收大幅度下降，許多私營工廠無事可做，大量的建築工人失業。工商業的停滯使大量城市貧民生活受到影響。他們對三反五反已開始表示不滿。特務亦藉此興風作浪。這些情況如不迅速設法解決，將使我們陷於被動地

57　同上，頁214。

58　中共中央文獻研究室編，《陳雲傳》（上）（北京：中央文獻出版社），頁794-795。

59　《人民日報》，1952年3月23日。

位，甚至影響五反的深入。從內部來說，主要是一些財經機構垮了。過去，許多事情都是留用人員或新招收的知識分子負責，三反以後他們中將有一大批不能繼續再用，而暫時又無人接替工作；同時五反結果，有些被沒收或被賠罰的私人工商業必須派人接管。目前骨幹顯得非常缺乏，這個問題如不設法解決，國家財經機關很難應付局面。[60]

　　天津市委、浙江財委以及西南局的報告反映了三反五反的嚴重負面影響，對新政權的鞏固十分不利。然而毛澤東對鄧小平的報告遲遲沒有作出反應，直到3月7日。這同他迅速批發其他三反報告的速度相比較，鄧小平報告所言顯然是毛澤東不願聽到的。但是他又不能不對這些問題作出反應，他在復電稿上加了一句：「請各中央局嚴重地注意鄧小平同志電報所提出的那些同樣的問題」。[61] 一天前，即3月6日，毛澤東看了華東局3月5日送來的報告，該報告說打虎階段在三月中下旬結束，隨後轉向第四階段，即普遍交代個人與資產階級的關係，結合清算資產階級思想影響，並在此基礎上整理打亂了的組織，恢復和建立經常工作。毛立即批發該報告：「希望各中央局亦發這樣一個帶部署性的指示」。[62]3月7日，毛致電葉劍英：「爭取本月基本完成軍隊及廣州的三反。同時請嚴格掌握廣州的五反，不使引起混亂。某些陷於停頓的經濟活動，應大力注意恢復。其

60　《毛文稿》，卷3，頁324。
61　同上。
62　同上，頁323，

他城市，非有充分準備，不要輕易發動五反。」看來毛澤東已意識到三反五反打亂了組織和正常的工作，經濟停滯，稅收大減，財經混亂。他不得不趕快結束運動。3月15日，鄧小平的報告說，西南地區的三反在3月底4月初基本結束，力求4月份內使各方面工作完全恢復正常狀態。毛澤東在3月20日批發鄧小平的報告：「將這個報告發給各中央局和分局參酌辦理，並可在黨刊上登載。」[63]

毛澤東在2月初要把三反在農村鋪開，4-5月基本完成。但是三反造成組織混亂和生產停滯的壞消息接踵而來，他不得不考慮4-5月份是春耕時節，一旦搞亂了，全年糧食生產毀了，將造成饑荒，引起社會動亂，新政權的鞏固也出問題了。因此，他在3月1日同意華東的部署：區、鄉級的三反爭取在秋收前完成。可是3月5日，他又改變了主意：「縣區鄉現在一律不進行三反五反，將來何時進行和如何進行，中央另有通知。」[64] 這個通知此後再也沒有發出。3月15日，同一天鄧小平寫了上述報告，毛澤東寫信給劉少奇：「此後，關於『三反』『五反』各地來報請你多看，需要批轉各地參考的，請你負責批轉。」[65]《毛文稿》中關於三反的文件立刻大減，到了4月份就基本停止了。「三反」運動就此草草收場了。

---

63 同上，頁324、346-347。

64 同上，頁283、311。

65 《劉少奇傳》（下），頁710。

「五反」運動概述

　　至今為止，幾乎所有有關這一段歷史的文字都用「『三反』『五反』運動」之名稱，以致造成一種假象，似乎「三反」和「五反」是一個運動，或者是兩個平行的運動。其實不然，這兩個運動的對象、範圍，以及毛澤東對它們的「領導關注力」都有實質性的不同。「五反」的對象是私人工商業的業主，範圍以大城市為主，例如北京、上海、天津、武漢、廣州等等。鄧小平在「三反」快結束的1952年3月中旬說：「前一段因領導力量集中在三反，認真進行五反的城市不多，較普遍的是以三反為中心附帶搞了一下五反。」[66]《毛文稿》第三卷收集了1952年1-2月份的文件達277頁之多，大部分是有關三反的，而提及五反的只有十件。由於毛澤東的精力集中在三反上，地方領導認真進行五反的也就寥寥無幾了。這也就是為什麼本章著重於毛澤東和「三反」，只是在結尾時對「五反」作一個概述。

　　1952年1月初，北京在三反中發現一些打擊對象同私人工商業業主有密切關係，很多「行賄」實際上是機關部隊採購人員拿「回扣」。順藤摸瓜，則發現那些業主有所謂的「五毒」。1月5日，毛澤東在北京市委報告上寫了批語，稱此為資產階級「對於我黨的猖狂進攻」，必須「給以重大的打擊」。按照毛的指示，北京市委採取行動，又報告毛澤東。1月26日，毛澤東轉發北京市委報告，要全國大中城市「向著違法的資產階級開

66　《毛文稿》，卷3，頁346。

展一個大規模的堅決的徹底的反對行賄，反對偷稅漏稅，反對
盜騙國家財產，反對偷工減料和反對盜竊經濟情報的鬥爭，以
配合黨政軍民內部的反對貪污，反對浪費，反對官僚主義的鬥
爭」。他要各地學北京，宣傳「五反」的統一戰線，孤立占6%
的反動資本家，並懲辦1%-2%的最反動的資本家。[67] 然而毛澤
東很明顯地把「五反」放在「三反」的「配合」地位，同時規
定的打擊面也比較低，即孤立6%，懲辦1-2%。這是因為五〇年
代初，私人工商業是中國經濟的主體，打擊面大了，會損害經
濟建設發展。然而他要各地把「此項鬥爭當作一場大規模的階
級鬥爭看待」，並要發動工人和店員檢舉鬥爭業主，基層的運
動一旦起來，「左」傾偏向必然發生。

　　根據毛澤東的北京經驗，各地把私人工商業劃為五類：守
法戶，基本守法戶，半守法半違法戶，嚴重違法戶和完全違法
戶。武漢市的守法戶占17.81%，基本守法戶66.54%，半守法半
違法戶12.57%，嚴重違法戶1.61%，完全違法戶0.46%。[68] 這個
比例的劃分是根據毛澤東3月5日的《中央關於在五反中對工商
戶處理的標準和辦法的指示》來進行的。但是毛澤東1月26日要
求各城市用「利用矛盾，實行分化，團結多數，孤立少數的策
略，在鬥爭中迅速形成『五反』的統一戰線」。他還說：「在
猛烈展開『五反』之後，大約有三個星期就可以形成此種統一
戰線。」因此，1952年2月是「五反猛烈開展」的時期，那時卻
完全沒有分類的標準。那麼怎麼來區分誰是「統戰」對象，誰

67　同上，頁21、97-98。

68　《建國初期湖北的「三反」「五反」運動》，頁307。

是打擊對象呢？關於偷稅漏稅，一般是有帳可查的，但是，給回扣和送禮之類的「賄賂」，以及盜竊國家財產和經濟情報，往往無帳可查。於是「利用矛盾，實行分化」的策略來發動群眾就是2月間「五反」的主要內容。檢舉箱遍設全市，同時動員工人店員來揭發業主。其基本做法同鎮反和三反一樣，把業主們組織到大會小會中。「大會壓」，就是一種「宣傳攻勢」，反覆強調「坦白從寬，抗拒從嚴」。同時讓一些坦白者在會上交代，並保證再不重犯，然後當場宣布這些業主從寬處理，成為團結對象。在同一個會上，又當場遞補幾個有證據在手而不交代的業主，鋃鐺入獄。此後就是「小會擠」，要業主坦白交代。不交代者，就進行「勞資見面」，即用工人店員對業主進行「背靠背面對面結合的鬥爭」，一次不行，再來第二次。「隨時發現既徹底坦白又積極檢舉立功者，及時大會典型示範推動運動。」[69] 在這一過程中，肉刑和變相肉刑多有發生。常見的是迫使不交代者長時間地「罰跪」，有的甚至跪在狹長的木板凳上。有些人受不了下肢麻木和膝蓋疼痛，便坦白交代，只求過關。所交代的是否是真的，就是另外一回事了。[70]

　　1952年2月就是在如此的毛式群眾運動中度過的：一方面是機關部隊，廠礦學校的「打虎」高潮，另一方面是對城市私人工商業業主的「五反」。到處都是大會小會，到處都是大張

69　《中共湖北省委關於「五反」運動的報告》，1952年5月31日。《建國初期湖北的「三反」「五反」運動》，頁205-207。

70　紀錄片《中國：一個世紀的革命》，第2輯，「毛澤東年代」。*China: A Century of Revolution,* Ambrica Productions, 1986, Vol.2, "The Mao Years." The film's interviewee telling the story was from Hubei Province.

旗鼓地鬥爭這個，處置那個。而業務和工商業處於停頓狀態。
於是上述浙江財經委員會、天津市委以及鄧小平的報告接踵而
來。到了3月份，毛澤東不得不趕快收縮，3月5日的「工商戶處
理的標準和辦法」就是要讓75%以上的業主過關，使他們安心營
業。此時他已經認識到那些「向我黨猖狂進攻」的資產階級實
際上是什麼樣的人了。北京工商戶的38%是獨立的家庭業主，不
雇工人店員，他們至多是小額偷漏稅，是守法或基本守法戶。
另外的35%是雇工人店員三人以下的業主，他們的營業額大一
些，偷漏稅也多一些。「這兩種工商戶一般都無大問題，給他
們做結論是不困難的。做了結論以後，我們就獲得了廣大群眾
的擁護。」[71] 如果80%以上的「資產階級」是基本守法的，而
「一般都無大問題」，為什麼要對他們進行猛烈鬥爭呢？毛澤
東是從來不會認錯的，但是3月7日，他指示葉劍英，嚴格掌握
廣州五反，其他城市不要輕易發動五反。此後不久，各地相機
停止了五反。例如湖北省委指示各地市委：「為了經濟恢復，
加強城鄉交流，各地除已進行『五反』之城市，其他城鎮一律
停止不得再進行『五反』，並應公開召開商人會議宣布不再進
行『五反』。如有五毒行為而自願坦白者，政府一律不加處
分，既往不咎。」[72]「五反」運動就此結束了。

　　如果毛澤東發動「三反」「五反」真是要杜絕黨政機關和
部隊中的貪污行為，以保持中共的「純潔性」，他為什麼不用
常軌的立法和執法程序來達到目的呢？歷史事實表明「三反」

---

71 《毛文稿》，卷3，頁309。
72 《建國初期湖北的「三反」「五反」運動》，頁204。

「五反」的毛式群眾運動對於所及人員和經濟建設都是災難性的。但是在中國政治中，很多時候「事實」並不重要。1952年6月14日，《人民日報》社論還是高唱：「偉大的『五反』運動和偉大的『三反』運動一樣，給我們的國家帶來了蓬蓬勃勃的新氣象，在社會經濟生活的各方面產生了許多積極的因素。」[73]對經濟生產既無興趣亦無專長的毛澤東，把一個旨在加快經濟發展的「增產節約運動」轉變為一場在黨政機關和部隊學校的階級鬥爭。「三反」「五反」的大會小會不僅浪費了極其巨大的鐘點人力，冤枉了成千上萬的無辜人民，同時打亂了社會經濟的組織和常規，使工商業停滯，稅收財經面臨危機。但是中共的宣傳工具文過飾非，把毛澤東打扮成中共的良心，只有他才能領導群眾打退資產階級的猖狂進攻，保持黨和軍隊的純潔性。運動造成的嚴重後果在紅太陽的光輝中消失了，同時從部隊的連長到國家的部長都有了切身體驗：只有緊跟主席，才能求生存和發展。毛澤東對國家機關和軍隊的掌控也由此加強。毛澤東也讓基層幹部在運動初期的「民主檢討」過程中趕快脫身，去發動和領導群眾運動。除少數人外，中共基層幹部對其單位人員的掌控也隨之加強。所謂的群眾運動實際上是控制群眾的運動，鎮反如此，「三反」「五反」如同覆轍。超凡權威就這樣在不斷的「群眾性階級鬥爭」中得以不斷的鞏固和加強。

73　〈勝利地結束「五反」運動〉，《人民日報》社論，1952年6月14日。奇怪的是，《人民日報》沒有關於結束「三反」運動的社論。

第四章

諳熟的權術，掌控精英
1953-1954

　　如果說「三反運動」幫助毛澤東在黨內占據道德的高地，使中共成為超凡權威手掌中的馴服工具，他的下一步目標就是要掌控精英，使政治局俯首聽命。任何超凡權威政體中的精英政治都必然是複雜和微妙的，因為要完成領袖確定的使命，必須要有一班聰明能幹的精英們的贊助；同時又要防止精英們可能造成的「喧賓奪主」之局面。聰明能幹的精英們之間也必然有競爭和衝突，而如何利用此種競爭和衝突來鞏固和加強超凡權威，毛澤東就必須使用諳熟的權術來左右高層政治事態。1953 和54年的「高崗事件」就是毛澤東使用權術來掌控精英的典型示範。

　　在現有的學術著述中，泰韋斯的《毛澤東的宮廷政治：高崗事件和五〇年代黨內派別鬥爭》應該是屈指可數的力作。泰韋斯以史實為依據，論斷毛澤東掌控全黨後黨內高層政治已成為宮廷政治；其宗旨就是大家都卜卦主席的政治意向，以緊跟和得寵於主席來加強個人和派別在黨內的地位。泰韋斯同時

又認為五〇年代初期的毛澤東仍然有自我克制，尊重黨內民主和團結，於是高崗事件基本上沒有損害黨內民主氛圍。[1] 與泰韋斯論斷相似的是白魯恂的「生存安全緊張論」（security anxiety）。白魯恂認為中國雖然沒有史達林式的國家恐怖，黨內生活卻充滿危機。為了生存安全，每人都小心謹慎，猜測領導意向。[2] 然而學者們沒有回答的問題是：既然毛澤東掌控全黨，而精英們又聽命緊跟，為什麼中共黨內依舊爭鬥不息？本章將用高崗事件為例來顯示毛澤東本身就有深刻的不安全感，他始終認為有人在反對他。為了鞏固他的超凡權威，不惜操縱派別之爭，以謀其利。黨內生活由此危機重重。

在北京政權的最初三年中，毛澤東忙於朝鮮戰爭、鎮反、三反，對日常的國家管理和經濟常務很少過問，留給劉少奇、周恩來及其下屬，如財政部長薄一波等去處理。這些人也因此被稱為「管理精英」（managerial Elite）了。然而在1952年末和53年初，當毛澤東把注意力集中到制定第一個五年計畫和經濟建設上時，他便感覺到自己被「管理精英」們「架空」了。於是他開始批評攻擊黨內的管理精英犯了「路線錯誤」，他稱此策略為「扔石頭」以激起波浪。同時他又把高崗、饒漱石、鄧小平等地方領導人調到中央，取代或分享「管理精英」們的權力。他稱此策略為「摻沙子」。本章始於研究高崗等五位地

1　Frederick Teiwes, *Politics at Mao's Court: Gao Gang and Party Factionalism in the Early 1950s,* （Armonk: M.E. Sharpe, 1990），pp. xiv-3.

2　Lucian Pye, "Factions and Politics of Guanxi: Paradoxes in Chinese Administrative and Political Behavior," Jonathan Unger ed. *The Nature of Chinese Politics: From Mao to Jiang*（Armonk: M.E. Sharpe, 2002），pp. 38-57.

方領導人調至北京，即所謂「五馬進京」的背景和毛澤東的用
意何在。接著再考察高崗在1953年六至八月間財經會議時對薄
一波及其「新稅制」的攻擊和毛澤東的幕後角色。同時本章將
分析毛澤東如何在運用權術之時提出「過渡時期總路線」來控
制黨內對話和互動，從而確立由他說了算的路線上「錯誤」和
「正確」的標準。由此他利用派系鬥爭玩弄權術的行為便成為
堅持正確路線的必須。這就是毛澤東在高崗事件後「永遠正
確」的超凡權威形象不但沒有削弱，反而得以增強的訣竅。但
是得寵的高崗得意忘形，言行出格；當毛澤東意識到他不得不
拋棄高崗以保自身形象之時，高崗的末日就相去不遠了。

高崗的騰雲直上

　　在1952年，預計朝鮮戰爭的結束，毛澤東和中共領導層把
注意力轉向國內經濟建設。周恩來領頭的六人委員會負責起草
第一個五年計畫。同年八月第一稿起草後，毛澤東指示周恩來
和陳雲率領一個代表團去莫斯科徵求史達林的意見。該代表團
在莫斯科滯留一個多月。[3] 在周恩來外出期間，七月任命為副
總理的鄧小平成為代總理。鄧小平8月13日進京，周恩來同日會
見鄧小平並作了交接。[4]1952年中，毛澤東作重大人事調整的意

3　薄一波，《若干重大決策與事件的回顧》（北京：中央黨校出版社，
　　1991），頁286。薄一波稱第一個五年計畫起草是在1952年初，這恐怕是記
　　憶錯誤。周恩來七月向毛澤東提出他希望集中精力起草第一個五年計畫。
　　見《周年譜》，頁247-248。
4　《周年譜》，頁247-255。

向已很清楚。高崗和饒漱石將被提拔進京也很清楚，高崗將被置於鄧小平之上。當時還不清楚的是高崗的國家計畫委員會的權限。毛澤東九月下旬兩次致電高崗，督促他盡快進京。高崗於10月8日抵達北京，此時國家計畫委員會的成立還沒有正式公布。[5] 高崗的權限可能是1952年11月中旬最後確定的，此時周恩來提出取消大區和加強中央的報告。[6]1952年末，作為新上任的國家計畫委員會主任的高崗，集中精力在寫關於第一個五年計畫起草過程的報告。該報告於1953年1月14日送至毛澤東，毛第二天就批轉了高崗的報告。[7] 但是此時高崗還沒有正式進入高層決策圈。1月8日，周恩來向毛澤東報告各大區重組委員會名單時，該件發送人包括朱德、陳雲和彭真，沒有高崗。1月15日，毛澤東寫信給周恩來、陳雲、鄧小平和薄一波，提出關於新稅制的問題，也沒有包括高崗。[8]

然而三天後情況就大不相同了。1月18日，周恩來向毛澤東報告關於國際貿易之事，該件的發送人名單順序如下：劉少奇、朱德、高崗、彭真和鄧小平。[9] 在1月底前，高崗並非中

5　趙家梁、張曉霽，《半截墓碑下的往事：高崗在北京》（香港：大風出版社，2008），頁77。趙家梁是高崗的祕書，高自殺未遂後，被管教，趙被指定為管教負責人，同時幫助高寫檢討。其他當事人，如陳雲、鄧小平、薄一波等等，都有回憶錄。趙的回憶錄應該被看作為代表高崗的唯一聲音。

6　《周年譜》，頁268-269。毛澤東和中共領導層計畫將高崗、鄧小平等調到中央的議論在1949年建國後不久就已經開始。由於篇幅關係，此不詳細追溯。

7　《建國以來毛澤東文稿》，卷4，頁25。

8　《周年譜》，頁278-280。

9　同上。

央書記處書記，然而書記處開會，他每會必到。[10] 1月15日毛
澤東的信中明確地表示了對「新稅制」沒有請示他的不滿，周
恩來立即召開關於加強各部門向黨中央請示報告和做好分工的
座談會，並起草《關於加強中央人民政府系統各部門向黨中央
請示報告制度及加強中央對於政府工作領導的決定》。該《決
定》的目標是「以便能取得中央（毛澤東）經常的，直接的領
導」。心懷不滿的毛澤東又強調「分工」，就是要減少周恩來
和陳雲等人的職權範圍，分給新提拔的高崗和鄧小平等人。[11]
隨後政務院發出《關於中央人民政府所屬各財政經濟部門的工
作領導的通知》：重工業部、一機部、二機部、燃料工業部、
建築工程部、地質部、輕工業部和紡織部，劃歸高崗領導；鐵
道部、交通部、郵電部，劃歸鄧小平領導；農業部、林業部、
水電部劃歸鄧子恢領導；勞動部劃歸饒漱石領導；財政部、糧
食部、商業部、外貿部和人民銀行，仍歸陳雲領導。[12] 由於高
崗的職權範圍最大，黨內把他的國家計畫委員會稱為「經濟內
閣」，毛澤東「摻沙子」的意圖實現了。

　　其實由於毛澤東的支持，高崗實際的職權範圍遠遠超出
了上述《通知》的明文規定。在中共中南海辦公樓裡，高崗的
辦公室就在毛澤東的辦公室對面，而劉少奇和朱德的辦公室則
在另一個樓層。據泰韋斯的口述史料提供人稱，高崗進京後，
毛澤東同他有三次私下談話。[13] 但是根據高崗的祕書的回憶，

10　《陳雲年譜》，頁163。

11　《周年譜》，頁285。

12　《陳雲年譜》，頁168。

13　Teiwes, p. 35.

毛澤東和高崗的私下談話是經常的，高崗稱之為毛澤東同他說的「私房話」。[14] 按照新的中央政府分工，鐵道部歸鄧小平領導。但是在修建鷹潭—廈門鐵路時，由於涉及福建前線軍事情況，毛澤東指令高崗去負責。外交和外貿是周恩來領導，但是毛澤東有時卻把外交部的報告轉給高崗。1953年11月，金日成來訪，毛澤東讓高崗出面接待。彭德懷主持國防和軍事，然而在1953年底，毛澤東讓高崗去「幫助」彭德懷寫一個關於軍事工作會議的報告。[15] 難怪當時黨內有「五馬進京，一馬當先」的說法。[16]

財經會議和批判「新稅制」

如果中共的注意重點轉向經濟發展和第一個五年計畫，開一個全國性的財經會議來研討有關問題是順理成章的。然而考察毛澤東在會議前前後後的言行和幕後的動作，他的別有用心就顯而易見了。會議的中心並非在研討具體可行的財經政策上，批判「新稅制」和攻擊薄一波等「管理精英」成為會議的焦點。中共官方史學至今仍然堅持說高崗在財經會議中把薄一波的缺點錯誤上綱為「路線錯誤」，明批薄一波，暗射劉少奇（批薄射劉）。[17] 其實高崗只是執行毛澤東的旨意而已。

14　趙家梁，頁81。
15　同上，頁81-93。關於毛讓高去處理福建鐵路事，《毛年譜》頁57有記載。
16　薄一波，頁309。
17　比如《陳雲年譜》，頁170。

在新稅制前，國營和合作企業享有納稅之優惠待遇，而私營企業有些也跟著用「相互撥貨不視為營業行為」的做法來逃避營業稅。更重要的是中共建國3年中，國營和合作企業的發展很快，而國家稅收卻下降。為了保稅，薄一波的財政部推出新稅制，其關鍵是取消國營和合作企業的優待，由此保持和增加國家稅收。1952年12月26日政務院開會批准了新稅制，會上周恩來對取消合作社稅收優待作了進一步解釋：取消優待後將會促使合作社「打破其供給制觀點，加強經濟核算制，努力改善經營方式，擴大推銷面，加快資金周轉，這對合作社的發展也是有好處的。因此，這種修正是必要的」。[18] 但是這稅制公布後，中共地方機構反應強烈，說新稅制引起物價波動，私商觀望，思想混亂。毛澤東於1953年1月15日寫信給周恩來、鄧小平、陳雲和薄一波：

> 新稅制事，中央既未討論，對各中央局，分局，省市委亦未下達通知，匆率發表，毫無準備，此事似已在全國引起波動，不但上海，北京兩處而已，究應如何處理，請你們研究告我。此事我看報始知，我看了亦不大懂，無怪向明等人不大懂。究竟新稅制與舊稅制比較屬害如何？何以因稅制而引起物價如此波動？請令主管機關條舉告我。[19]

薄一波讀信後感到心情沉重和茫然，信裡批評剛發表半個

---

18 薄一波，頁231-233；《周年譜》，頁275。
19 同上，頁234。《毛年譜》，頁11-12。

月的新稅制，而且「詞鋒甚嚴，顯然事出有因」。周恩來接信
後當即召集會議，研討新稅制後的市場價格波動，並連夜回信
毛澤東，提出處理辦法。[20] 同時財政部和稅務總局與各大中城
市聯繫來解決出現的問題。2月10日，財政部長吳波，商業部長
姚依林，糧食部長陳希雲聯名寫信給毛澤東，說明修正稅制的
目的，以及新稅制對物價的影響和執行過程中的問題。[21] 但是
毛澤東依舊抓著新稅制問題不放並上綱上線。在一次政治局會
議上他說：

> 『公私一率平等納稅』的口號違背了七屆二中全會的決
> 議。修正稅制事先沒有報告中央，可是找資本家商量了，
> 把資本家看得比黨中央還重。這個新稅制得到資本家叫
> 好，是『右傾機會主義』的錯誤。[22]

在毛澤東的指示下，周恩來於6月9日召集會議，討論並
提出《關於全國財經會議如何進行的請示報告》，周恩來、高
崗、鄧小平為總的經常主持人。毛澤東當晚批准了該報告。[23]
從6月13日到8月13日，財經會議開了整整兩個月。毛澤東很少
到會，但是他每天都密切地注視會議的進程和所發生的情況，
甚至包括人們在會上和會後的議論。周恩來經常向毛澤東彙報
會議情況，毛澤東有時也讓周恩來向會議轉達他的意見。比

20　薄一波，頁234-235；《周年譜》，頁280。
21　薄一波，頁235。
22　《陳雲傳》，頁880。
23　《周年譜》，頁306。

如，7月11日，毛澤東指示周恩來，領導小組會議應擴大舉行，讓各方面的有關同志都能聽到薄一波的檢討，同時要展開桌面上的鬥爭。[24] 對薄一波和新稅制的批判從而開始。又比如，周恩來於7月24日轉達了毛澤東的話：「不能把華北的幾個同志說成宗派。」[25] 顯然，毛澤東得知一些與會者的議論，說原華北局的劉少奇、彭真、薄一波等人是黨內的一個宗派。毛澤東置身於會外，但他確是真正掌控一切的幕後主持人。

　　毛澤東下令「要展開桌面上的鬥爭」後，薄一波作了兩次檢討，但是一些與會者不斷的批評攻擊，使他過不了關。領頭攻擊的就是高崗。據薄一波1991年的回憶錄稱，高崗在東北時就同他結下私仇，因為薄一波向毛澤東轉了一封揭發高崗貪污腐化問題的信，以及參加調查1952年鞍鋼無縫鋼管廠爆炸事故。薄一波還說：

> 　　他（高崗）在發言中，採取移花接木的手法，把少奇同志曾經說過的一些話，比如1947年土改中說過的「村村點火，戶戶冒煙」，1949年在天津講話中的一些觀點，1950年有關東北富農黨員問題談話中的觀點，1951年有關山西互助合作社批語中的觀點等等，統統安到我的頭上加以批判。這種明裡攻我，暗中攻劉的「批薄射劉」詭計，明眼人一看便知。高崗調到中央工作後，政治野心越來越膨脹。他把少奇同志視為實現其野心的最大障礙，因此他

24　《毛年譜》，頁131。

25　《陳雲年譜》，頁170。

首先把矛頭指向少奇同志。先推倒少奇同志，再推倒周總
理，這就是他篡黨奪權的如意算盤。26

　　薄一波的說法揭示了一個重要的事實：財經會議的參與者
都在觀望高崗是否會取代劉少奇。如果高崗的「批薄射劉」是
「明眼人一看便知」的，毛澤東不讓周恩來傳話來制止高崗，
人們就有理由相信毛澤東實際上是支持高崗的。泰韋斯的口述
史料提供者和高崗的祕書都說，由於人們相信毛澤東同意高崗
對薄一波的批判，更多的人投入了批薄的浪潮。27 趙家梁同時
還披露了高崗「射劉」的講稿是由馬洪等人起草，毛澤東看了
並作了些修改，比如把薄一波的「個人主義」都改成「資產階
級個人主義」。高崗發言後薄一波去找他談，認為上綱太高，
難以接受。高崗把毛澤東批改的發言稿給薄看，薄無言以對。
周恩來的總結發言也說基本同意高崗的發言。28 周恩來是絕對
不敢對毛澤東的說法有所偏離。因此在他的總結發言稿裡，給
薄一波錯誤的定位是「帶路線性的右傾機會主義」，只是毛澤
東再修改時，把「帶路線性」四個字刪去了。29 薄一波作了兩
次檢討還過不了關，讓他作第三次檢討，他拒絕了。毛澤東知
道後，竟然說「薄一波同志可以不檢討了」。30
　　其實毛澤東很明白具體負責財政的薄一波必須要國營和集

26　薄一波，頁241-242。

27　Teiwse, pp. 66-67. 趙家梁，頁107-108。

28　趙家梁，頁131。

29　《周年譜》，頁317。

30　薄一波，頁243。

體企業納稅，否則國家財政必然虧空。這就是「新稅制」的基本點。於是儘管毛澤東從1953年1月起就大批新稅制，然而新稅制的推行從未間斷。1953年5月30日財政部向毛澤東彙報1月至4月的稅收增加，全年稅收計畫可以完成並超過。在高崗自殺後，毛澤東又對薄一波說：「財經會議及其後相當一段時間，我們對一波同志是有些誤會的，現在這些誤會解除了。」[31] 顯然，毛澤東讓高崗在財經會議時作「項莊舞劍」，其「沛公」並非薄一波；劉少奇才是其意所在。由此，毛澤東在財經會議的發言也只有從「批薄射劉」的角度才能正確理解。8月12日晚，他說：

> 在「三反」「五反」運動之後，黨內有兩方面性質的錯誤：一種是一般性質的錯誤，另一種是原則性錯誤，如資本主義傾向，這是資本主義思想在黨內的反映……新稅制發展下去勢必離開馬列主義，離開黨的總路線，向資本主義發展。過渡時期是要過渡到社會主義，這是要經過相當長時期（十年到十五年）的鬥爭的。新稅制的錯誤跟張子善的問題不同，是思想問題，是離開了黨的總路線的問題。我同意少奇，小平兩同志的意見及恩來同志的結論所說的，要在黨內開展反對資產階級思想的鬥爭。為了保證社會主義建設的成功，必須實行集體領導，反對分散主義，反對主觀主義。[32]

---

31 同上，頁237、252。

32 《毛年譜》，頁148。

在同一時期，毛澤東特別強調反對資產階級思想和反對分散主義。比如在1953年8月5日，他在批改一份反對分散主義鬥爭的報告時寫道：「『個人主義』，『小資產階級個人主義』均改為『資產階級個人主義』，『自由主義』改為『資產階級自由主義』，『小資產階級思想』改為『資產階級思想』。」[33]毛澤東的矛頭究竟指向何人？1952年末，他把注意力轉到經濟和政府日常事務時，就感到自己被劉少奇和周恩來等管理精英架空了。「分散主義」是「中央集權」的反義詞，反對分散主義就是要把權力重新集中到他手上。1953年1月13日，毛澤東向中共高層人員寫批語說：「關於領導責任和領導方法問題——領導的集中或分散的問題，在山東表現得頗嚴重……此問題，不但在山東有，在各地也是有的，在中央也是有的。在過去的中央會議上，我曾幾次提出過這個問題。」[34] 薄一波和新稅制成為具體實例，說明中央有「分散主義」。於是就有上述的《關於加強中央人民政府系統各部門向黨中央請示報告制度及加強中央對於政府工作領導的決定》。政府各部門必須「定期地和及時地向中央報告或請示，以便能取得中央經常的，直接的領導」，已成為制度。[35] 但是毛澤東對政府部門的批評又加溫了。2月13日他寫批語說：「政府大多數部門的主要缺點是缺乏思想和政治領導，有些部門達到了驚人的程度。這種情況必須改變。」[36]

33　同上，頁145。

34　《毛文稿》，頁17。

35　《周年譜》，頁285。

36　《毛文稿》，頁58。

　　毛澤東的矛頭一部分是指向周恩來的。1950年1月9日，周在政務院成立了黨組幹事會，周為書記。他說中共在政府中的活動有兩種：一是支部活動，要成立政府黨委會，直接受中央組織部領導。二是黨組活動，在政治上政府黨委會受黨組領導。[37] 毛澤東顯然對政府中的雙重黨組織非常不滿。「新稅制」事出之後，毛的批「分散主義」壓力增加，周恩來於1953年3月24日發出《關於撤銷政府黨組幹事會的通知》，說明「今後各黨組及黨組小組均由中央直接領導。凡有關各委各部門黨組的人員變動及其他有關組織問題的各項事宜，自即日起應直接向中央組織部請示和報告」。[38]

　　在這樣的背景下，毛澤東在5月19日批語，要劉少奇等人「負責檢查自去年八月一日（八一以前的有過檢查）至今年五月五日用中央和軍委名義發出的電報和文件，是否有及有多少未經我看過的（我出巡及患病請假時間內者不算在內），以其結果告我。過去數次中央會議決議不經我看，擅自發出，是錯誤的，是破壞紀律的」。「此後，凡用中央名義發出的文件，電報，均須經我看過方能發出，否則無效，請注意」。[39] 毛澤東嚴厲的詞鋒不僅證明了劉少奇是他批判「分散主義」的實際目標，同時也是對管理精英們無容置疑的宣言：只有毛澤東才是唯一代表中央的權威，任何其他的人們都不能在他們和中央之間劃等號。

37　《周年譜》，頁21。

38　同上，頁290-291。

39　《毛文稿》，頁229-230。

　　然而，正當他大批「分散主義」以期增強他的權力之時，毛澤東同時頻頻作出姿態，來表明他是堅持「集體領導」的，他是謙虛謹慎，不搞個人崇拜的。例如他在財經會議的講話中說：「為了保證社會主義事業的成功，必須實行集體領導，反對分散主義，反對主觀主義。」[40] 在同一句話裡，他既強調了集體領導，同時又反對分散主義，即要加強「中央集權」。至於「主觀主義」和「官僚主義」，那是他在延安時期發明的兩個政治帽子，其含義之模糊，幾乎可以給任何人和事戴上。比如薄一波的新稅制沒有徵求地方政府的意見，那就是「官僚主義」，實行後引起市場物價波動，那就是犯了「主觀主義」錯誤了。這樣一來，毛澤東就占領了道德之高地，居高臨下，從意識形態和思想方法的高度來批評薄一波和其他管理精英們。而他們也只能俯首聽命地接受批評，並作自我批評。這是毛澤東百試百靈的用以加強其權威的妙方。1953年2月7日，毛澤東在政協的講話中就說：「即以中央一級領導機關來說，許多部門中的許多領導幹部，還僅僅滿足於坐在機關中寫決議，發指示，只注意布置工作，而不注意深入下層去了解情況和檢查工作，使自己的領導常常脫離群眾和脫離實際，以致在工作中發生了不少的嚴重問題。」[41] 毛澤東經常用這種「戴帽子和打棍子」的方法來馴服管理精英們，並加強對他們的「政治和思想意識的領導」。2月28日，他又指出：「中央人民政府和軍委各部門必須盡速召開會議，發動批評和自我批評，深刻揭發領導

40　《毛澤東選集》，卷5，頁90-97。

41　《毛文稿》，頁46。

方面的官僚主義，並規定改正的具體辦法。中央認為在很多部門中極端缺乏思想領導和政治領導的狀態是完全不能容忍的，這是官僚主義存在和發展的主要原因。因此必須自反對官僚主義的鬥爭中研究加強思想領導和政治領導的辦法。」[42] 此後他提出的「政治掛帥」，其實也就是「毛澤東掛帥」的同義詞。

　　從這層意義上來說，「過渡時期總路線」其實就是給毛澤東一個新的更厲害的「帽子和棍子」來馴服和控制管理精英。「犯路線錯誤」將成為比「官僚主義」和「主觀主義」更可怕的「緊箍咒」。

毛澤東「過渡時期總路線」的祕密

　　如前所述，毛澤東在四〇年代提出「中國革命階段論」：先搞「新民主主義革命」，其主要的政策是團結民族資產階級，恢復和發展經濟；在生產力發展到一定階段後，社會主義革命才能進行。1950年6月，毛澤東還說：「我們的國家就是這樣地穩步前進，經過戰爭，經過新民主主義的改革，而在將來，在國家經濟事業和文化事業大為興盛了以後，在各種條件具備了以後，在全國人民考慮成熟並在大家同意了以後，就可以從容地和妥善地走進社會主義的新時期。」[43] 與此同時，他還多次強調，「全黨都要認真地，謹慎地做好統一戰線工作……把小資產階級，民族資產階級團結起來。」[44] 在這種背

---

42 同上，頁69。

43 《毛澤東文集》，卷6，頁80。

44 參見本書第二章。

景下，劉少奇也多次強調「經濟建設現已成為我們國家和人民的中心任務」。「我們的基本口號是：民主化與工業化。」「我們在今天說五種經濟合作，鞏固新民主主義制度，將來是要搞社會主義。」[45]

　　然而一個政治上溫和的毛澤東很快就翻手為雲覆手為雨，從強調統一戰線到突出階級鬥爭，接連發動鎮壓反革命和「三反」、「五反」運動。「新民主主義專政」和「聯合政府」等等已被拋至九霄雲外。但是劉少奇「緊跟」不上，仍然提「鞏固新民主主義制度」，他和毛澤東之間的距離和矛盾便油然而起。很多研究者，包括《劉少奇傳》的作者們，都正確地指出劉少奇的觀點和當時毛澤東的觀點是基本一致的。[46] 毛澤東已經向前跨出了一步，但是劉少奇和其他中共領導精英們卻「緊跟」不上。這種「時間差」的分析是否能滿意地解釋為什麼毛澤東要「批薄射劉」呢？其實從毛澤東的角度來看，劉少奇最大的錯誤就是他侵入了超凡權威最神聖的領域：即向追隨者揭示他們的歷史使命，並讓他們確信他是唯一的能領導他們去實現這一使命的人。由此，劉少奇到處講「國家和人民的中心任務」、「我們的基本口號」，以及「鞏固新民主主義制度」等等，這不是對毛澤東超凡權威的挑戰嗎？他要「彎弓射大鵰」來回敬劉少奇，就當是意料之中的事了。

　　毛澤東「射劉」的方式首先是重新解釋1949年的七屆二

---

45 金沖及主編，《劉少奇傳》，中央文獻出版社，1998，頁687-690。

46 泰韋斯也正確地指出毛澤東批劉的「鞏固新民主主義制度」是「反歷史的」（ahistorical）。Teiwes, p. 41.

中全會決議。當時他估計新民主主義時期大概需要二、三十年才具備向社會主義轉變的條件，他強調要分兩步走就是不要「畢其功於一役」。[47] 於是劉少奇也跟著強調不能過早推行對資本主義工商業的社會主義改造和農業合作化。他在1951年說：「如果現在即採取社會主義的步驟，對人民是無益的。傷害私人工業生產的積極性，無疑地是破壞著目前的社會生產力的發展。」[48] 鎮壓反革命和「三反」、「五反」後的毛澤東變了調子，強調過渡時期「就是要過渡，要開始採取社會主義步驟」。1953年2月，毛澤東坐專列南下，在武漢同王任重談話時就說：「有人說『要鞏固新民主主義秩序』，還有人主張『四大自由』，我看都是不對的。新民主主義是向社會主義過渡的階段，在這個過渡階段，要對私人工商業，手工業，農業進行社會主義改造。」[49] 與此同時，他對民族資產階級的調子也變了。他說：「在打倒地主階級和官僚資產階級以後，中國內部的主要矛盾即是工人階級與民族資產階級的矛盾，故不應再將民族資產階級稱為中間階級。」[50] 在此情況下，劉少奇要保護資本家的私人生產積極性，以及薄一波要找資本家談新稅制，就都成了「資產階級思想在黨內的反映」了。

其實毛澤東借高崗之臂在財經會議上「射劉」並非第一次。1950年1月23日，劉少奇找高崗談話，批評高崗在東北土改

47　《毛澤東傳》，頁239-240。

48　《劉少奇傳》，頁690。

49　《毛澤東傳》，頁247。

50　《毛澤東文集》，卷6，頁231。

後要立即起步向社會主義過渡，限制單幹，限制雇工的主張。[51]
1951年4月，山西省委寫了《把老區的互助組織提高一步》的報
告，主張「對於（土地）私有基礎，不應該是鞏固的方針，而
應該是逐步地動搖它，削弱它，直至否定它」。劉少奇對此寫
了批語說，黨內有人對土改後農民中的自發勢力和階級分化表
示害怕，主張「把農業生產互助組織提高到農業生產合作社，
以此作為新因素，去『戰勝農民的自發因素』。這是一種錯誤
的，危險的，空想的農業社會主義思想」。[52] 但是毛澤東明確
表態支持山西省委，不同意劉少奇的觀點。同時指示陳伯達召
開第一次農業互助合作會議，起草《中共中央關於農業互助合
作的決議》。毛澤東在批轉該決議時要求各級黨委「把農業互
助合作當著一件大事去做」。[53] 高崗馬上給毛澤東寫了一份關
於東北農村互助合作運動的報告，表示要「繼續堅持貫徹毛主
席屢次指示的方針，即根據群眾的自願與需要，加以積極扶助
與發展，並逐步由低級引向較高級的形式」，積極發展農村互
助合作組織。毛澤東當即將此報告印成小冊子發送全黨，並批
示：「中央認為高崗同志在這個報告中所提出的方針是正確
的。一切已完成了土地改革任務的地區和黨委都應研究這個問
題，領導農民群眾逐步地組成和發展各種以私有財產為基礎的
農業生產互助合作組織。」一個全國性的互助合作運動由此而

51　《劉少奇論新中國經濟建設》（北京：中央文獻出版社，1993），頁152-
　　155。
52　同上，頁192。
53　《劉少奇傳》，頁696。

起。[54]

　　《毛澤東傳》的作者們認為他對新民主主義理論開始有新的思考是在1952年夏秋之交，因為他看到了新的現實：工農業總產值比建國前最高水平的1936年增長了20%；國營經濟已經超過私營經濟；農村中互助合作事業普遍發展。「這三個重要社會經濟現象，反映到毛澤東頭腦裡，使他作出新的理論思考和決策。」這就是為什麼毛澤東推出過渡時期總路線。[55] 然而上述事實說明這種解釋是違反歷史的。毛澤東在1951年就要積極採取社會主義步驟；他把兩年前所作的二、三十年後才具備向社會主義轉變的估計拋至九霄雲外了。毛澤東的轉變並非建立在「新的社會經濟現象」的基礎之上，因為這種現象在1951年根本不存在。只是劉少奇推出「鞏固新民主主義秩序」，毛澤東就必須強調「向社會主義過渡」，沒有劉少奇的「右傾機會主義錯誤」，就無法顯示毛澤東的「永遠正確」。然而毛澤東懂得「得人心者得天下」，他在以劉少奇為代價來伸張自己的權威時又要占領道德的高地，至少要維持一個「集體領導」的表象。1952年10月，毛澤東讓正在莫斯科的劉少奇非正式地徵求史達林對他的向社會主義過渡的想法，史達林表示支持毛的觀點。然而史達林不久就與世長辭了。[56]1953年6月15日，財經會議的第三天，毛澤東正式推出他的過渡時期總路線。他說：

54　同上，頁738。

55　《毛澤東傳》，頁240-241。

56　同上，頁242-244。

從中華人民共和國成立，到社會主義改造基本完成，這是一個過渡時期，黨在過渡時期的總路線和總任務，是要在十年到十五年或者更多一些時間內，基本上完成國家工業化和對農業，手工業，資本主義工商業的社會主義改造……黨在過渡時期總路線是照耀我們各項工作的燈塔。不要脫離這條總路線，脫離了就要發生『左』傾和右傾的錯誤。

他接著重點批判了「確立新民主主義社會秩序」，認為這一說法是右傾機會主義的表現。這顯然是把矛頭指向劉少奇和周恩來的，因為周恩來在1953年2月的報告稿裡就用了類似的話，毛澤東在修改該稿時刪去了此話。[57] 仔細分析一下這條總路線，它只不過是毛澤東意念中的轉換所有制的時間表：用若干時間來實現國有制。「在十年到十五年或者更多一些時間內」本身就不是一個很確定的時間概念，怎麼能用它來衡量政治路線的或左或右呢？兩年前他強調要「二、三十年」，要「穩妥」，他手下的精英們照著做了；可是他反過來批判他們犯了「右傾機會主義錯誤」。那麼毛澤東為什麼不明確地說出他認為是當前應該實行的政策，比如1951年應該開始搞互助合作社，1955年到1956年應該掀起全國合作化高潮等等？要理解毛澤東拋出含混不清的「總路線」，並把它說成是「照耀我們各項工作的燈塔」，首先要理解他的「鬥爭哲學」。如果他明確提出現行政策，沒有人提出反對意見，大家一起去貫徹實

---

57 同上，頁253-254。

行，黨內就不會有矛盾鬥爭了。於是以「與人奮鬥，其樂無窮」的毛澤東就會感到無計可施了。他對日常經濟生產的管理缺乏知識，也毫無興趣；但是要牢牢地掌控「管理精英們」，毛澤東就必須操作有關生產關係的政治鬥爭，找出黨內的「對立面」，來證明他是「永遠正確」的超凡權威。這就是「過渡時期總路線」的祕密。

　　毛澤東把含混不清的發展速度作為衡量政治路線正確與否的標準，而他又不斷地修改他的神乎奇神的時間表，這就給他一根打人的棍子來掌控管理精英們。1953年6月的「過渡時期總路線」說是用十到十五年的時間「基本上完成國家工業化和對農業，手工業，資本主義工商業的社會主義改造」，僅僅幾個月後，他就又變卦了。10月15日，毛澤東決定「辦好農業生產合作社」是當務之急，「中央局，省委農村工作部就要抓緊這件事，工作重點要放在這個問題上。」根據他的旨意，中共第三次農業合作化會議於10月26日至11月5日召開，毛澤東「對發展合作社的態度是，只要條件具備，數量上多多益善，規模上能大則大」。[58] 於是1955年即出現了「中國農村的社會主義高潮」。1956年9月20日陳雲在中共八大上的發言題為「社會主義改造基本完成以後的新問題」，而毛澤東1953年「十到十五年」的時間表早已被拋到九霄雲外了。[59] 但是管理精英們常常還記著毛澤東的「老黃曆」，於是他們就不能「緊跟主席」了。1956年和1957年間，周恩來要「反冒進」，結果被逼著作

58　《毛澤東傳》，頁358-361。

59　《陳雲傳》，頁1028。

右傾機會主義的自我批評。「文革」期間，毛澤東把這些精英間的分歧都說成是「黨內路線鬥爭」，其實都是無中生有，由他一手造成的。[60]

　　財經會議時毛澤東的「陽」對立面是薄一波和新稅制，其「陰」對立面則是劉少奇、周恩來和「鞏固新民主主義秩序」。高崗作為攻擊對立面的幹將，備受賞識。財經會議後，毛澤東修改和批發了李維漢在工商聯合會關於對私營企業的政策的講話稿，由《人民日報》在11月10日發表。他同時寫道：「請送一份給高崗同志閱」。12月4日，政治局討論彭德懷在軍事會議上的報告，毛澤東建議找高崗幫助修改。[61] 根據趙家梁的筆記，高崗在寫檢討時說，在財經會議後「毛主席讓我親自去查閱東北的敵偽檔案，了解二〇年代劉少奇在奉天（瀋陽）被捕後的表現。主席把這麼絕密這麼重要的事情交給我，那是對我的特別信任。我也由此意識到，主席對少奇的革命品質已產生了懷疑。」[62] 幾十年後，鄧小平也說：「高崗敢於那樣出

60　毛澤東對土改和合作化的態度都不是從改善農民生活為出發點的。如前所述，1950-1951年間，他對徵糧比對分田到戶更為重視，而合作化更是和糧食「統購統銷」緊密相關的。糧食「統購統銷」實際上是國家對農民的經濟剝奪。《毛澤東傳》（頁356）說得很對：「他把糧食統購統銷政策不僅僅看作一項解決當前糧食供求困難的應急措施，更重要的是把它看作改造個體農業不可缺少的環節。他認為，實行糧食統購統銷可以促進農業合作化的發展；農業合作化的實現又有利於糧食統購統銷工作的進行。」

61　林蘊暉，〈高崗事件始末〉，《百年潮》，刊於「觀察者」網頁，2013-09-29，https://www.guancha.cn/BaiNianChao/2013_09_29_175694.shtml 作者沒有說具體日期，《毛文稿》頁400表明了政治局會議日期。趙家梁（頁92）說高崗於11月21-22日修改該報告。

62　趙家梁，頁44。

來活動，老人家也有責任。老人家解放初期就對劉少奇同志，總理有意見，而對高崗抬得比較高。」[63] 但是高崗絕對想不到他在北京的路途快要走到盡頭了；毛澤東在12月24日政治局會議上不點名地把高崗「端了出來」。[64] 他從雲層裡一落千丈，就像他騰雲直上一樣的迅速和突然。毛澤東為什麼從提拔抬高高崗轉而又給予致命一擊？

高崗的一落千丈

如果說歷史學家和當事人已達成共識，高崗的顯赫上升是由於毛澤東一手提拔的結果，人們對毛澤東為什麼突然拋棄高崗則依然疑團重重，眾說不一。這主要是因為毛澤東既要把已不信任的高崗拉下馬，同時又不為此而損害他的形象和威望。於是他設計了一套極其隱晦的操作手法來達到其雙重目的。

毛澤東對高崗的不信任恐怕始於「政治局名單」糾紛。為了準備中共「八大」，組織部副部長安子文擬了一份政治局名單交毛澤東。此名單中有薄一波，沒有林彪，即「有薄無林」。毛澤東派他的機要祕書把此名單送給高崗，並立等收回。這種史無前例的送閱文件的方式說明該文件的絕對機密性。[65]《毛年譜》對此有不同的說法：9月21日政治局開會，「認為安子文擅自擬定中央政治局委員和中央各部負責人的名

63　《鄧力群傳遞鄧小平講話》，1980年3月19日。此段沒有收入《鄧小平文集》，引自張明遠筆記。趙家梁，頁99-100。

64　趙家梁，頁95。

65　同上，頁118。

單，並在兩個中央委員中（即高崗，饒漱石）徵求意見，這是
錯誤的。這樣做可能影響中央同志之間的團結，決定給安子文
當面警告處分，委託劉少奇，饒漱石面告安子文。」[66] 由此可
見這一名單政治局與會者都知道，不像趙家梁說得那麼神祕。
問題是一個副部長不可能自說自話地擬定政治局名單，那麼誰
指使安子文擬這一名單？高崗立即斷定劉少奇是背後指使者，
因為安子文是「白區黨」中一員，長期在劉少奇手下工作。他
一直認為劉少奇極力安插「白區黨」成員，如薄一波，同時排
斥「根據地黨」的成員，如林彪。於是他不顧毛澤東給他送閱
此件的不尋常的方式，同很多中央和地方的高級幹部談此名
單，並攻擊劉少奇為背後指使者。葉劍英和譚政11月到北京開
會，問毛澤東「有薄無林」的名單是怎麼回事，毛澤東才知道
名單的擴散，於是非常惱火，要查擴散者。毛在一次會後留下
高崗，問他知不知道誰擴散了名單，「會不會是饒漱石」？
其實毛心裡很清楚，高崗是擴散者，然而高依舊不向毛攤牌認
帳，毛自然認為高在他背後搞陰謀了。高崗倒台後寫檢查時也
認識到，他沒有同毛澤東談劉少奇的問題，卻到處擴散「有薄
無林」的名單，毛問他時又不坦白交底，是「天大的錯誤」。
但是那時已是大錯鑄成，後悔莫及了。[67]

　　其實高崗說劉少奇是名單的幕後指使者是完全沒有道理
的。劉少奇當時是毛澤東批判「分散主義」的重點，並指名說
他用中央的名義，擅自發文件「是錯誤的，是破壞紀律的」，

---

66 《毛年譜》，頁169。
67 趙家梁，頁117-122。

他怎麼還敢指使他的老部下擅自擬定政治局名單呢？如果有人
指使安子文的話，那人一定是毛澤東。1955年他在「八大」上
說，在名單這件事上，「安子文是受了警告處分的。高崗，
饒漱石等人把這個名單散布給所有參加組織會議的人，而且
散布到南方各省，到處這麼散布，居心何在？」[68] 在毛澤東看
來，擅自擬定政治局名單是小錯誤，而散布這個名單就是大罪
過。這合乎邏輯嗎？趙家梁說毛澤東批評了安子文後，沒再深
追，只說「此事到此為止，不許擴散」。[69] 如果這個細節是真
的話，高崗更不應該到處散布以攻擊劉少奇，因為毛澤東自有
他不去深追的原因。如果毛澤東是此名單的指使者，其目的何
在？他為什麼把名單交給高崗？這些問題的答案恐怕只有毛澤
東才知道。

　　事過不久，另一波又起。毛澤東提出考慮政府是否採用
部長會議的形式，黨中央是否增設副主席或總書記的問題。在
大反「分散主義」把權力集中到他手裡後，他又突然提出他要
退居二線。沒有人可能解釋毛澤東提出這樣大規模的人事操作
的意圖，但是歷史已經證實在這個政治遊戲中栽跟頭的就是高
崗。1980年鄧小平說：

　　　毛澤東同志在一九五二年底提出中央分一線，二線之
　　後，高崗活動得非常積極。他首先得到林彪的支持，才敢

68　《毛澤東選集》，卷5，頁161-162。
69　趙家梁，頁118。張秀山的回憶錄也證實了這個說法。《我的八十五年：從
　　西北到東北》（北京：中共黨史出版社，2007），頁313。

於這麼搞。那時東北是他自己，中南是林彪，華東是饒漱
石，對西南，他用拉攏的方法，正式和我談判，說劉少奇
同志不成熟，要爭取我和他一起拱倒劉少奇同志。我明確
表示態度，說劉少奇同志在黨內的地位是歷史形成的，從
總的方面講，劉少奇同志是好的。改變這一歷史形成的
地位不適當。高崗也找陳雲同志談判，他說：搞幾個副主
席，你一個，我一個。這樣一來，陳雲同志和我才覺得問
題嚴重，立即向毛澤東同志反映，引起他的注意。[70]

但是趙家梁有另一種說法。他認為毛澤東由於政治局名單
和另一些問題，1953年11-12月間就想搞掉高崗。毛對高崗說，
他打算去南方休息一段時間，中央的工作是由劉少奇主持好，
還是書記處書記輪流主持好？並讓高崗找幾個人醞釀一下。高
崗馬上去找陳雲。陳雲說：「照過去的慣例，主席生病或外
出，都是少奇主持工作。這次他提出輪流主持，是不是另有考
慮？」高崗立即說：「就是！他對劉少奇已經不信任了，怎麼
還能叫他主持！」陳雲過了好一會才說：「我看可以輪流。」
12月15日中央開會，毛澤東問他外出期間，中央工作是由少奇
主持，還是輪流主持。周恩來首先說按慣例，由少奇主持。劉
少奇接著說，還是輪流好些。高崗馬上表示：「我贊成輪流，
輪流好些。」而鄧小平和陳雲贊成劉少奇主持，朱德、林伯
渠、饒漱石則表示輪流好。毛澤東說暫時不作結論，以後再
議。散會後出來的路上，高崗對鄧小平說劉少奇政治上不穩，

---

70 《鄧小平文選》（北京：人民出版社，1994），卷2，頁293。

不宜主持中央工作。鄧小平反駁說，少奇的地位是歷史上形成的，應該由少奇主持。高崗再也沒有找鄧小平「談判」過。[71]趙家梁說這是「毛澤東設計釣大魚」，更客觀一些說，毛澤東是在考驗高崗，所謂「姜太公釣魚」，而高崗是「願者上鉤」，經不起考驗。

　　如果說高崗和鄧小平的關係一般，沒有達到「拉鄧反劉」的目的，也沒有說太出軌的話，他接下去到陳雲家的情況就大不一樣了。高崗和陳雲的關係非常密切，稱他為「聖人」，無話不說。會後他搭乘陳雲的車去陳家，因為陳雲臨時變卦，說少奇主持好，高崗非常生氣，兩人爭執，不歡而散。陳雲覺得高崗太過分，太危險了，於是向周恩來舉報高崗的「非組織活動」，拉攏他反對劉少奇，並說「你一個，我一個，都當黨的副主席」。周恩來馬上報告毛澤東，高崗的命運從此而定。[72]兩天後，陳雲和鄧小平去毛的住處，從下午5點談到8點，毛澤東又請周恩來一起參加；第二天毛又邀他們三人去談，加上彭德懷；第三天陳雲和鄧小平又去。[73] 一連三個晚上，他們談話的具體內容無從而知，但一定是關於如何處置高崗。12月19日，按毛澤東的指示，陳雲沿著高崗10月間南下的路線，「代表中央向高崗遊說過的幹部打招呼，要求他們不要上高崗的當。」毛澤東特別讓陳雲去看林彪，轉告他「林彪如不改變意見，我與他分離，等他改了再與他聯合」。[74]

71　趙家梁，頁183-184。
72　同上，頁184-185。
73　《陳雲年譜》，頁191。
74　《陳雲傳》，頁886。

　　同時毛澤東在北京找了更多的人「打招呼」，一切準備就序後，政治局擴大會議在12月24日舉行。毛澤東在會上說：「北京有兩個司令部，一個是以我為首的司令部，就是刮陽風，燒陽火；一個是以別人為司令的司令部，叫做刮陰風，燒陰火，一股地下水。」[75] 毛澤東沒有點高崗的名，但是他說：「東交民巷八號車水馬龍，新華門門可羅雀。」[76] 東交民巷八號是高崗的家，於是毛澤東就把他作為「分裂黨」和「另立司令部」給「端出來」，他的下場也在劫難逃了。

　　在此後批判揭發高崗時，很多人說他在財經會議上「發難」，攻擊劉少奇是分裂黨。這些都是「欲加之罪，何患無辭」了。事實已經證明毛澤東是「批薄射劉」的背後人物。但是在財經會議期間，確實有兩件事引起了毛澤東對高崗的懷疑。第一是高崗在東交民巷的家成為中共高級幹部的聚集點，趙家梁說是「賓客絡繹不絕，十分熱鬧」。而高崗絲毫沒有察覺其中潛在的危機，還請來客吃飯喝茶。談話中自然會涉及會議情況，包括議論薄一波、劉少奇等等。[77] 相比之下，毛澤東所在的新華門就顯得冷冷清清。這就是他說「東交民巷車水馬龍，新華門門可羅雀」的背景。但是毛澤東很少向別人流露他的真實情感和想法。恰恰相反，財經會議結束後，他在1953年九月提議下一次討論財經問題的會可以在高崗家開。幾天後，幾乎所有政治局委員和計畫委員會的部長們都到高家開會，而

75　《毛年譜》，頁211。

76　趙家梁，頁188。

77　同上，頁134。

財經工作並不在高崗的份內。連趙家梁也覺得這是「一次不尋常的會議」，似乎是毛澤東設下的圈套，三個月後可以指責高崗「另立司令部」。[78]

第二件事是高崗領頭去集體探望林彪。財經會議期間，軍隊和地方幹部雲集北京，而林彪也在郊區的西山休養。高崗去北京飯店邀集了二、三十位高級將領和幾個大區的負責人去西山集體看望林彪。[79] 林彪的四野以東北為基地，他和高崗關係很親密。當時的北京正處於政治極度敏感時期，而高崗竟然邀集那麼多高級將領同去看望林彪，毛澤東自然會感到高崗染指於軍隊。這就是為什麼當他要除去高崗時，首先派陳雲去警告林彪與其劃清界線。陳雲還說：「高崗利用四野旗幟，在財經會議上煽動各大區負責人攻擊中財委的種種問題。」[80] 在毛澤東的眼裡，劉少奇是緊跟不上他的「路線」，但是批評後立即檢討改正。他是「白區黨」山頭的人，同軍隊沒有很大關係。高崗則相反，自以為是「紅區黨」或「根據地」出來的，有染指於軍隊的跡象。於是毛澤東就懷疑他有「篡黨奪權，想當萬歲」的野心。

奇怪的中共七屆四中全會

1953年12月23日，也就是政治局擴大會議的前一天，毛澤東同高崗作了最後一次面對面的談話；毛批評高是當面不講背

78　同上，頁142-143。
79　同上，頁134-135。
80　同上，頁187。

後講，認為他是不可救藥。高崗仍不檢討。毛第二天不點名地把高「端出來」後，同時又讓會議起草一份《關於增強黨的團結的決定》。毛澤東會一開完，就離開北京南下。政治局遵照毛的指示，於12月29日通過了該《決定》。[81]1954年1月7日，毛澤東從杭州寫信給劉少奇和書記處成員，提議召開四中全會，以通過上述《團結決定》，並著重指出：「會議應盡可能做到只作正面說明，不對任何同志展開批評。」此信是由楊尚昆遞送的，有很多指示沒有寫下，「餘請尚昆同志面報」。[82]毛澤東發出的信號是自相矛盾的：一方面他指責高崗「另立司令部」，「刮陰風，燒陰火，一股地下水」，此乃非同小可的「分裂黨」和「想當萬歲」的罪名。另一方面，他又強調「增強團結」，「不對任何同志展開批評」，似乎高崗的問題只是黨內正常的「山頭主義」的表現。毛之用心何在？其實，既要除掉高崗，同時又要保護他自己「永遠正確」的權威形象，就是毛澤東精心籌劃和幕後操縱四中全會的兩大目的。中共高層官員都知道，高崗「射劉」的背後是毛澤東，正如鄧小平所說「老人家」也有責任。如果高崗受到揭發批評，他必然要自辯，不僅會說出毛同他說的「私房話」，甚至可能揭出毛讓他調查劉少奇的事。這是毛澤東所不能容忍的。這就是為什麼毛既要除掉高崗，同時又要保他「過關」。

　　毛澤東身居杭州，讓楊尚昆穿梭於北京—杭州之間，遙控四中全會。楊拿著毛1月7日的信，9日抵達北京。當天晚上書記

81　《周年譜》，頁340-341。
82　《毛澤東文集》，卷6，頁318-319。

處會議決定了四中全會於1月15日開始，並擬訂了參加者的名單；議程也是「照主席指示三項，由尚昆、凱豐、力群3人擬初稿」。楊尚昆只不過是辦公廳主任，但是他是以毛澤東「特使」的身分到北京，因此劉少奇、周恩來等領導人都來約他談話，連蘇聯大使尤金，也連續兩天來向他通報有關貝利亞事件的情況。劉少奇將主持全會並作報告，但是楊尚昆1月11日找熊復等人「談寫四中全會報告事」。1月17日，初稿出來後，劉少奇來和楊談話，決定「第一部分需重寫」。鄧典桃和安子文也來談列席名單。83 毛澤東雖然置身於千里之外，但通過楊尚昆，他掌控了全會的一切。事無巨細，毛澤東都瞭若指掌。

　　1月7日，毛澤東另寫一信給劉少奇說：「於你的報告稿宣讀完畢後，似宜接著宣讀你已有準備的自我批評稿。兩稿各有一小時左右即夠。自我批評稿宜扼要，有三四千字即可。內容宜適當，不可承認並非錯誤者為錯誤。如可能，一併電告我一閱。」84 1月16日，劉少奇送上他的檢討，25日，楊尚昆與劉通電話，然後又與陳伯達商量修改劉的檢討。而毛澤東在審改全會報告時，在開頭加上一句：「我受中央政治局和毛澤東同志委託向黨的七屆四中全會作下述報告。」85 可見所有的四中全會的文件，包括劉少奇自己的檢討，都是在北京起草，但是修改和定稿都是在杭州。四中全會原定25日開始的日程向後推遲了兩次，最後於2月6日至10日舉行。

---

83 《楊尚昆日記》（北京：中央文獻出版社，2001），（上）頁94-97。
84 《毛年譜》，頁216。
85 同上，頁217；《楊尚昆日記》，頁98-99。

　　1月28日，毛對會議的進行細節顯得顧慮重重。下午，他召見楊尚昆，並讓他立即乘飛機去北京，轉達意見。這是楊第一次乘坐飛機，晚上睡不好，在日記上詳細寫下毛的談話。毛的顧慮集中在高崗在全會上表現的幾種可能，歸結到一個字，就是「衝」，即「衝突」。首先毛有四點估計，「（一）幾位主要同志不衝，可保證。（二）到會人不衝，事先招呼好，這可以。（三）他（指高崗）攻彭真，不要緊，可解決。（四）他攻劉，自己拉開，牽涉多人（可能不大，但準備著），則會期拉長，開小會，報告主席，甚至需主回處理。極力避免此種可能，是可以避免的。」毛澤東接著強調：「談話的方針：聽他說，避免『對質』；按決議精神『自我檢討』；對具體事實不深究，講到別人，暫不深問。」然後毛著重指出：「全會方針：照主指示，只作正面說明，說話人不要太多，開兩天。不對任何同志展開具體批評。高之目的在於『過關』。先打招呼是可以達到『和平會議』的。」[86] 顯然，毛澤東擔心的是一旦高崗被逼急了，採取「衝突」之態度，蓋子會全部揭開，這是要「極力避免」的。因此他強調要開「和平會議」，讓高崗「過關」，同時毛又重申只作自我檢討，不對任何同志展開批評，避免對質等等。其目的就是不要逼高撕破臉，把毛在「射劉」的幕後角色公開於世。毛澤東此時已收到高崗來杭州面談的請求信，然而毛決心拒高於一臂之外；他既不回京，也不讓高來杭。他要劉少奇和周恩來代表他同高崗談，同時說鄧小平

86　《楊尚昆日記》，頁100-101。

可參加，陳雲不參加為好。[87] 這是因為陳雲和高糾葛太深，可能造成「對質」的局面。在毛澤東的精心策劃和安排下，四中全會是個「和平會議」，通過的「團結決定」實際上是一紙空文。與會者都知道誰是發言者的矛頭所向，但是沒有人提出高崗的名字，也沒有批評具體的錯誤。那麼毛澤東為什麼要開這樣一個不痛不癢的全會？

趙家梁認為1953年底起，包括四中全會，毛澤東從先前利用高來「批薄射劉」轉為「聯劉除高」。其實毛不用聯合任何人來除掉高崗，四中全會是要穩住高崗，以期從正面來加強他的道德威望和政治權威。經過他親自修改定稿的會議發言內容清楚地表明了毛澤東的用意。比如，周恩來在全會閉幕時說：「毛澤東同志和中央政治局向全黨敲起警鐘，反對任何共產黨員由滿腔熱忱地，勤勤懇懇地為人民服務的高尚品質墮落到資產階級卑鄙的個人主義……我們所反對的是那種不利於黨的團結和損害中央威信的言論和行動……特別是要在高級領導同志之間加強集體生活，開展批評與自我批評，來保證我們黨的團結。這樣也就可以竭力避免給個人主義野心家以利用和挑撥的機會。」[88] 這種發言一面把高崗不利於團結的言行提到「資產階級卑鄙的個人主義」和「個人主義野心家」的高度，同時也就鞏固提高了毛澤東的權威地位，因為是他向全黨敲起警鐘，以保持黨的純潔性。

如果不痛不癢的四中全會實現了毛澤東雙重目的的其中

87　同上。

88　《周年譜》，頁350-351。

之一，除掉高崗的目的還有待繼續。於是全會結束後的第五天，小範圍的批高座談會開始了。這次是撕破臉，上綱上線的批判揭發。但是會議的頭兩天似乎仍然按毛澤東「和平會議」的旨意進行。高崗作了自我批評，周恩來轉達了劉少奇對其評論。第二天陳雲到會揭發高「你一個，我一個，都當副主席」的言論。[89] 高崗很生氣，但是他於陳雲的翻臉在去年12月就開始了，因此並不新奇。那麼高崗為什麼第三天就開槍自殺呢？泰韋斯根據他的口述史料推斷，高再三求見毛澤東而被拒絕，這使一向自認為忠於毛的高深深感到他被毛背棄了的絕望，由此走上自絕之路。[90] 泰韋斯的分析是不無道理的，因為據趙家梁的回憶，毛澤東曾對高崗埋怨周恩來。他說：「什麼都是西花廳（周恩來辦公的地方），哪有頤年堂（毛澤東辦公的地方）！西花廳車水馬龍，頤年堂門可羅雀。現在，政府部門又成立什麼黨的總幹事會。他要幹什麼？」[91] 高崗在交代關於他「反對總理」時還說：「我記得只有一次議論過關於誰當總理的問題。那時在去年春天，有一次毛主席問我，如果恩來不當總理，你來組閣怎麼樣？我說我不行。主席又問你看誰行？我說林彪恐怕比我行。」高還很納悶地說：「這種只有兩個人說的私房話，怎麼會傳出去？並且加以顛倒歪曲，說我『反對周總理』呢」？周恩來聽了趙家梁彙報後，愣了有一分鐘左右才說：「這是毛主席說的，毛主席說高崗反周。」趙向高轉達了

89　《陳雲年譜》，頁197；趙家梁，頁201-203。

90　Teiwes, p. 129.

91　趙家梁，頁74。

總理的話後，他深深長嘆，說：「天曉得！」[92] 顯然，毛澤東先是利用高崗「射劉」，「反周」，此後又把高崗拋給劉和周。這種製造黨內鬥爭的手段是極其卑鄙的，但是它同時又是用「反對分散主義」和「加強團結」堂而皇之地包裹起來的。而且劉少奇和周恩來這些人不願有任何「損壞中央威信的言行」，於是毛澤東的挑撥離間和玩弄權術才能奏效。

　　高崗自殺未遂後，批高座談會繼續進行，同時高被「管教」而失去自由。批高的調子也提高了一級，以前的「錯誤」變成了「罪行」。周恩來2月10日作總結，對高的問題定了基調：「高崗的極端個人主義錯誤已經發展到進行分裂黨的陰謀活動，以圖實現其奪取黨和國家領導權力的個人野心。」[93] 毛澤東在批閱周的講話時作了兩處修改。在周稿講到高崗的黑暗面（個人主義和私生活的腐化）「長期沒有得到糾正和制止，而在全國勝利後更大大發展了」之後，毛加寫：「高崗的這種黑暗面的發展，使他一步一步地變成為資產階級在我們黨內的實際代理人。」在周稿的「高崗在最近時期的反黨行為，就是他的黑暗面發展的必然結果」之後，毛加寫：「同時也就是資產階級在過渡時期企圖分裂，破壞和腐化我們黨的一種反映。」[94] 高崗在「政治路線」上 是同毛很合拍的，因此毛沒有用「路線錯誤」來套他；但是高卻是毛澤東指責的第一個「資產階級在黨內的代理人」。過去的「宗派主義」或「山頭主

92　同上，頁51-52。

93　《周年譜》，頁353。

94　《毛年譜》，頁223。

義」從此被「資產階級在黨內的反映」所取代，其政治嚴重性也升了一級。同時升級的是毛澤東在黨內精英中的地位：一個被他親手提拔起來的高崗可以落此下場，有誰還敢在他面前不俯首聽命？1954年8月，高崗再次自殺身亡。[95] 但是從中共的政治現實來說，高崗從2月的自殺未遂起已經不復存在了，因為毛澤東已經把他註銷了。

從高崗的騰雲直上到他一落千丈，只不過是一年的時間。這一年中，毛澤東成功地達到了他的「中央集權」之目標，然而他又時常作出十分謙虛的姿態，例如不准用「毛澤東思想」等字眼。1953年5月24日，他在批改軍委內務條令時寫道：「凡有『毛澤東思想』字樣的地方均改為『毛澤東同志的著作』字樣」。8月14日，在批改一份發往越南的電報稿時，他又刪去了「毛澤東思想」的字眼。[96]10月11日，他又在周恩來在財經會議上的結論上寫道：「文內凡用『毛主席』的地方，改為『毛澤東同志』。」[97] 在不久的中共「八大」上，他還會正式提出在新黨章中也不提「毛澤東思想」。為什麼毛澤東偏偏在他追求和獲取了黨內的絕對領導權時，又要把黨章中有關「毛澤東思想」的字樣刪去？其實，這正是他高明非凡之表現，因為他懂得「得人心者得天下」。至今還有很多人在說毛澤東的謙虛謹慎，可見他確是自我形象塑造的大師。毛澤東已經證明他能夠玩弄權術，利用派別之爭，來達到集權的目的。但是赤

95　趙家梁，頁189-245。趙是高在管教期間的負責人，同時幫助高繼續寫檢討，親歷高的兩次自殺過程，有詳細記載。他在回憶錄出版前夕去世。

96　同上，頁304。

97　同上，頁353。

裸裸的權術不是諳熟的權術；前者會引人憎怒，而後者可使人
信服。毛澤東利用高崗，「批薄射劉」，還側擊周恩來，確有
「赤裸裸」之嫌。但是他很快就用「反對分散主義，反對主觀
主義」，來把自己放在居高臨下的道德高地。最後他用「加強
思想和政治領導」為由，迫使劉周檢討，達到集權於一身之目
的。當他不得不除掉高崗時，他遵循同樣的原則，居高臨下，
水到渠成。中共人才濟濟的高層從此對毛澤東既信服又害怕，
於是就唯命是聽，甚至五體投地。此乃毛澤東利用高崗事件來
加強其超凡權威之真諦。

第五章

嚴厲的明君，馴服眾儒
1950-1957

　　毛澤東對知識分子問題的重視可以從他發動針對知識分子的政治運動的頻繁性來得到佐證：從北京政府成立之後，先有所謂的「思想改造運動」；1955年又有毛澤東親自策劃的反胡風及肅反運動；時隔不久，整風反右運動接踵而來。要真正理解毛澤東為何如此注重知識分子問題，發動一個接一個的運動來「馴服眾儒」，就必須從他的基本政治目標出發，即建立和鞏固他的超凡權威。如果超凡權威的基礎是人們對某一領袖天賦才能的信任和臣服，對毛澤東的個人崇拜就具有絕對的重要性。這種崇拜的形成和鞏固具有一定的歷史和現實的條件，比如長期的戰亂和動盪使人們渴望一個明君或救星，而毛澤東又證明了他領導共產黨打敗蔣介石的能力，並承諾一個強大美好的新中國。然而任何意念的形成也和媒體及宣傳機器的作用大有關係。在媒體和教育宣傳機構工作的知識分子是「意念生產者」（opinion maker）。只有在知識分子把一個意念用文字或其他形式具體化了以後，媒體才能傳播，民眾才能「消費」。

　　正因為知識分子的塑造社會意念的地位，任何類型的權威都要利用他們。舊中國的傳統帝王權威要依靠「學而優則仕」的人來為其服務，歐美法制權威也要知識分子在學校和媒體傳播法治觀念、民族主義，如此等等。超凡權威就更加需要馴服而又忠誠的知識分子來宣傳群眾，緊跟領袖。但是作為受過高等教育又是「意念生產者」的知識分子，他們習慣於獨立思考，不好人云亦云。延安的知識分子只有幾千人，同時又是自我篩選的激進人士，投奔共產黨去抗日救國。但是就在這一批人中，不願唯命是聽的人並不少見。王實味就是一個例子。毛澤東懂得要掌握知識分子，單有和風細雨的學習和整風運動是不夠的。肅反，或所謂的「搶救運動」隨之而來。中國歷史上歷來的統治者（君）對知識分子（士或臣）的政策都有這種兩面性，即既要利用，又要馴服和控制。從知識分子方面來說，他們的兩面性是既想被重用來精忠報國，又要極力保持他們的獨立人格和思想自由。因此，國家權威和知識分子間的關係必然是錯綜複雜的。[1]1949年後，全國的知識分子比延安時期多得

1　研究中國知識分子的權威，墨爾・哥德門對此有精闢的論述：Merle Goldman, *China's Intellectuals: Advise and Dissent*, Harvard University Press, 1981. 研究胡風和路翎而著名的可克・坦騰也對中國知識分子的這種兩面性作了深刻的分析：Kirk Denton, *The Problematic of Self in Modern Chinese Literature: Hu Feng and Lu Ling,* Stanford University Press, 1998. 尤迪（Eddy U）最近關於知識分子思想改造的書寫很深入：Creating the Intellectual: *Chinese Communism and the Rise of a Social Classification*（CA: The University of California Press, 2019）. 然而，作者是一位社會學家，他的研究集中於知識分子作為一個特殊的社會階層是如何在五〇年代形成的，及其對中國社會的影響。對毛澤東以及運動的本身並不給予很多的筆墨。

多，成分也複雜得多。如何處理知識分子問題始終是毛澤東的一塊心病。延安時期有打有拉的政策會繼續實行，但是「打」的方式確有不同。康生主持下的延安肅反基本上是蘇聯式的，而毛澤東主持下的思想改造運動，反胡風和反右運動則以發動群眾為特點。

在大陸改革開放之後，特別在21世紀的最初幾年，很多關於知識分子的文章和書籍層出不窮，成果累累。在這些著述中，很大一部分是關於知識分子的個人遭遇，特別是文化教育界的知名人物，也有一些是對某一時期或運動的歷史分析。[2] 然而著重於分析探討毛澤東對知識分子政策的緣起、目標和運動方針的，卻不很多見。本章試圖通過討論毛澤東和三個針對知識分子的運動來補此欠缺。

思想改造運動：1951-1952

如果說土改、合作化和人民公社是以鄉村為主的政治運

2　比如，人物傳記評論類的有：戴晴，《在如來佛掌中：張東蓀和他的時代》（香港：香港中文大學出版社，2009）；楊奎松，《忍不住的「關懷」，1949年前後的書生與政治》（桂林：廣西師範大學出版社，2013），以三個知識分子，張東蓀、王芸生和潘光旦的不同遭遇來探討中共的知識分子政策；沈志華的《思考與選擇：從知識分子會議到反右運動》（香港：香港中文大學出版社，2008）對1957年從整風到反右之過程作出深刻的歷史分析；而謝泳的《思想改造運動的起源及對中國知識分子的影響》一文則是對思想改造運動的批評性研究（見石剛主編《現代中國的制度與文化》〔香港：香港社會科學出版社，2004〕，頁250-302）；于風政的《改造》（鄭州：河南人民出版社，2001）敘述了從1949年到1957年「舊社會」過來的知識分子怎樣一步一步地被整治，直至「群體的覆滅」。

動，鎮反、三反、五反和肅反則是以城市為中心的。1950年10月開始的鎮反運動和1951年底開始的三反運動自然就把知識分子，如學校的教師員工等等，捲入到激烈的政治漩渦中來了。和工廠的工人和商店的職員一樣，教師、記者和其他機關工作人員都被組織到毛式「學習討論」和「批評與自我批評」的模式中，不僅要自我反省和檢查交代，還要相互檢舉揭發。[3] 因此，知識分子已經經受了「洗腦筋」和「脫胎換骨」的過程。為什麼毛澤東還要進行一次「思想改造運動」？他是否對知識分子特別不信任甚至懷有敵意？有些學者認為這和毛的青年時期的經歷有關：他沒有受過高等教育，為了謀生，在北京大學當圖書館月薪8元的助理員，而當時教授的月薪在200-300元之間。這使毛的自尊心深受傷害，「屈辱感轉化成了對成功的知識分子之妒忌心理和仇恨情緒」。另一些學者則認為毛澤東的民粹主義思想是他對知識分子態度的根源，因為中國革命靠的是工農群眾，而知識分子多半來自於地主資產階級家庭。[4] 其實人生早期經歷本身並不說明問題，重要的是此人對這一經歷的心理感受。比如家長對小孩的體罰是很多人的兒時經歷，但是有些人過而忘之，對他們的心理成長毫無影響；而另一些人則念念不忘，造成心理缺陷。因此，從毛澤東年輕時期的不順，直接引申到他後來對知識分子的敵意，似乎缺乏說服力。至於「民粹主義」，那是和毛澤東的馬列主義和階級鬥爭理論格格不入的。他把每個人都納入一個特定的階級，其標準並不純粹

3　詳見本書第二章。

4　參見沈志華，《思考與選擇》，頁22-23。

是家庭出身，還有政治立場。他本人，以及周恩來、鄧小平等等，都不是出身於「無產階級」家庭，而不久前還是「無產階級的鬥士」的高崗，一下就成為「資產階級在黨內的代表」了。很多工人和平民百姓在鎮反中遭災受難也是同樣的道理。

　　毛澤東對知識分子有普遍的仇恨和敵意的說法並不符合事實。在他的身邊結集著一批知識分子，除了有留法背景的周恩來、鄧小平，還有他的「筆桿子」，陳伯達、胡喬木，如此等等。就是在他已經決定向章伯鈞和羅隆基那些民主黨派的著名「右派」開刀時，他還緊急召見黃炎培和陳叔通，向他們吹風打招呼，不願他們被捲進去，因為此兩人不久前聯名上書，請求他不要辭去國家主席職務。[5] 可見，毛澤東沒有把「知識分子」看成鐵板一塊，用清一色的態度來對待。毛澤東對知識分子的基本方針是「團結，改造」，更確切地說，是「利用，改造」。因為「團結」的目的就是要用他們的一技之長來為中共的事業服務，或所謂「為人民服務」。在一個超凡權威的政體中，領袖的威望就是政權的基礎，因此檢驗知識分子的標準就是他們能否幫助維護和加強領袖的權威和政權的基礎。在實際的政治演化中，這一標準不僅會因人而異，也會因時而變。中共對待王芸生和《大公報》的前前後後，就是一個範例。

　　王芸生出身平凡，靠刻苦努力，自學成才，最後成為《大公報》的主編。但是他的時運不佳，正趕上改朝換代之際。由於《大公報》為報界最有影響的私營報刊，他的前任常常是蔣

5　章立凡，〈風雨沉舟記〉，《二十一世紀》，1997年4月號，頁48-49。引自沈志華，《思考與選擇》，頁611。

介石的座上客。儘管自視為政治中立，中共則認其為政治上親蔣，對國民黨政府是「小罵大幫忙」，同時在財政上受到政府的慷慨接濟。因此，1948年夏，中共華東局的惲逸群撰文指責《大公報》的親蔣政治立場。此時正是國民黨兵敗如山倒之際，王芸生自然擔心他本人和《大公報》在中共政權下是否有立足之地，於是常有無病呻吟，魂不守舍之態。但是中共推行「新民主主義政治」又需要一些私營報刊來點綴門面，因此需要把《大公報》爭取過來為新政權服務。中共在報社的地下黨員奉命告訴王芸生，毛澤東點名邀請他北上，到解放區去參加政協；並許諾在新中國《大公報》可以不易名，不換人，照原樣出版。喜出望外的王芸生當即表示，「甘願接受共產黨的領導」。6

　　正當王芸生在北上的路途中，中共占領了天津，因此如何對待天津《大公報》突然成為中央的緊急議程。1949年2月27日，《進步日報》創刊，取代天津《大公報》。並發表文章，揭發批判其前身的「反人民反共以及千方百計支持蔣介石法西斯政權的事實」。剛剛在煙台登陸而得知此聞的王芸生，自然感到「痛苦與抗拒」，他甚至有自殺的念頭。但是此人思想轉變甚快，4月間參加了北京的座談會後，他表示「我想通了，不要大公報這個名稱了。我到解放區，是投誠來的」。他還寫了自我檢討文章，在《進步日報》發表。中共對王芸生的文章很欣賞，收入《自我批評實例》一書，成為「華僑學習的必讀

6　楊奎松，《忍不住的「關懷」，19949年前後的書生與政治》（桂林：廣西師範大學出版社，2013），頁93-99。

物」。中共以王芸生的轉變為「改造知識分子」政策成功之典
範，同時決定對上海《大公報》處理回到原先「不易名，不換
人」的政策上來。5月底，王芸生身穿軍裝，隨解放軍部隊一
起進入上海。6月17日，他發表《大公報新生宣言》。王芸生認
為他「見到了久已渴望的太陽」，並決心「在毛澤東主席的旗
幟下，大踏步走向新民主主義國家的建設」。「五反」時，他
又撰寫長文，題為〈資產階級有沒有猖狂進攻？是我們『製造
階級鬥爭』嗎？〉毛澤東很喜歡此文，令《人民日報》全文轉
載。投桃報李，毛澤東在以後的「思想改造」和「反右運動」
時保王芸生安然過關。7

　　王芸生在改朝換代之際的曲折顛簸說明毛澤東對知識分
子「唯我是用」的原則具有很大的靈活性。這個現象可以從兩
方面來理解：第一，毛澤東知道知識分子對提高他的威望和鞏
固他的政權的重要性。特別是中共占領城市和奪取全國政權之
後，像王芸生這樣的人可以成為典範來教育眾多的城市知識分
子和原《大公報》的龐大讀者群，把他們變成忠於領袖和緊跟
共產黨的群眾基礎。同時，《大公報》也可以成為一個實例來
證明中共「新民主主義政治」的兼容性和代表性。第二，毛澤
東非常自信，他可以把相當一部分知識分子爭取過來，為其
所用。他很了解中國知識分子的歷史和文化特點，他們深受
「學而優則仕」的薰陶，一心想以他們的資歷和才能來「精
忠報國」，無論這個「國」是帝王君主之國，還是「人民共
和國」。毛澤東把知識分子和國家政權的關係形象地比喻為

7　同上，頁99-199。

「毛」與「皮」的關係：「皮之不存，毛將焉附」。因此他確信，當國民黨政府被推翻後，那張「皮」已不復存在，很多知識分子一定會轉變立場，附到共產黨這張「皮」上來的。王芸生和類似的眾多書生向中共新政權的「投誠」之迅速和徹底是不出毛澤東所料的。

但是毛澤東利用知識分子為其服務是有一個重要前提的，那就是他們必須經過「思想改造」，不僅在政治上擁護新政權，而且在思想言行上與共產黨保持絕對的一致。他在延安時就說：「拿未曾改造的知識分子與工農比較，就覺得知識分子不但精神有很多不乾淨處，就是身體也不乾淨，最乾淨的還是工人農民，儘管他們手是黑的，腳上有牛屎，還是比大小資產階級都乾淨。這就叫感情起了變化，由一個階級變到了另一個階級。我們知識分子出身的文藝工作者，要使自己的作品為群眾所歡迎，就得把自己的思想感情來一個變化，來一番改造。沒有這個變化，沒有這個改造，什麼事情都是做不好的，都是格格不入的。」[8] 毛澤東抬高工人農民，貶低知識分子，並不是他的民粹主義思想的表現。細看一下他周圍的人，有幾個是真正的工人或貧農出身的？上海不少真正的工人鎮壓反革命時被關被殺，只因為他們曾經是「黃色工會」成員，或「發牢騷，講怪話」，「對現實不滿」。[9] 毛澤東給知識分子打上資產階級的烙印之目的，就是要占領道德高地，迫使知識分子不要「翹尾巴」，而要低著頭，勤勤懇懇地「為人民服務」。但誰是

8　《毛澤東選集》，卷3，頁851。
9　參見本書第二章。

「人民」呢？在毛澤東的階級論中，「人民」是個極其抽象的概念。然而，在中共的宣傳中，毛澤東是「人民的大救星」卻是毫不含糊，並且有聲有色。久而久之，知識分子開始「真心實意」地認識到他們對個性自由和思想獨立的追求是一種應該擯棄的資產階級觀念，從而主動自覺地把自己「改造」成「黨和人民的馴服工具」。

　　有些研究者注意到並非所有的知識分子都是為外力所迫而進行自我批判的；在思想改造運動初期，不少高級知識分子由於愧疚和感恩，自願接受改造和主動反省。[10] 其實，主動自願還是強制被迫，很大程度上是當事人的主觀感受，往往是兩者皆有之。韋伯認為超凡權威的基礎是人們對某一領袖的崇拜和忠誠，因此毛澤東有很大一批願為其赴湯蹈火的人是不可置疑的。如果像周恩來、劉少奇這樣的能人都向毛澤東屈膝稱臣，那麼像馬寅初、王芸生這樣「從舊社會過來的人」願意響應毛主席號召，自願進行政治學習和思想改造，應該不是稀罕之事。但是經過鎮反、思想改造、三反、五反、肅反等運動後，殘酷和苦澀的政治現實必然引起人們去反思；特別是親眼目睹親戚朋友或同事被殺、被關、被管的人，其恐慌憂慮之情，更是尤然可睹。那麼此後的知識分子是否都是被迫行事了呢？只要看一看反右運動中檢舉揭發和密告者不乏其人的事實，答案必然是否定的。1973年，當西方心理學家研究斯德哥爾摩數名被罪犯劫持的受害者居然認同於他們的劫持者之案時，他們發

---

10 陳永發，《中國共產革命七十年》，頁661。沈志華同意其觀點。見《思考與選擇》，頁42。

現了所謂「斯德哥爾摩症候群」（Stockholm Syndrome）的心理現象：在面臨無法逃脫的困境時，人們的生存意識會使他們認同他們的命運掌控者，以避免精神崩潰。[11] 其實，中文的「逆來順受」也表達了同樣的意思，久而久之，道德逆反行為，如密告親朋好友，被合理化和常規化了。也在七〇年代，美國發生了震驚世界的「赫斯特孫女劫持案」，一小撮馬克思主義激進分子組成的「解放軍」（SLA）在舊金山劫持了帕蒂‧赫斯特，報界大亨威廉‧赫斯特的孫女。劫持者要求帕蒂的家族拿出兩百萬美元，給窮人遞送食品；同時介紹帕蒂讀激進書刊，鼓動她站到「人民」一邊。數週之後，劫持者給帕蒂選擇：她可以回家，也可以同他們一起鬥爭。帕蒂選擇後者。為了顯示她脫胎換骨的改造，她不僅更換姓名，還決定找一家有監控系統的銀行來搶劫。事發之後，帕蒂的母親在電視上說，她女兒是被強制「洗腦」了，而帕蒂公開聲明，她是完全自願的。這一爭論，至今沒有結果。[12]

　　同樣沒有結果的是研究者們在馮亦代《悔余日錄》發表後的爭論：那些在運動中密告同事的知識分子，是為困境所迫而不得不為之，還是自願地「站到黨和人民一邊」？有些從道德觀念來譴責這種為保全自我而傷害別人的行為，也有些認為那時舊的傳統道德都被否定、揭發、檢舉，甚至鬥爭親生父母

11　Jameson C（2010）. "The Short Step From Love to Hypnosis: A Reconsideration of the Stockholm Syndrome," *Journal for Cultural Research*. 14.4: 337-355. 據 FBI的研究資料，只有8%的被劫持者呈現此種心理現象。

12　見CNN的2018年紀錄片《激進的帕蒂‧赫斯特的故事》（*The Radical Story of Patty Hearst*）.

的做法風行一時。這些密告者「已經沒有傳統道德良心的負擔了。不是他們沒有道德良心了，而是他們道德良心改造成黨要求的階級的道德良心了」。[13] 每個人的性格和心理構成是不同的，他們對人對事的感受和對環境的反應也很不相同。有些人可能響應中共「大義滅親」的號召，對親人進行檢舉揭發，而感到理所當然，理直氣壯；但是也有人當時出於環境所迫，與父母「劃清界線」，並用官方的語言和觀念來為自己的行為辯護，可是事過境遷，他們卻一輩子背上了良心負擔，特別是那些親人在運動中與世長辭了，當事者再也無法與之達成諒解。因此，對此問題的答案應該是因人而異，因境而遷的。從這種沒有統一結論的爭論中，另一個相關的問題可能更有意義：為什麼延安時期形成的「政治學習─批評與自我批評」整風（整人？）模式有如此厲害的殺傷力，它不僅能奪去成千上萬人的肉體和政治生命，還能消滅人們對個性自由和思想獨立的追求和欲望？與其漫無邊際的空談，不如以思想改造運動為例來討論分析之。

　　思想改造運動起源於北大。周恩來1951年8月22日作《目前形勢和任務》的報告中說：「從舊社會過來的知識分子，在過去不是受著封建思想的束縛，就是受著帝國主義奴化思想的侵蝕。現在，要為新中國服務，為人民服務，思想改造是不可避免的。只有這樣，我們才能夠進步，我們的思想感情、我們的行動、我們的生活方式才能夠適合於人民的利益，而不是違

13　楊奎松，《忍不住的「關懷」》，頁xxiii。

背人民的利益。」[14] 北大校長馬寅初和其他十二位教授積極響應，在教師中開展政治學習運動。9月3日，馬校長向周恩來彙報此情況，並邀請中共領導人來校作演講。在毛澤東批准後，周恩來於9月24日召集文化教育領域的會議，部署有系統、有領導、有計畫的思想改造學習運動；除了北大為重點外，各大行政區也可選擇典型進行。運動的方針是「從政治學習入手，逐步發展到組織清理」，「並應著重掌握批評與自我批評的武器，保證學校的革命化」。[15] 一場全國性的知識分子思想改造運動隨之開始，其發展和結果是馬寅初絕對無法想像的。

　　為什麼從延安開始，所有毛式整風模式總是「從政治學習入手」？毛澤東常常親自選擇人人必讀的文章書集，而各級都有「學習委員會」為領導機構；參加者還必須結合自己的思想來談「學習心得」。有些研究者認為這是「毛將自己一系列新概念強制性地灌輸進廣大黨員的頭腦，初步打擊了黨內知識分子的自我意識，為下一步的思想改造奠定了心理方面的條件」。[16] 這種解讀是有道理的，但是不很全面。毛式政治學習其實是一個「創造輿論」（Create Narrative）的過程，而不是「控制輿論」的過程。[17] 馬克思主義是建立在批判資本主義的缺陷和弱點之上的，而依靠一無所有的工人群眾去反對「唯利是圖」的老闆和權勢，必然有很大的道德號召力。同時，中共

14　《周恩來年譜》（上），頁175。

15　同上，頁178-181。

16　謝泳，頁257。

17　英語「Narrative」的簡單直譯是「敘述」。實際上常常被用來表示一種理念，人們用講故事和講道理的方法來宣傳這種理念以便爭取群眾。

剛剛戰勝了腐敗無能的舊政權，新政權被看成是中國的希望。
因此，毛澤東有理由相信，多數人是願意接受他的階級鬥爭的
理念和緊跟他的政策的。王芸生並沒有被強制灌輸，他搞懂了
中共的理論和政策後，自覺地在五反時寫了批判資產階級的文
章，因此得到了毛澤東的賞識和政治保護。各級「學習委員
會」也常常在學習階段「排隊摸底」，物色運動的「積極分
子」，爭取「中間分子」，以便利用他們來孤立和打擊運動的
對象，而他們，按毛澤東的估計，只占運動參加者總數的5%。
如果所有參加運動的人都是被強制灌輸的話，「群眾運動」恐
怕很難進行，因為毛式群眾運動實際上是動員一部分「群眾」
去鬥爭另一部分「群眾」。

　　毛澤東在1951年9月前後，進行了多次「創造輿論」的思想
批判運動，如批判電影《武訓傳》，批判陶行知的教育思想，
批判梁漱溟的「九天九地」，批判胡適的「唯心主義」，批判
俞平伯的「紅學」，如此等等。一些學者說這些批判運動是對
知識分子的政治圍攻，使知識界感到的壓力與日俱增。[18] 從被
批判人的角度來看，這種判斷是對的。但是誰參加了這些「政
治圍攻」？毛澤東為什麼又要怎樣發動這些「政治圍攻」呢？
他曾經說：「凡是要推翻一個政權，總要先造成輿論，總要先
做意識形態方面的工作，革命的階級是這樣，反革命的階級也
是這樣。」[19] 這些批判運動是他要「先造成輿論」，不是要推
翻一個政權，而是要推翻他所認為的控制知識分子思想路線的

18　引自沈志華，《思考與選擇》，頁43。
19　《毛文稿》，卷10，頁194。

資產階級意識形態。如果他能達到預期的目標，他就能給知識
分子思想改造指明方向，把「武器」交到他們手中。批判電影
《武訓傳》的運動證明，多數知識分子會緊跟毛澤東的思想路
線，儘管他的路線是完全錯誤的。

　　武訓是個清末時的雇農和乞丐，但是他從自己的親身經
歷懂得了讀書的重要性，並鍥而不捨地「行乞興學」，讓窮人
的孩子上學念書。最後他存錢達萬吊以上，開辦了三所義塾，
而他自己則衣不遮身，食不果腹，潦倒中病亡。但是他的事蹟
感動了很多人，包括教育家陶行知，他建議孫瑜拍一部關於武
訓的電影。1949年孫瑜向周恩來彙報了電影的拍攝，周提出了
一些意見；1951年2月，電影在中南海放映，朱德說它有教育
意義，周恩來提出一些有關藝術上的意見。《武訓傳》公映之
後，「好評如潮」，社會影響很大。[20] 毛澤東發現了一個「造
輿論」的機會來表達他的思想路線，於是，由胡喬木起草，他
修改定稿，《人民日報》於1951年5月20日發表題為〈應當重視
電影《武訓傳》的討論〉的社論。毛澤東說：

　　　《武訓傳》所提出的問題帶有根本的性質。像武訓那
　　樣的人，處在清朝末年中國人民反對外國侵略者和反對國
　　內的反動封建統治者的偉大鬥爭的時代，根本不去觸動封
　　建經濟基礎和上層建築的一根毫毛，反而狂熱地宣傳封建
　　文化，並為了取得自己所沒有的宣傳封建文化的地位，就

---

20 吳雪晴，〈批判電影《武訓傳》的前前後後〉，《新中國往事：從胡風錯
　　案到兩案審判》（北京：中國文史出版社，2011），頁33-41。

對反動的封建統治者竭盡奴顏婢膝的能事。這種醜惡的行為，難道是我們應該歌頌的嗎？向著人民群眾歌頌這種醜惡的行為，甚至打出「為人民服務」革命旗號來歌頌，甚至用革命的農民鬥爭的失敗作為反襯來歌頌，這難道是我們所能容忍的嗎？……電影《武訓傳》的出現，特別是對武訓和電影《武訓傳》的歌頌竟至如此之多，說明了我國文化界的思想混亂達到了何種程度！……特別值得注意的，是一些號稱學得了馬克思主義的共產黨員。他們學得社會發展史——歷史唯物論，但是一遇到具體的歷史人物（如像武訓），具體的反歷史的思想（如像電影《武訓傳》及其他關於武訓的著作），就喪失了批判的能力，有些人則竟至向這種反動思想投降。[21]

毛澤東此文一發，整個政治風向急轉而下，批判《武訓傳》的輿論一邊倒，完全取代了此前的「好評如潮」，因為無人願意被指責為「向反動思想投降」。在如此的政治壓力之下，孫瑜、趙丹等影片製作者不得不作自我檢討。中共華北局宣傳部發來請示處理有關武訓的歷史遺蹟的問題，提出要拔除石刻、塑像、柱、碑，畫像要塗抹，紀念林要改名。毛澤東批示：「可予同意」。[22] 文化大革命時的「砸四舊」已開先河。為了證明毛澤東是正確的，中共中央派出包括江青在內的調查團到山東去蒐集材料。毛澤東多次修改《武訓歷史調查記》，

21　《毛年譜》，卷1，頁343-344。

22　同上，頁372。

加寫和改寫的達二千七百多字。他給武訓定了性：

> 　　武訓是一個在魯西許多縣裡的流氓群中有勢力的流氓頭
> 子，他與魯西數縣的地主特別是大紳士大惡霸相勾結，與
> 縣城府省城府的大小官員相勾結，使自己成為大債主，大
> 地主和大名人。武訓就是這樣一個在流氓、地主、官僚三
> 種集團極為活躍，因而脫落一切勞動人民，並和人民處於
> 對立地位的特殊人物……他甘心為地主階級服務，以『為
> 貧寒』的口號欺騙農民，而實際上為地主和商人辦成了三
> 所學校，這是合乎封建社會的規律的。23

　　其實，毛澤東的《調查記》才是真正反歷史的。他不惜歪
曲歷史，把武訓為義學置的地產算作是他個人的，把辦義學的
基金以低利息貸出去來保值增值說成是放高利貸。於是武訓就
成了「大地主」和「大債主」了。就是在這場運動中扮演了特
殊角色的胡喬木事後也不得不承認，「當時的這種批判是非常
片面的，非常極端的和非常粗暴的。因此，這個批判不但不能
認為完全正確，甚至也不能認為基本正確。」24 不過毛澤東已
經達到了他的目的，他把他的思想路線粗暴地強加於人，而大
多數知識分子接受了他的路線，並學著用他的理念、邏輯和語
言來看待和處理人與事。他們中學得快，用得活的人，在即將
來到的「批評與自我批評」中，會成為積極分子；學得慢而又

23　同上，頁381-382。
24　吳雪晴，頁41。

勉強的，就是「中間分子」；那些牴觸不滿的，自然就成了運動對象了。楊奎松認為張東蓀、王芸生、潘光旦三人對中共的政治上的認同是一致的，但是他們在思想認同的程度有很大不同，因此，他們在運動中的命運和結局也大相逕庭。這種分析比較的方法和結論是很有說服力的。25

　　同史達林的整黨方法相比較，毛澤東的方法顯得更高明。他站在道德的高地，高屋建瓴，把「武器」交給多數群眾，讓他們去打擊「階級異己分子」。在他發動的歷次運動中受整治的人數遠遠超過史達林的「大清洗」，但是就是在多數受害者已被平反的情況下，中國沒有出現「赫魯雪夫式的人物」來搞「非毛主義化」。這是因為毛的接班人都參與了歷次運動的策劃和領導，就是基層單位的領導和群眾也多多少少地參與了整人過程。因此，他們如果要否定毛澤東的話，他們就必須自我否定。於是毛澤東得以永遠安然地躺在他的紀念館裡，繼續接受人們的瞻念。不過，毛澤東在設計運動方針時，並不著眼於他死後人們如何看待他；他的目的是要鞏固和加強他的超凡權威，即鞏固和加強多數人對他的信仰、崇拜和臣服。如果毛澤東成功地建立了一個超凡權威的政體，史達林則沒有超出傳統的強人政治的範疇。

　　毛澤東發動群眾，爭取多數方針的高明之處，就在於他對人的心理的掌握。領導談話批評可以對某人施加政治壓力，但是「夥伴壓力」（peer pressure）卻更為強大有力。人是一種社會群體動物，就是在孩兒時期，總要跟著大家做時髦的事。當

---

25 楊奎松，《忍不住的「關懷」》，頁xxi-xxii。

某人的日常一起生活和工作的人轉而群起攻擊之，其心理壓力幾乎是無法承受的。因此，把「夥伴」們放在一個「學習討論小組」裡，就等於把他們放在一個心理高壓鍋中，加熱之後，生米必然煮成熟飯。毛澤東利用他在人們心目中已經建立起來的權威，加之以「夥伴壓力」，最後達到其鞏固超凡權威之目的。這就是毛澤東群眾運動模式的祕訣。北大思想改造運動的經歷給這一推斷作了詳細的注釋。

　　研究者往往認為周恩來1951年9月29日作的《關於知識分子的改造問題》報告不僅標誌了思想改造運動的開始，也說服和引導了知識分子自覺主動地檢討和改造自己。周恩來用自己的經歷來說明思想改造的重要性，還講了他和張伯苓的關係：張是南開大學校長，後為國民黨政府考試院長。重慶解放後，他後悔了，要轉變。「但是我仍然沒有請他寫個東西。我覺得一個人的進步要等他自覺地認識以後才最可靠。這樣一耽擱，沒想到他就年老病故了……也許這是我的一個缺點，沒有及早地幫助他提高覺悟。假使我知道他身體那樣差，早一點提醒他一下，他也可能多一點進步表現，使人民對他有更多的諒解。」周恩來所謂的「寫個東西」就是自我檢討，如果寫得好，是一種「進步表現」，並能得到「更多的諒解」。周恩來強調「自覺」，甚至不願明白地用「檢討」二字，真是太「和風細雨」了。此後不久，全國幾乎所有有名的知識分子都開始以接受記者採訪、或單獨發表檢討文章，來表示自己要和過去劃清界線。26

26　謝泳，頁291-294。

　　周恩來是搞統一戰線的老手，在對待知識分子和民主黨派時，他往往是「唱紅臉」的；但是真正為思想改造運動定調的卻是毛澤東，他在批判《武訓傳》中表現出來的極端和粗暴，將成為運動的基調。1951年11月30日，中共中央《關於在學校中進行思想改造和組織清理工作的指示的通知》稱：「學校是培養幹部和教育人民的重要機關，黨和人民政府必須進行有系統的工作，以期從思想上，政治上，組織上清除學校中的反動遺跡，使全國學校都逐步掌握在黨的領導之下，並逐步取得與保持其革命的純潔性。因此，必須立即開始準備有計畫，有領導，有步驟地於一年至二年內，在所有大中小學校的教職員和高中學校以上的學生中，普遍地進行初步的思想改造工作……組織忠誠老實交清歷史的運動，清理其中的反革命分子。」[27]可見毛澤東心裡有一個全盤的運動計畫和目標，而馬寅初報告的北大政治學習情況只是提供了一個契機而已。這一《指示》的主要內容同周恩來9月24日會議的講話基本相同，略有不同的有兩點：周恩來的講話沒有把中小學包括在內；同時，這個《指示》把思想改造之目的說得更加明白無誤，那就是要把學校「掌握在黨的領導之下」。

　　在北大及其他學校，政治學習的一個重點就是要學會和運用延安式的語言和理念，如「脫褲子，剪尾巴」，「勞動者，最聰明」，知識分子「最骯髒」，因此思想改造就是「洗澡」，諸如此類。向來措詞嚴謹而文雅的教授們對這種毛式語

27　國防大學編，《中共黨史教學參考資料》，第19冊，頁378。轉引自于風政，頁205-206。

言起初很不習慣，但是很快就將其看作「工農兵的語言」來
模仿運用。既然思想改造是「洗澡」，「洗澡盆」也有大中
小；小組會的批判鬥爭叫「洗小盆」，系院級的批鬥就是「中
盆」，而全校範圍則是「大盆」了。季羨林教授事後回憶時
說：「在中盆裡，水也是夠熱的。大家發言異常熱烈，有的出
於真心實意有的也不見得。我生平破天荒第一次經過這個陣
勢。句句話都像利箭一樣，射向我的靈魂。但是，因為我彷彿
變成一個基督徒，懷著滿腔虔誠的『原罪感』，好像話越是激
烈，我越感到舒服，我舒服得渾身流汗，彷彿洗的是土耳其蒸
汽浴。大會最後讓我通過以後，我感動得真流下了眼淚，感到
身輕體健，資產階級思想彷彿真被廓清。」[28] 讀至於此，有人
或許會問，是這些政治上太幼稚的老先生多少有點迂腐？還是
毛澤東的「群眾運動」方式實在太厲害？恐怕兩者皆有之。

　　學著運用這些新語言和新思路的第一步是寫「學習心
得」，其第一部分往往是交代自己的家庭出身和在舊社會的經
歷，即所謂「忠誠老實交清歷史的運動」。朱光潛說他從小跟
父親念書，深受其封建意識之影響；因為家教甚嚴，使他養成
了懦弱拘謹的性格，沒有一點冒險精神，後來自私自利，妥協
動搖，都來源於這種封建家教。[29] 這種自我貶低和自我譴責的
語言，將隨著運動的深入而變得越來越苛刻，因為這些檢討必
須要當眾宣讀，接受批評，學習委員會的領導和「群眾」將最

28　季羨林，〈我的心是一面鏡子〉，《東方》，1994年第5期。轉引自于風
　　政，頁212。

29　朱光潛，〈在最近學校中的幾點檢討〉，《人民日報》，1952年11月26
　　日。轉引自于風政，頁221。

後決定檢討人是否能過關。顧頡剛在1952年8月9日的日記中寫道：「聽李光信交代思想，未及半，即為李琦喝住。……光信為人，拘謹之甚。生平唯做教員，亦無害人民之事實。思想交代，在彼實無可交代者。然而不能不交代，則唯有硬戴帽子，把唯利是圖，投機取巧，損人利己等往頭上套。李琦知其非也，不俟其說畢，即令停止改寫。此實難事，蓋彼如不套，便不得作交代矣。三反之時，不貪污不如貪污。思想改造時，則不反動不如反動，以貪污反動者有言可講，有事可舉，而不貪污、不反動者人且以為不真誠也。好人難做，不意新民主主義時代亦然，可嘆矣！光信已兩夜不眠，逼之過甚將成精神病，更可憐！」[30]

在這種強大的政治壓力下，很多人為了「過關」，把自己的「罪過」層層加碼到無以復加的地步。化工系主任傅鷹說：「我是一個多麼可卑可恨的人……我的崇美思想不但使我變成了敵我不分的肉喇叭，不斷地向同仁同學散布毒素，也使我在學校行政工作上犯了嚴重的錯誤。例如我崇拜美帝國主義的『天才教育』理論，使某些同學產生了自卑感，學習情緒降低……我被祖國人民養活了幾十年，不但不能捍衛祖國，反而直接間接幫助了敵人。這是巴特爾（他的美國教授）以小恩小惠將我變成美帝國主義的奴隸的惡果。」[31] 但是有些人再怎麼臭罵自己也過不了關，因為他們是「欽定」的鬥爭對象。哲

---

30 引自謝泳，《思想改造運動的起源及對中國知識分子的影響》，2010年2月3日 23:35鳳凰網讀書頻道。此文同前引一文大致相同，只是多了一些內容。

31 《人民日報》，1952年4月5日。轉引自于風政，頁225。

學系主任張東蓀一度是毛澤東的座上客，在政府中職位甚高；
然而他反對向蘇聯「一邊倒」的政策，與中共不能達成政治認
同，因此中央下了的指示是要把張東蓀「批倒，批臭」。張在
系裡和學院裡作了多次檢討，都被全盤否定；根據中央指示，
要把他作為典型在全校範圍內批鬥。當年近七十的張東蓀一步
近一步地批判自己，不少群眾覺得可以讓他過關時，工作組先
在黨內統一思想，再動員積極分子，並用學校運動快報作宣
傳，然後又拋出一些關鍵材料，繼續把張批倒批臭。最後民盟
開除了張，哲學系也罷了他的系主任之職，連他的選民資格也
被剝奪，幾乎成為管制對象。[32] 其他不少名學者，如沈從文，
也被除去教職。北大共有7人在運動中自殺身亡。[33]

　　思想改造是毛澤東用發動群眾的方式來整治知識分子的
運動，其成功是全方位的。在政治上，「資產階級和小資產階
級」的知識分子被徹底地「批倒批臭」了，絕大多數的人臣服
於領袖，成為「黨和人民」的馴服工具。思想改造接近尾聲
時，全國高校的「院系調整」開始了，「教授治校」一去不復
反，而中共組織上對學校的領導掌握便牢固地確立了。在思想
上，通過批判《武訓傳》，以及陶行知、俞平伯等人的學術思
想，知識分子以往心目中的權威被「拉下馬」，取而代之的是
毛澤東以階級鬥爭為中心的思想路線。在「洗澡」過程中，無
論是批判者還是被批判者，都極力運用毛式語言和思路，在徹

---

32 楊奎松，《忍不住的「關懷」》，頁55-80。
33 李楊，〈建國後第一次思想改造運動的前前後後〉，《中國社會導刊》，
　　2004，引自互聯網：《地緣大棋局》。

底否定自我的同時，表示棄舊圖新，為黨和國家服務。不少人開始時可能只是「鸚鵡學舌」，對中共的語言和意念並非心領神會，但是久而久之的潛移默化，他們漸漸地達成與中共的思想認同。上述季羨林的回憶就是一個例證。

　　一些研究者認為，「洗澡」運動中最引人注目的現象之一，是動員青年學生參加對教師的批判鬥爭。「不但影響青年學生的健康成長，也給教師增加了一種非常特殊的外部壓力。」此種做法實際上是「紅衛兵運動的先驅」。[34] 這種解說是對的，但是並不全面，因為從高中到大學的學生屬於「知識分子」，也是「改造」的對象。據聖約翰大學的《學生政治思想改造與統一分配工作總結》，學委會和工作組首先把1,387名學生排隊分類。他們發現這些學生有602名出身於大中資產階級家庭，448名來自上層小資產階級家庭，只有4名出身於工人階級家庭。「因此（他們）在思想上的特點是崇美，親美，享樂至上，超政治，超階級，純技術觀念，極端自私自利的個人主義等思想普遍而且嚴重。」於是，他們也必須接受運動的「洗禮」，在「政治學習──批評與自我批評」的模式中改造思想。此後又進行「組織清理」，期間有186人交代了政治歷史問題。然而，學習委員會似乎對學生更強調「必須很好注意培養積極分子」。學校中原有中共黨員21名，這次在運動中發展了9名，尚可發展的5名；原有團員151名，這次發展了156名，尚可發展的72名，「差不多超過原來總數的一倍以上，」該《總

---

34 于風政，頁214。

結》自豪地宣稱。[35] 從這個意義上來說，思想改造運動實現了毛澤東的戰略目標，把學校變成了「培養幹部的重要機關」。在中共第二代領導人中，有不少大學畢業的「技術官僚」（technocrats），其中胡錦濤是最著名的。他在清華大學讀書時（1959-1964）政治表現突出，畢業後留校當政治輔導員，從此官運亨通，一直當到黨政軍的最高職位。

　　同這些高等學校相比，中小學的思想改造運動比較更側重於政治組織清理，就像鎮壓反革命的補課運動；但是其基本過程和指導思想卻同出一徹。在接到北京的指示後，中共各大區即向下發如何開展學校的思想改造的指示。華東局估計中學教師中的15%是有嚴重問題的，必須在運動中著重處理。1952年6月21日，南京文教局呈上《南京市五個中等學校思想改造的初步經驗》，在對391個教師「排隊分類」後，發現第四、第五類的教師占12.8%。其原因是一年前鎮反時已經逮捕了31人，加在一起，達19%以上，超過了華東局15%的預算。該《經驗》稱，這些四、五類的教師「有嚴重的歷史問題，反動思想或政治問題。解放前都是耀武揚威，解放後感到是『倒翻身』。散布反動言論與不滿情緒」。要對付這一批人，「一開始，必須有一段正面的思想理論性的學習，以便使教師們的政治覺悟有所提高，工人階級思想得以樹立，並能掌握批評的武器。」同時，「各校教師中『積極分子』（黨團員在內）一般都占30%左右。這些人動員起來，經過教育，就能有力地控制學校的思想陣

35　《學生政治思想改造與統一分配工作總結》，1952年10月13日，上海檔案館，A26-2-180-33。

地；既能帶頭示範，又有火力開展批評。但訓練與運用積極分子，在思想改造全過程中必須貫徹始終。」到了「思想批判」階段時，該《經驗》提出「先易後難，層層剝皮」，先讓一、二類檢討過關，然後幫助和爭取三類的中間分子。在對待四、五類時，要發動學生參加。[36]

可是，這個《經驗》沒有列舉思想改造的成果，以及教師中的「反動思想」是如何被糾正的。這是因為教師的政治素質低，思想混雜，也無水平寫出能被報刊公開發表的自我批判。同時，學校領導的素質也有限，遲遲寫不出有質量的彙報。鎮壓反革命時他們可以以殺、關、管的人數來顯示運動成果，但是思想改造不准抓人，那些領導便手足無措了。這就是石西民，南京市委宣傳部長，在寫中小學思想改造運動材料時痛感不足之處。他在給上級寫信時說：「所要中學思想改造材料，經一再催索，今日始寫來，但內容很空，經驗也不具體，真是糟糕。」他接著把中學教師與大學教授作對比：「中學教員思想很龐雜，封建，帝國主義，法西斯，資產階級，小資產階級思想，應有盡有，特別是封建迷信，求神問卜，在某些教員中很突出，這點與大學教授很不相同。其次從個人看，也是思想龐雜，不成系統，既少著書立說，又少『學術』資本。」同時，「中學教員政治歷史社會關係更為複雜，偽政府中下級官吏，下級軍官，職業特務，反動會門，逃亡地主惡霸很多……完全是一個垃圾桶，四五類人就要占到20%。」石西民還舉例

---

36 南京市文教局，《南京市五個中等學校思想改造的初步經驗》，1952年6月21日，上海檔案館，A26-2-170-137。

說明在中學教師中開展思想改造的困難：「這次南京籌備一個中學思想改造展覽會，屢試屢敗，迄今未弄好，比大學困難得多，原因是思想龐雜不系統，材料五花八門而且零碎」，因此無法用圖畫來形象地表現。至於發動學生，他也憂心忡忡：「學生情況也與大學不同，大學教授思想改造學生起了很大作用，中學生起不了這個作用，弄得不好，反要誤事。」但是再困難也不能不搞思想改造，因此他還是提出了關於如何開展中學思想改造的意見，其內容大致與文教局的《經驗》雷同。37

　　如果中學教師隊伍「完全是一個垃圾桶」，而學校領導班子又「真是糟糕」，那麼小學的情況如何呢？小學教師的學歷一般都只有高中水平，是「知識分子」中的最低層次，但是正因為他們處在教育系統「金字塔」的底層，他們的人數比中學和大學多得多。可是關於小學教師思想改造的記載非常之少，原因可能同石西民說的相似。上海邑廟區中心小學似乎是個例外；上海檔案館內存有三件關於該校思想改造運動的材料。在「學校教師情況」的標題下，該校中共黨支部書記列舉了七個問題，而第一個問題，也是最詳細敘述的問題，是關於「超齡未婚女教師」的問題。該校有教職員60人，其中女的有36人，男的24人。年齡從18歲到55歲。女教師中有14人未結婚，「都超過了結婚的年齡。」她們在解放前「都是『高不成，低不就』，對對象的選擇著眼於金錢和地位」。在無法找到男人結婚時，「就希望把精神寄託在一個固定的同性上」，例如XXX與XXX⋯⋯該黨支部書記有名有姓地列出四對女教師，說她

37　石西民書信手稿，1952年6月22日，上海檔案館，A26-2-17-132。

們間「都存在不正常的關係」。他還聲稱：「由於沒有結婚，政治水平又低，心胸非常狹窄。如在這次思想改造中，張德媚因受不住批判而跳樓。」該書記在總結這一問題時說：「這些超年齡沒有結婚的女教師多數悲觀消極，對兒童沒有快樂的心情，有時聲色俱厲。」其餘的六個問題似乎都是零零碎碎的雞毛蒜皮。例如第七個問題是「不團結」，如幼兒園和低年級爭操場地盤，在場地上劃「三八線」。[38]

　　這是一個相當奇特的報告，因為思想改造或其他基層單位的群眾運動報告，通常是對單位群眾進行階級分析，每個人的家庭背景和歷史問題等等。而這個報告卻突出地陳述超齡未婚女教師的問題，她們在36人中有14人，多於三分之一；而且其中有四對（8人）有同性戀關係。在今天的中國大陸，同性戀仍然帶有很大的社會污名化，何況在五〇年代初。這位黨支部書記何以得知這些深藏的個人隱私？抑或他只是道聽塗說，甚至製造謠言來搪塞一名女教師在運動中自殺的事實？由於黨支部書記手中的個人政治檔案都是祕密的，這種政治報告之內容更是無人可知。顯然，這位書記的腦袋裡有嚴重的重男輕女的「封建思想」，並把他對「超齡」未婚女教師的偏見和鄙視帶入思想改造運動中，將其列為「教師情況」中的第一大問題。三年之後，當他寫《關於邑廟區中心小學執行黨對知識分子政

38　《邑廟區中心小學校：節約檢查小組的一般情況》，1952年4月16日，上海檔案館，B 105-5-698-1。此文件沒有作者，按中共習慣，向上彙報的報告一般都是學校黨支部書記寫的。《關於邑廟區中心小學執行黨對知識分子政策情況的檢查報告》，此件沒有日期，從內容判斷，當是1955年。該報告回顧5年來的情況，包括三反和思想改造。上海檔案館，B 105-5-1354-67。

策情況的檢查報告》時，他所謂的「超齡未婚女教師」只有七個了。其餘的六個很可能是被解聘了，因為她們「多數悲觀消極，對兒童沒有快樂的心情」。[39] 同市立師範學校，南洋模範中學一起，邑廟區中心小學是上海選出的思想改造運動的重點單位。[40] 如果在這樣一個重點單位會出現如此情況，其他一般學校的書記們把他們自己的偏見帶入運動，從而使一部分教師受到特別不平等的對待，應當是不難想像的。

　　雖然各單位領導會把他們自己的偏見帶入運動，他們一般都嚴格遵守他們上司的指示，而且這些指示都很具體。例如華東局把四、五類的人定在15%-20%，並規定批判「反動思想」的重點在於「崇美，親美」、「超政治，純業務」，「資產階級個人主義」等等。同時，經過鎮反、三反，這些書記們對於從「排隊分類」和「政治學習」，到「動員積極分子」和「檢討─揭發檢舉─批判鬥爭」這一套路已經心領神會了。儘管他們的水平不高，他們仍然能完成運動的基本任務。如邑廟區中心小學有17人交代或補充交代政治歷史問題，占總人數的28.3%。從「第二小組」政治學習討論的紀錄來看，教師們的發言雖然水平不高，但是每人都學著用「工人階級的語言」來談自己如何「由於反動思想的影響」而犯錯誤；或分析自己地主家庭的背景和如何看待父子關係。在「批評與自我批評」階

39　同上。在《一般情況》中有計畫在暑假期間進行必要的人事調整，如解聘、撤職、調動等等。暑期教師都在休假，這種人事變動不會引起太大的波動。當然，由於書記的歧視和壓力，有些女教師也會主動離職。

40　《上海市三重點中小學教職員思想改造情況的報告》，1952年7月13日。上海檔案館，B 105-5-696-6。

段，他們用「小組會，聯組會，大組會等方式」，發動群眾，孤立「壞分子」。這種有組織的「夥伴壓力」之大，可從一名女教師的自殺觀其一斑。[41]

　　毛澤東曾對蘇聯大使尤金說：「大部分知識分子同馬克思主義缺乏聯繫。他們頭腦裡有一大堆資產階級和小資產階級的偏見。他們還處在資產階級思想，尤其是從美國人那裡繼承而來的思想影響之下⋯⋯我們一定要使資產階級及其思想在黨員的心目中和人民群眾，非黨知識分子的心目中名聲掃地，即使不能做到徹底，至少也得使其極大地名聲掃地。」[42] 經過思想改造運動，他的目的至少在大中小學校系統中基本實現了；取代「資產階級思想」的是以延安式語言來表達的「毛澤東思想」，學校也就成為中共牢牢掌握下「培養幹部和教育人民」的機關了。

反胡風案和肅反運動：1955

　　思想改造的尾聲尚未消失，毛澤東已經在著手準備下一步整治知識分子的運動了。1953年3月4日，他看到一封關於胡風的信後，立即指示中宣部的熊復：「此事請你調查一下，以其情況告我。」[43] 毛澤東從此開始直接插手反胡風的運動，鑄成中共歷史上的一大冤案。在胡風案中受直接牽連的有2,100多名知識分子，其中92人被捕，78人被定罪為「胡風反革命集團分

41　同上。

42　引自沈志華，《思考與選擇》，頁24。

43　《毛文稿》，卷2，頁46-47。

子」，而隨之而來的肅反運動，更使成千上萬的知識分子和普通百姓心驚膽戰。胡風是何許人也？為什麼毛澤東在此時此地要拿胡風開刀？

胡風是一個左翼文人，在三〇年代到四〇年代的國統區很有影響，特別是在青年作家群體中。他曾任左聯的宣傳部長和常務書記，在上海和重慶主辦《海燕》、《七月》和《希望》等文學雜誌。1949年後，他又成為全國政協委員、人大代表、文聯常務理事、作協書記處書記。他之所以落難的根本原因是這個「特立獨行的馬克思主義文藝理論家」不願聽從毛澤東意識形態的「詢喚」，固執己見，於是在劫難逃。而站在批判胡風第一線上的人，如周揚、何其芳、林默涵等，也都是著名左翼文人，只不過他們都已經接受了毛澤東意識形態，特別是《在延安文藝座談會上的講話》（以下簡稱《講話》）的「詢喚」，成為其忠實的「文藝軍隊」中的「士兵」了。[44] 重慶「才子集團」中的喬冠華原本同胡風很親近，觀點也很相似；但是他終於認識到不接受「詢喚」的前途可悲，於是在1948年香港《大眾文藝叢刊》發表之際，站到周揚「延安派」一邊來批判胡風。此後，胡風的「同夥」舒蕪於1951年倒戈一擊，供認他是胡風「小集團」中的一員。即便有了這些「詢喚」的示範和朋友同志的離異或背叛，胡風依然孤傲地堅持他的原則。

---

44 關於「特立獨行」，見于風政，頁358。「詢喚」是王麗麗借用法國新馬克思主義哲學家阿爾都塞的觀念，意指意識形態招募對其臣服的個體成為實踐該意識形態的主體，從而使該意識形態能發揮其功能作用。見王麗麗，《在文藝與意識形態之間：胡風研究》，中國人民大學出版社，2003，頁148。

胡風的「原則」究竟和毛澤東意識形態有多大的差別，以致令「主席」非置其於死地而後快？

其實胡風對毛澤東的思想路線的很多方面有一種自然的認同感。在抗戰時期，周揚提出「國防文學」的口號，很有呼應王明的「一切經過統一戰線」的意思；胡風則認為這個口號是「政治原則上的階級投降主義」和「文學思想上的反現實主義」，並提出「民族革命戰爭的大眾文學」以代之。當時胡風並沒有對他的口號作出詳細的理論上的闡述，這就更表明他的政治直感認同於毛澤東對「統一戰線」中的「獨立自主」原則的強調。但是胡風並非政治家，其立足人生之本是文藝理論，而他的文藝理論的核心蓋所謂「主客觀化合論」。他強調「主觀戰鬥精神」，提倡作家深入和體驗生活，因為「真正的藝術上的認識境界只有認識的主體（作者自己）用整個的精神活動和對象物發生交涉的時候才能夠達到」。[45] 從認識論的角度來看，這種主客觀互動的觀點也似乎和毛澤東在《實踐論》中的論述相去不遠。但是在《講話》發表後，胡風的「主觀戰鬥精神」就和毛澤東的「無產階級文藝思想」越來越格格不入了。比如，從階級鬥爭的觀點出發，毛澤東要求作為小資產階級知識分子的作家們首先要解決一個階級立場問題。對《講話》心領神會的何其芳在重慶時期就提出哪個階級的「主觀戰鬥精神」的問題。胡喬木更是明白地要把「小資產階級革命性與無產階級革命性區別開來」，並指責舒蕪的《論主觀》是唯

---

45 引自王麗麗，頁26。

心論，因為毛澤東說過唯物論就是客觀。[46] 於是，已經被《講話》「詢喚」了的文化人在1949年前就開始批判胡風的文藝思想。

　　1951年的思想改造運動引出了文藝界的整風運動，胡風又成為「文藝界官僚們」的眾矢之的；1952年的「胡風文藝思想討論會」上周揚、何其芳、林默涵等人把問題政治化了。他們攻擊胡風：「在一些根本問題上分不清無產階級思想和資產階級小資產階級思想的區別……胡風同志的錯誤的嚴重性在於他在毛澤東同志的《在延安文藝座談會上的講話》發表以後，並不用它檢查和改造自己的思想，仍然積極地宣傳他那些錯誤觀點，用它們和革命文藝的新方向對抗。這樣，他和他的支持者們實際上就成為一個革命文藝界內部的反對派了。」[47] 那麼，胡風的問題究竟出在哪裡？可克・坦騰很精闢地指出，胡風的「自我」（Self）被夾在歷史上的兩個相反的「命題爭辯」（Discourses）當中了：一方面是「個性」（Individuality），強調要深層地發掘「人」的內心的渴望和追求，以及「精神奴役的創傷」；另一方面是「集體性」（collectivity），強調個人的階級屬性以及文藝為民族解放和革命戰爭服務。胡風認為這兩個方面可以達到統一：作家通過深入生活而完善自己，在達到真正的境界後創造出的藝術成果可以更好地為「集體」服務。[48]

46　同上，頁149-161。

47　何其芳，〈現實主義的路，還是反現實主義的路？〉，《文藝報》，第3
　　號，1953年2月。

48　Kirk Denton, pp. 17-24. 英文的「discourse」一般翻譯為「話語」，在此顯
　　得既不明確又不達意。「Discourse」和「discussion」共享同一個詞根，有

但是胡風的批判者卻不以為然，因為毛澤東的「無產階級文藝」和「為工農兵服務」的立場是容不得半點「雜質」的。

　　這種絕對和專制的文藝理論並不是毛澤東的創新，它在史達林主義統治下的國度裡比比皆是。坦騰引用一位波蘭詩人的話來反映這種絕對的「集體性」的實質：

　　　為了防止人們的懷疑，共產黨禁止任何深入發掘人類精神思想的試圖，特別是在文學藝術領域內。誰想反映具體的「人」，反映他的靈魂深處的需求和渴望，誰就會被指責為資產階級感傷（Sentimentality）。任何對人的行為的描述都不允許超出他作為一個特定的社會階級的屬性。共產黨認為人毫無例外地都是社會力量的副產品，因此他們相信人會變成他自己想像中的那種人，於是共產黨必須控制文藝描述。「人」就成為一種社會動物。任何東西不被描述的就不存在。如果黨不允許人們去探索他們心靈深處的自然存在，這種自然存在就會慢慢地變得不真實了。49

　　這種不允許作家發掘和描述人物靈魂深處的需求和渴望的文藝理論是胡風所不能接受的，因為他強調「主觀戰鬥精神」。於是，他挨批挨鬥的命運也就在劫難逃了。不過毛澤東在1954年底之前似乎把胡風問題看作「文人之爭」，並沒有直

<hr>

　　「討論」和「爭辯」的意思，但是範圍更廣，又有一個特定的命題。在此以「命題爭辯」為宜。
49 同上，頁16。

接插手。他對胡風問題的聚焦其實始於對俞平伯和《文藝報》的批判，而牽線之人則是周揚。從來沒有到過延安的胡風對中共黨內政治至多是一知半解，在受到周揚和何其芳等「文化官僚」的批判和非難後，他在1954年7月寫了《關於幾年來文藝實踐情況的報告》，即所謂「三十萬言書」，希望能得到毛澤東在他與周揚等人爭論中的支持。而此時的毛澤東對此毫無興趣，他只是將該《報告》轉給作家協會主席團，同時沒有任何批示，可見他根本沒有讀過胡風的洋洋上書。在批判《武訓傳》和陶行知，又批判胡適之後，毛澤東在1954年10月把鋒芒轉向俞平伯。李希凡和藍翎寫了批判俞平伯的〈關於《紅樓夢簡論》及其他〉一文，先後被《文藝報》拒絕退回，只能在山東大學的《文史哲》上發表；而《文藝報》先前已經發表了讚賞俞平伯《紅樓夢簡論》的文章。當作家協會支持兩位「小人物」時，《文藝報》在1954年9月30日登載了原先被拒絕的文章，並加了〈編者按〉。毛澤東對這個〈編者按〉非常不滿意，寫下帶諷刺的批判性批注：「不過是小人物」；「不過是不成熟的試作」；「對兩青年的缺點則絕不饒過。很成熟的文章，妄加駁斥」；「不是更深刻周密（來研究）的問題，而是批判錯誤思想的問題」。[50]10月16日，他又專門寫信給其他中央領導人：「看樣子，這個反對在古典文學領域毒害青年三十餘年的胡適派資產階級唯心論的鬥爭，也許可以開展起來了。事情是兩個『小人物』做起來的，而『大人物』往往不注意，並往往加以阻攔，他們同資產階級作家在唯心論方面講統一戰

50　《毛文稿》，卷4，頁569-579。

線，甘心做資產階級的俘虜。」於是，批判俞平伯變成批判
《文藝報》及其主編馮雪峰了。[51]

　　在此關鍵時刻，胡風犯了一個致命的錯誤。他被邀請參加
批判馮雪峰的會議，並兩次發言。因為馮雪峰是「文藝官僚」
中的一個，胡風便以為他的上書起了作用，於是他的發言把批
判胡適、俞平伯、馮雪峰，延伸到周揚、何其芳、林默涵，指
控他們利用權力，壓制新生力量。他突出地批判周揚的「粗糙
的社會學」，不是用馬克思主義的原則來理解現實，而是用它
們來代替現實，從而壓抑了藝術的創作性。[52] 然而，仔細讀一
下毛澤東對兩個「小人物」文章的批注就會明白，他絕對不會
站在胡風的一邊。「小人物」的文章批判俞平伯的「自傳」觀
點，把《紅樓夢》解釋為一部曹雪芹根據自身經歷而寫的書。
他們認為，「賈氏的衰敗不是一個家庭的問題，也不僅僅是賈
氏家族興衰的命運，而是整個封建官僚地主階級，在逐漸形成
的新的歷史條件下必然走向崩潰的徵兆。」毛批注道：「這個
問題值得研究」。對文中引用俞平伯的話：「原來批評文學的
眼光是很容易有偏見的，所以甲是乙非了無標準」，即「麻油
拌韭菜，各人心裡愛」，毛批注道：「這就是胡適哲學的相對
主義即實用主義」。加之毛澤東對《武訓傳》的批判，胡風何

---

51 同上，頁574-576。墨爾·哥德門對此段歷史有很詳細的論述：Merle
　　Goldman, *Literary Dissent in Communist China*（Cambridge: Harvard University
　　Press, 1967），pp. 122-128.
52 關於胡風的錯誤估計，見他給張中曉的信（1954年10月27日）；關於他的
　　發言，〈見對《文藝報》的批評〉。引自Merle Goldman, *Literary Dissent in
　　Communist China,* pp. 144-151.

以認為他居然會站在「個性命題爭辯」這一邊？

毛澤東的行動立即證明胡風的判斷是極其錯誤的。10月22日，他召集陸定一、周揚、林默涵談《紅樓夢》研究的一個問題；10月26日，又聽周揚彙報關於《紅樓夢》研究座談會情況，陸定一、鄧拓、袁水拍參加；10月27日審閱陸定一的報告，要把對《紅樓夢》研究的批判發展到其他部門去，「從哲學，歷史學，教育學，語言學等方面徹底地批判胡適的資產階級唯心論的影響，以確立和鞏固我國整個學術界馬克思主義思想的領導地位。」同一天，他還審閱了袁水拍的文章，〈質問《文藝報》編者〉，並在其中加了一句：「文藝報在這裡跟資產階級唯心論和資產階級名人有密切關係，跟馬克思主義和宣傳馬克思主義的新生力量卻疏遠得很，這難道不是顯然的嗎？」10月28日，毛澤東又同周揚、鄧拓、袁水拍談話。[53] 12月1日，毛澤東同周揚談關於批判胡適的問題；周揚第二天就呈上一份報告：「根據你昨晚談話的精神，對原來討論胡適問題的計畫草案作了根本修改，並經中國科學院院部和作家協會主席團聯席會議討論通過。這個計畫改為以批判胡適思想為主。」毛澤東立即批示：「照此辦理」。12月8日，周揚作了《我們必須戰鬥》的講話，他的講話稿是毛澤東修改和批准的。[54] 很明顯，毛澤東不僅信任周揚，還通過他來掌控文藝界的運動，而這個運動的矛頭不久就會轉向胡風。

1955年1月9日，毛澤東和周揚談話，兩天後，中央書記處

53　《毛年譜》，卷2，頁305-310。
54　同上，頁318-320。

擴大會議即討論胡風問題，周揚參加。毛、周談話的第三天，作家協會主席團送上報告，要部分發表胡風「三十萬言書」，毛澤東親自修改，並批注：「退陸定一同志，照辦。」[55] 毛澤東這次是親自掛帥，而實際上的辦事牽線之人，則是周揚。胡風似乎已經感到「山雨欲來風滿樓」，於1月14日找周揚談話，承認錯誤。周揚第二天即報告毛澤東：「胡風昨晚來談話，表示承認錯誤。說他是以小資產階級觀點來代替無產階級觀點，思想方法片面，並有個人英雄主義，以致發展到與黨所領導的文藝事業對抗，並說不要發表他一九五四年七月給中共中央的報告，如一定要發表，也希望作些修改，並在卷首附上他的一篇聲明。」周揚同時呈上胡風的《我的聲明》，並建議回絕發表這樣籠統聲明的要求。毛澤東立即批示：「劉，周，小平閱，退周揚同志。（一）這樣的聲明不能登；（二）應對胡風資產階級唯心論，反黨反人民的文藝思想，進行徹底的批判，不要讓他逃到『小資產階級觀點』裡躲藏起來。」[56] 毛澤東一插手，就把文藝思想的爭論政治化了，而胡風的問題再也不是「革命文藝內部的反對派」，他成為「反黨反人民」的罪魁了。這只是反胡風的開始。

　　順著毛澤東定的調子，各種批判胡風的文章層出不窮，但都是抓住一點，不及其餘，歪曲實義，無限上綱；而最重要的攻擊卻來自舒蕪。他在《大公報》上發表題為〈胡風文藝思想反黨反人民的本質〉一文是這種「學霸」文風的典型。胡風曾

55　同上，頁334-336。
56　同上，頁336-337。

經提倡作家要有同他們描寫對象的生活內容進行「搏鬥的批判的力量」，舒蕪卻說「這是鼓動作家去向人民『搏鬥』，也就是『革』人民的『命』……胡風認為，中國人民的敵人，中國革命的對象不是國內外反動派，而是人民自己身上的『精神奴役的創傷』，是有著這些『創傷』的革命人民及其領導者」。[57]更有甚者，在林默涵的指使下，舒蕪從胡風給他的100多封信中，摘取段落，編成《關於胡風反黨集團的一些材料》。毛澤東看到舒蕪的《材料》，如獲至寶，親自寫了〈編者按〉，由《人民日報》於5月13日發表。他說：「從舒蕪文章所揭露的材料，讀者可以看出，胡風和他所領導的反黨反人民的文藝集團是怎樣老早就敵對、仇視和痛恨中國共產黨和非黨的進步作家。」這個〈編者按〉其實是要把胡風置於死地而後快的信號。5月14日晚，毛澤東召集陸定一、陳伯達、羅瑞卿、胡喬木、鄧拓開會，聽取周揚關於胡風問題的彙報。[58] 作為公安部長的羅瑞卿同胡風問題有何關係？為什麼毛澤東讓他出席這個會議？兩天後，胡風被捕入獄，遞補書是羅瑞卿簽署的。但是胡風是人大委員，而沒有人大的決定，怎麼可以遞補其成員？在毛澤東的眼裡，人大不過是他手中的橡皮圖章，可以「先斬後奏」。於是人大常委會18日通過了遞補決定，而新華社報導這個消息時，特意把它放在「會議還作出了其他決定」一欄裡，以避人耳目。更奇怪的是，由此開始的全國性搜捕「胡風分子」的行動，都是祕密進行的；而胡風在1965年才被正式判

57　《大公報》，1955年4月13日。
58　《毛年譜》，卷2，頁374。

刑14年，剝奪政治權利4年。[59] 毛澤東說的話，顯然比寫在紙上的法律更有權威。

　　可是毛澤東為什麼要把胡風和他的文藝同仁們往死裡整？他對胡風態度之嚴酷甚至超越了胡風的批判者的想像力和接受程度。比如，康翟回憶時說，當他經手了將近半年的批判胡風文藝思想，突然又變成了揭發反黨集團的鬥爭，他和侯金鏡「都有些發懵」，而當問題上升到「反革命集團」時，則更是感到接受不了。對此，周揚的反應是：「不應接受不了，而應努力認識主席的指示。不是主席提得高，而是我們的思想同主席的思想距離太遠，太大。我們應該努力提高自己，盡量縮短同主席思想的距離。」[60] 周揚的態度在中共上層人物中非常典型，他們不能也不敢對毛澤東提出任何質疑，總是希望「緊跟主席」。但是當毛澤東指責劉少奇為「叛徒、內奸、工賊」時，周揚也在劫難逃。相比之下，毛澤東處理胡風案並不算他的絕頂之舉。而「胡風分子們」冥思苦想幾十年，仍然搞不清他們為什麼遭受毛澤東的如此待遇。耿庸用他在監獄時的一個「怪夢」來影射毛澤東：「一個君王堅持他打個噴嚏歐洲就傷風了；一個君王剛疑心哪個公民打個噴嚏，他的天堂傷風了。」因為其隱晦和尖刻的特色，耿庸的「夢」竟然成為對毛澤東何以如此對待「胡風分子」的「著名」解說。[61] 對一些讀者，這個「夢」也許需要進一步的解說：毛澤東是個剛愎自負

59　王文正口述，《我所親歷的胡風案》（北京：中共黨史出版社，2007）。
　　作者是「胡風專案」辦公室審訊員。

60　引自王麗麗，頁88。

61　耿庸，《枝蔓蔥蔥的回憶》，引自王麗麗，頁88。

的領袖，自信能夠改變世界；但是他同時又神經衰弱，疑神疑鬼，容不得任何非議，似乎不把這種非議杜絕，他的世界就會塌下。這個「夢」和前所提及的波蘭詩人的評論有異曲同工之妙。

除了個人心理人格因素外，毛澤東很可能把胡風案作為引線，導向全國規模的肅反運動。5月12日，也就是他為舒蕪的《材料》寫〈編者按〉的第二天，毛澤東提出肅反方針，「提高警惕，肅清一切特務分子；防止偏差，不冤枉一個好人」，並由最高國務會議通過。兩週後，他為胡風「第二批材料」寫按語時說：「反革命的胡風分子同其他公開的和暗藏的反革命分子一樣，他們是把希望寄託在反革命政權的復辟和人民革命政權的倒台的。」[62]6月1日，他要把北京市委關於查處胡風分子的報告轉發全國各地黨委，成立「五人小組」來領導查處工作。6月3日，他修改了陸定一起草的《關於揭露胡風反革命集團給各地黨委的指示稿》，其中第一條稱：「現在我們的黨政軍民各種機關中和廠礦學校中，絕大多數是好人（百分之九十幾）；這種機關學校中，也都有暗藏的反革命分子，他們在全體人員中占絕對少數（占百分之幾，大約5%左右）」。在《指示稿》末尾，毛澤東加寫：「各省市委和黨組必須認識這一鬥爭的目的，不但在於肅清胡風反革命集團分子，主要地是借著這一鬥爭提高廣大群眾（主要是知識分子和幹部）的覺悟，揭露各種反革命分子（國民黨特務分子、帝國主義的特務分子、托派分子和其他反動分子），進一步純潔革命隊伍。因此，當

---

62 《毛年譜》，卷2，頁372-379。

鬥爭有了進一步的發展時，就要公開號召一切暗藏的反革命分子和反動分子進行自我坦白。」[63] 這樣，毛澤東就把反胡風文藝思想的運動引導成全國性的肅反運動，包括機關、廠礦、學校，而主要目標是知識分子和幹部。

毛澤東把矛頭對準「暗藏的反革命分子」恐怕和與「胡風案」幾乎同時發生的「潘漢年案」有關。1955年4月，毛澤東下令逮捕作為上海市委副書記的潘漢年，指責他為反革命分子和國民黨特務。而且，「胡風分子」中還有一個彭柏山，當時是上海市委宣傳部長。上海肅反運動的群眾學習討論，往往把胡風和潘漢年相提並論。如上海鋼窗廠黨支部8月20日的《討論情況彙報》稱：「在討論中大家一致擁護對反革命分子潘漢年和胡風的逮捕審判，特別是對鑽進我們黨內，竊取了上海市委第三書記，上海市副市長的潘漢年引起了無比的憎恨。」[64] 毛澤東在鎮反時就提出要把運動推到「中層」和「內層」，即政府和中共黨內。而胡風和潘漢年兩案的發生，使他感到「中層」和「內層」鎮反的不徹底，急需補課，於是有肅反運動。他對廣東省委7月17日的報告特別賞識，兩天內批發了兩次，就是因為該報告說：「廣東自解放以來，幹部隊伍是特別複雜的，而純潔內部的工作又做得很差，三反與土改整隊雖然都是大的群眾運動，但當時只解決了內部貪污腐化分子與土改立場不堅定分子的問題，後來清理中，內層也未形成一個大的運

63　同上，頁382-384。

64　上海鋼窗廠黨支部，《討論情況彙報》，1955年8月20日，上海檔案館，A-2-172。

動⋯⋯因此在廣東沒有一個大的運動和鬥爭，內部不純，暗藏
反革命分子的問題，是根本不能獲得解決的。」此話說到毛澤
東的心裡去了。毛澤東在1955年的心態似乎特別暗淡，他感到
中國社會到處都是反革命分子；12月21日，他對尤金說：「自
然，必須戰勝階級敵人的反抗行動。整個1955年和接下來的兩
年時間裡，將鎮壓大約二百萬敵對分子。這個數字不包括1955
年在對城市機關和社會組織進行清查時揭露出來的那些反革命
分子。」[65] 毛澤東的意願就是各地中共黨組織的指令；上海市
人民法院1955 年11月30日給北京的報告稱，上海於1953至1955
年內，已抓了四萬，1956年計畫再抓五萬，1957年再抓三萬。[66]
這種大規模抓人的計畫和下壓抓人指標的做法，將不可避免地
把肅反運動推向極「左」的方向。

　　不過這並不是說先有反胡風，而後是肅反；這是兩條平行
發展的線，牽線人是毛澤東。不同的是，反胡風站在前排，得
到更多的媒體宣傳，而在背後的是精心策劃和嚴密安排的肅反
運動。在《指示稿》按級下達的同時，毛澤東多次修改「第三
批材料」和《人民日報》社論，而於6月10日發表題為〈必須
從胡風事件吸取教訓〉的社論，其內容和語言同《指示稿》完
全一致：「我們革命隊伍中的絕大多數（百分之九十幾）都是
好人，只有少數是暗藏的反革命分子或壞分子。但是我們決不
可以看輕這些反革命分子或壞分子，必須堅決地把他們清除出

65　引自沈志華，《思考與選擇》，頁37。

66　《上海市人民法院給最高人民法院的簡況報告》，1955年11月30日，上海
　　檔案館，B2-1-14。

去。」最後，毛澤東把三批「關於胡風反革命集團的材料」編成一本書，並親自寫了〈序言〉，在6月20日的《人民日報》發表。在6月18日，他同時審閱了《中共中央關於開展鬥爭肅清暗藏的反革命分子的指示》，其語言和精神同他的〈序言〉基本相同：「解放後，經過鎮壓反革命運動，公開的暴露的反革命分子基本肅清了。但是，對於大批的採用兩面派手法的暗藏的反革命分子還沒有來得及處理，相反的，他們鑽到我們的『肝臟裡』來了。因此，我們必須利用胡風事件在黨內外進行深入的教育，開展各條戰線上的揭露和肅清反革命分子的鬥爭。」[67] 此後幾個月，毛澤東的主要精力放在肅反運動上去了。

　　基層的肅反運動照此前的「政治學習—坦白交代—相互揭發」的延安模式進行，而毛澤東則從下面呈上的報告中取其所需，批注後轉發，令下屬參照辦理。6月30日，北京國家直屬機關黨委的報告博得毛澤東的賞識，因為它指出要「堅決克服部分領導幹部中仍然存在的右傾麻痺思想和對運動採取的淡漠態度，這是目前開展運動的主要障礙」。同時，它又強調要「堅決克服某些單位不積極發動群眾，不敢大膽讓群眾中小組會中開展思想鬥爭的傾向」。毛批示：「你們那裡如有相同的偏向，望注意糾正。」[68] 在運動初期，他總是強調糾正右傾，鞭策部下放手發動群眾。7月10日，他又批轉國家機關黨委的第二份報告，其內容相似。時隔三天，他再次批轉各地中央五人小組的簡報，雖然他注意到這些文件內容重複，卻堅持「仍有參

67　同上，頁389-391。
68　《毛文稿》，卷5，頁186-187。

考價值」。該簡報指出：「有的對中央指示體會不夠，把政治
鬥爭和思想鬥爭完全對立起來，不敢在小組會上開展揭露反革
命活動的思想鬥爭，只是進行一般的反對自由主義，個人主義
的思想批判，因而這些機關運動缺乏生氣，達不到教育群眾，
搞出一批反革命分子的目的。」毛澤東要求馬上用電報將此簡
報發給各地。[69] 顯然，他要反覆向下屬強調運動的目的是「教
育群眾，搞出一批反革命分子」。根據中共檔案材料，肅反的
兩個月內就揭露出反革命分子29,230人、反革命嫌疑分子12,488
人，以及11,000個集團和派別。[70]

　　毛澤東在7-8月間，不斷地向下批發肅反報告，但是這些報
告就像他最初批發的三份一樣，內容也基本類同。由於毛轉發
的最初三份都是北京和中央直屬機關的，省委也依樣畫葫蘆，
把他們的省直機關作為重點，並要求地委把重點放在地屬市。
毛澤東肯定了他們的做法。[71] 把運動重點放在大中城市的原
因是那裡的知識分子和幹部比較集中。但是這並不等於說廠礦
企業不搞肅反了，只是毛澤東和首長們的注意力是集中在機關
學校上。於是，像上海這樣的地方就成為重點的重點了。7月
20日，毛澤東批轉了上海市委的肅反簡報，因為上海抓了典
型，先召集五個單位領導人彙報運動情況，包括財貿系統、工
業系統、盧灣區委、復旦大學和華東師範大學。毛的批示稱此
件「很好」，並要揚尚昆「用電報發出，另印發各單位」。[72]

69　同上，頁193-197。
70　引自沈志華，《思考與選擇》，頁44。
71　見河北省委的兩份文件和毛的批語，同上，頁205-206。
72　同上，頁214-215。

8月5日，毛澤東批轉的建工部關於在設計部門技術人員中開展肅反的報告值得注意。該報告說，這些部門中黨員幹部少，技術幹部多，他們中很多從海外歸來，與海外聯繫廣，歷史不大清楚。領導小組用了40天的時間，排隊摸底，學習文件反覆動員，最近計畫有重點地進行鬥爭。報告還提出要發動技術人員參加運動，開展「攻心戰」，造成一種群眾性的勸說運動。毛批示：「轉發一切有工程技術人員的單位仿照辦理」。[73]

在毛澤東的督促下，各級黨委立即行動。7月9日，中共上海第一重工業委員會提出《關於反對胡風反革命集團鬥爭的初步工作計畫》。如同「八股文」一樣，這類計畫的開場白一定是對「目前基本情況」的描述。既然毛澤東運動初總是要反「右傾」，把「敵情」說得非常嚴重不僅可以避免挨批，還能投上司之所好。上海第一重工業下屬單位共有54,552人，其中黨員占14%，團員占21%。但是有「政治材料」的人有11,628人，占21%，包括599個「五類反革命分子」和356個「其他反革命分子」。「特別嚴重的是有個別特務分子和政治嫌疑分子已混入黨內來，甚至占據了某些重要職位，這是十分危險的。」該計畫轉而聚焦於知識分子集中的船舶設計處，在581名幹部中，歷史清楚的有335人，占57%，「有各類政治問題的有245人，占43%。」該黨委決定在政治學習階段後的「坦白交代─檢舉揭發─審查處理」階段，全系統分三批進行，以便加強領導。[74]

---

73 同上，頁273-274。
74 中共上海第一重工業委員會，《關於反對胡風反革命集團鬥爭的初步工作計畫》，上海檔案館，A-1-4。

　　在運動開始時，毛澤東為之提出的方針是「提高警惕，肅清一切特務分子；防止偏差，不冤枉一個好人」，聽來四平八穩，既反左，又防右。反對左和右的「路線鬥爭」是毛式中共黨史中最基本，也是用得最爛熟的「命題爭辯」；毛澤東曾把整個黨史解說成十次路線鬥爭，而他在反左和反右的過程中，保持著「永遠正確」的地位。其訣竅之一就在於他能夠把政策表述和政策實施絕然分開：說的是一套，做的又是另一套。如果胡風和潘漢年兩案是導向肅反的引線的話，這兩個案子都是冤案錯案，在他死後都平反了。這就說明他對階級鬥爭「敵情」估計的本身就已經犯了「左」的錯誤。毛澤東把肅反打擊對象控制在5%，算是「極少數」，可是加上鎮反時的5%，就是10%了；反右時又說5%：中國究竟有多少個「5%」的反革命分子呢？經過幾次運動，毛的下屬都很明白，「主席是最革命的」，因此，要緊跟主席，就要「寧左勿右」。在這種政治環境下，中共基層黨組織把本單位的所有人員的24%-40%列為運動對象，也就不難理解了。從各省1956年1月上報的平均數來看，運動中被鬥爭的人大多超過總人數的5%：山西為5.5%，河北6.4%，貴州7.5%，雲南9.6%，廣西14.1%。對高級知識分子的鬥爭面更大，河北20%多的教授和工程師被列入重點鬥爭對象，貴州工業廳的58%的工程師是「重點對象」。[75]

　　當運動到了坦白和檢舉階段，那些被他們單位領導列為「有各類政治問題的人」所感到的政治和精神上的壓力便會與日俱增。1955年10月，中共上海市邑廟區黨委報告，在所屬小

75　引自沈志華，《思考與選擇》，頁45。

廠小店中的一些領導「搬用機關肅反或『民改』的搞法……召開了鬥爭大會，對一個所謂坦白不徹底的人進行公開鬥爭」。至今為止，已經有兩人自殺身亡，兩人不告出走。[76] 值得注意的是，這種由街道委員會管轄的小廠小店不在肅反的範圍，它們屬於「社會鎮反」的範圍，其「決不能照搬內部肅反的辦法」，此乃上海市委明文規定。有些單位領導本身沒有發動肅反，而是一些「革命積極性」太高的當地派出所戶籍警跑去做報告，發動群眾鬥爭。「美亞鋼筆廠一個戶籍警去做了一個報告，盡布置要討論七次，廠中其他工作完全停頓，生產任務加班加點也完不成，群眾疲勞異常。」[77] 這些現象說明，基層批判鬥爭和整人的事，並非都是自上而下的政治壓力所致，有些是下層小官吏自說自話，任意行事。在幾次毛式群眾運動以後，社會風氣已經起了變化，積極參加運動，批判整人，似乎成了光榮的英雄行為。當這種違反政策的運動已經造成兩人自殺身亡後，也無人承擔任何責任，只是「批評教育」，還要「保護群眾積極性」。這也同時說明在毛澤東時代的中國，「寧左勿右」是對的，因為如果某人過「左」了，那只是「革命積極性」過了頭，屬於「認識問題」；而某人過「右」，不願參加整人的運動，或者還說一些對運動不利的話，那就是「立場問題」了，很可能成為運動的被整對象。如果人們必須在成為「獵手」還是「獵物」間作出選擇，毫無疑問，多數人

76　《中共上海市邑廟區黨委給市委的信》，1955年10月，上海檔案館，B22-2-9。

77　同上。

自然會選擇前者。

　　毛澤東和中共是很理解人們的基本心理狀態的，因此，每次運動來時，他們一面排隊摸底，尋找「獵物」，一面物色積極分子，以組織和擴大「獵手」的隊伍。在運動後期，一批「有政治問題」人被整治下去了，在「鬥爭」中有功的積極分子需要獎勵，而最好的獎勵無過於吸收他們入黨。肅反運動也不列外。1955年11月，高校黨委發出指示，要各校大力在學生和教職員工中發展中共黨組織，並提出計畫上報。中共交通大學委員會的《一九五五年度第一學期發展黨的計畫》明確指出：「此任務的提出是在進行肅反的基礎上選擇積極分子，從中挑選一批具有一定階級覺悟，家庭和本人政治歷史清楚，在各項運動中和工作中一貫表現積極者……吸收其入黨。」交大黨委對積極分子分三類來排隊摸底，排出積極分子共516名，其中學生353人，教師103人（包括教授4人），職員32人，工人28人。學生中第一類的，即政治歷史清楚的，有72人，教師中有26人，職工中有25人。第一類的積極分子共123人，他們是發展入黨的對象。第二類是政治歷史問題不大，但需要培養教育考察的；第三類是政治歷史問題比較複雜的，需要進一步查對的。[78] 這種有打有拉的運動，必然大大加強毛澤東和中共對學校的控制，對輿論的控制，對整個社會的控制；不斷的，一個接一個的運動，也就是中共黨國不斷地加強其全方位的控制。

---

78 中共交通大學委員會，《一九五五年度第一學期發展黨的計畫》，1955年11月。上海檔案館，A-23-2-33-5。

從整風到反右運動：1956-1957

　　毛澤東忽左忽右，變化無常，已為歷史所證明；但是他政治路線的左右搖擺最為激劇的時期，莫過於1956-1957年。如前所述，他在1955年12月還大講階級鬥爭。並要在「1955年和接下來的兩年時間裡，將鎮壓大約二百萬敵對分子」。時隔僅僅四個月，他又提出「百花齊放，百家爭鳴」，還要大家都去看昆劇《十五貫》。[79] 如果《武訓傳》是「狂熱地宣傳封建文化」，那麼歌頌蘇州知府大人況鐘的《十五貫》卻「應該到處演」呢？到了中共八大期間，毛澤東認為中國國內的主要矛盾已經是先進的社會主義制度同落後的社會生產力之間的矛盾。1956年9月22日，他對義大利共產黨代表團說：

　　　蘇聯在階級消滅以後，當國家機構的職能喪失了十分之九時，當階級鬥爭已經沒有或已經很少的時候，仍找對象，大批捉人殺人，繼續行使它們的職能……客觀形勢已經發展了，社會已經從這一個階段過渡到另一個階段，這時階級鬥爭已經完結，人民已經用和平的方法來保護生產力，而不是通過階級鬥爭來解放生產力的時候，但是【史達林】在思想上卻沒有認識這一點，還要繼續進行階級鬥爭，這就是錯誤的根源。[80]

79　《毛年譜》，卷2，頁569-570。
80　《毛澤東傳》，頁539。

　　短短幾個月之內，毛澤東對中國社會主要矛盾和階級鬥爭形勢的分析呈現了一個一百八十度的從「左」到「右」的大轉彎。在此期間究竟發生了什麼事情使得毛澤東作出如此的大轉彎？正因為他的注意點從大搞階級鬥爭轉到處理「人民內部矛盾」，他才在1957年春發動黨內整風，並動員黨外人士「批評監督」。只有先了解毛澤東1956年從「左」到「右」的大轉彎，才能更好地理解他下一個從「右」到「左」的大轉彎，即1957年夏季從整風到反右的轉變。有些研究者試圖從毛澤東「社會主義革命理論發展的曲折過程」的角度來解釋他的翻來覆去，但是歷史已經證明毛澤東多變的政策並非出自於任何「理論」，他往往是先作政策決定，然後找出一些「理論」來解釋他的政策的「合理性」。1956年11月15日，也就是他在批評史達林在沒有階級鬥爭時仍然抓人殺人後不到兩個月，他的觀點完全顛倒過來了，他說：「東歐一些國家的基本問題就是階級鬥爭沒有搞好，那麼多反革命沒有搞掉，沒有在階級鬥爭中訓練無產階級，分清敵我，分清是非，分清唯心論和唯物論。現在呢，自食其果，燒到自己頭上來了。」[81] 這種理論和政策方面的顛三倒四和自相矛盾暴露了毛澤東對馬列主義理論的把握遠比他對《資治通鑑》的理解要淺薄得多。他的決策過程往往帶有突然性和心理情緒因素，因此，了解他在此時此地的心態就是理解他的政治決策的關鍵。

　　毛澤東在1957年說：「去年這一年是多事之秋，國際上是赫魯雪夫，哥穆爾卡鬧風潮的一年，國內是社會主義改造很激

81　同上，頁606-607。

烈的一年。」[82] 研究者幾乎一致公認，蘇共二十大和赫魯雪夫的「祕密報告」，以及「非史達林化」引起的波蘭—匈牙利事件，對毛澤東刺激最大，促使他思考並作出政策選擇。但是對於毛澤東究竟如何以蘇聯和東歐事態為借鑑來改變內政外交政策，則是眾說紛紜，仁者見仁，智者見智了。毛澤東和他的歌功頌德者要人們相信他是挺身而出，捍衛馬列主義和無產階級專政。但是越來越多的歷史文獻證明，他的注意點聚焦在國際共產主義運動的領導權上，而其他一切都處於從屬的被其影響的地位。毛澤東為什麼在反胡風和肅反不久突然要推行「雙百方針」呢？沈志華對此有十分敏銳的觀察，他說：「受到蘇共二十大揭發和批判史達林錯誤的影響，毛澤東試圖在中國擴大民主和自由的基礎，創造一種新式的政治生活，一種顯得比蘇聯自由，開放的社會主義形象。為此，中共上層大力倡導『百花齊放，百家爭鳴』和『長期共存，互相監督』兩個方針。」[83]這裡的關鍵詞是「比蘇聯」，因為它不言而喻地把毛澤東內政的「向右轉」同他向莫斯科的領導權挑戰聯繫起來了。他要向世界表明，史達林失敗的地方，毛澤東成功了；在他領導下的中國社會，應該成為每個社會主義國家的典範。1957年的莫斯科會議完了，「毛澤東躊躇滿志地回到北京以後，立即開始籌劃實現他在莫斯科的豪言壯語。」[84]「大躍進」的目標是要在15年內經濟上趕超英國，而實際上是要先趕超蘇聯。他在莫斯科

82　《毛澤東選集》，卷5，頁339。

83　沈志華，《思考與選擇》，頁214。

84　同上，頁765。

會議上注重於共產主義陣營以誰為首的問題，並說：「我們中國是為不了首的，沒有這個資格。我們經驗少。我們有革命的經驗，沒有建設的經驗。我們在人口上是個大國，在經濟上是個小國。」但是如果中國經濟上趕超了蘇聯，中國就可以「為首」了；而他也就成為「當代的列寧」了。[85] 這就是毛澤東在1956-1957年心態的基本特徵。

　　中共建國前後，以艾奇遜為代表的西方政治家希望毛澤東成為「東方的狄托」，只有司徒雷登判斷，毛澤東有志成為「東方的列寧」。歷史證明司徒雷登是對的。[86] 史達林死後，特別是蘇共二十大以後，赫魯雪夫的威望下跌，毛澤東的威望上升；此時的毛澤東已經不滿足於「指導東方革命」了，他要指導世界革命。毛澤東手下搞情報和新聞工作的人，如吳冷西等，知道他的心態，投其所好，收集了大量的國內和東歐人士稱頌毛澤東和批評赫魯雪夫的報導，刊登於《內部參考》。如1956年11月20日：黑龍江很多黨員幹部對蘇聯領導人不信任，說「蘇聯領袖一點不穩當，搞得亂七八糟，弄得兄弟黨很被動」。1957年7月4日：上海部分大專中學師生擔心蘇共會變成機會主義，認為「如果事情發生在我國，不至於像蘇共那樣處理」。有人還提出：「事情發生後，為什麼不來請示一下毛主席。」還有人提出，蘇共已經不配作為國際共產主義運動的核

---

85 關於毛澤東向莫斯科領導權的挑戰和中蘇分裂，將在下一章詳細展開討論。

86 關於毛澤東想「當東方的列寧」，以及成立「東方情報局」的努力，詳見本書第一章。

心了。[87] 這種宣傳既是造輿論，又是「勸進」，毛澤東出台登基，成為國際共產主義運動的領袖似乎已經順理成章了，因為這是國內外人民發自內心的呼聲。

其實在這種宣傳背後煽風點火的恰恰是毛澤東本人。他在1957年1月27日的省市自治區黨委書記會議上說：「蘇聯那些頑固分子還要搞大國沙文主義那一套，行不通了……我在電話裡跟恩來同志說，這些人利令智昏，對他們的辦法，最好是臭罵一頓……當了第一書記，也是一種利，也容易使頭腦發昏，昏得厲害的時候，就得用一種什麼辦法去臭罵他一頓。」[88] 他已經以「當代列寧」自居，來教訓赫魯雪夫之輩了。掌握了毛澤東當時的心態特徵，就不難理解他為什麼要在1956年倡導「雙百方針」了。但是毛澤東「登基」之心迫切，也有點「利令智昏」了。他認為中國不會出匈牙利事件，他很快會發現他的樂觀主義其實是太「主觀主義」了。於是第二個大轉彎又接踵而來。

「雙百方針」是要調動知識分子和民主黨派的積極性，此種積極性在過去的的多次毛式運動中已被壓抑到近於窒息的程度。周恩來等「管理精英們」領頭進行對知識分子政策的調整，毛澤東也明白要實現他的社會主義建設目標，沒有知識分子是不行的。於是就有1956年1月的知識分子會議。周恩來在會議開幕那天的報告，相當務實而有效地說明知識分子在經濟建設中不可缺少的重要性：「比方說，我們要找礦，就得有一批

87　引自沈志華，《思考與選擇》，頁722。
88　《毛澤東文集》，卷7，頁191。

地質專家，帶上大批大學畢業生和中學畢業生，到各處的荒山
僻野去進行測量，普查，詳查和鑽探。」他還講了對工程師、
技師、醫生、農學家、會計師等等的需要。此後，他有點出人
意料地說，知識分子的「絕大多數已經成為國家工作人員，已
經為社會主義服務，已經是工人階級的一部分」。[89] 這個提法
顯然沒有得到毛澤東的認可，因此在2月24日《中共中央關於知
識分子問題的指示》中，取而代之的另一個提法是：「知識分
子的基本隊伍已經成了勞動人民的一部分；在建設社會主義的
事業中，已經形成了工人，農民，知識分子的聯盟。」該《指
示》提出要反對對知識分子的兩種錯誤傾向，即宗派主義和遷
就麻痺傾向；要繼續對他們「進行教育和改造的工作」。而
且，後一種傾向「是公開的右傾保守主義」。[90] 毛澤東不同意
把知識分子劃入工人階級的原因很簡單：他要繼續運用階級鬥
爭的理論來打壓和控制屬於「資產階級和小資產階級」的知識
分子；如果他們成為「最先進的階級」的一部分，他就喪失了
對他們的掌控能力。

　　毛澤東這種半心半意地調整知識分子政策的態度自然無助
於調動知識分子積極性。同時，在知識分子會議上周恩來和陸
定一都再次肯定肅反的必要性，並要在今後兩年中繼續進行。
被例次運動，特別是肅反運動整怕了的知識分子自然會採取觀
望態度。蘇共二十大之後，毛澤東對知識分子的態度變得更溫
和一些了，知識分子不僅是國內經濟建設之需要，現在又成為

89　《建國以來重要文獻選編》，卷8，頁11-45。
90　同上，頁132-135。

毛澤東把中國轉變成「比蘇聯」更合理和開放的社會之需要。
繼4月5日發表《論無產階級專政的歷史經驗》後，他於4月25日
又作了《論十大關係》的報告。其中他強調要讓民主黨派「有
發表意見的機會，對他們採取又團結又鬥爭的方針」；在繼續
肯定反胡風和肅反的前提下，他又提出對胡風和潘漢年這樣的
反革命要「一個不殺，大部不抓」的原則。[91] 同日晚上，他在
中直俱樂部第二次觀看昆劇《十五貫》，不久又說這部戲「應
該到處演」。在4月28日的政治局擴大會議上，他繼續大談「百
花齊放，百家爭鳴」。[92] 在這種情況下，劉少奇指定陸定一於5
月26日作題為《百花齊放，百家爭鳴》的報告，具體地對科學
和文藝界闡述這個政策的背景、原則和界線。隨後不久，經毛
澤東批示，該報告刊載於《人民日報》。按照毛澤東的旨意，
陸定一一方面繼續肯定此前的運動，強調正因為那些運動和鬥
爭的成功，「知識界的政治思想狀況已經有了根本的變化」。
他以學術界批判胡適資產階級唯心主義為例來證明那些毛式運
動的必要性，同時還宣布：「現在有些部門對胡適反動思想的
批判工作的原定計畫還沒有做完，肅清暗藏反革命分子的也沒
有做完。凡是沒有做完的，應該貫徹進行到底，不可以半途而
廢。」在另一方面，他又強調「如果沒有獨立思考的鼓勵，沒
有自由討論，那麼，學術的發展就會停滯」。他甚至說：「在
人民內部，不但有宣傳唯物主義的自由，也有宣傳唯心主義的

91　同上，頁243-266。
92　《毛年譜》，卷2，頁569-579。

自由。」[93]

　　這一系列的努力使很多知識分子感到嚴冬已經過去，早春到了。費孝通說：「周總理關於知識分子的報告像春雷般起了驚蟄作用，接著百家爭鳴的和風一吹，知識分子的積極因素應時而動了起來。周總理的報告對於那些心懷寂寞的朋友們所起的鼓舞作用是難以言喻的。甚至有人用了『再度解放』來形容自己的心情」。[94]「解凍」、「早春」、「吹向知識界的春風」，成為研究者們常用字眼來形容1956年中國國情。[95] 同時，據《內部參考》頻頻的報導，中國的新政策在蘇聯和東歐引起了強烈的反響：蘇聯文藝界「絕大多數同志認為陸定一同志的文章的觀點是正確的」；「保加利亞文藝界人士對中國共產黨提出的百花齊放，百家爭鳴的方針很感興趣」甚至認為在保加利亞也應該推行；波蘭黨認為毛澤東說的「對反革命實行專政，對人民內部則實行民主」這句話，是加強社會主義法治的最正確的原則。[96] 從這些報告來看，中國似乎已經開始成為其他社會主義國家矚目和仿效的典範。

　　這些成果一定更增加了毛澤東的自信，他一定能把中國建設成「比蘇聯」更好的社會。1956年6月，他寫詩 ，「不管風吹浪打，勝似閒庭信步」，[97] 這很能反映他當時信心十足的心

93　《建國以來重要文獻選編》，卷8，頁300-326。

94　引自朱正，《1957年的夏季：從百家爭鳴到兩家爭鳴》（鄭州：河南人民出版社，1993），頁9。

95　沈志華，《思考與選擇》，頁65-77。

96　同上，頁298。

97　《毛年譜》，卷2，頁590。

態。既然史達林錯誤的「根源」是在沒有階級鬥爭的新時期仍然抓人殺人，既然波匈事件同人民對改善物質生活的要求不能滿足有關，毛澤東便把他的思路轉向淡化階級鬥爭和加快經濟建設上。這就是中共八大路線的背景。7月6日，召開八大通知正式發出，同日晚上，毛澤東在頤年堂召開政治報告起草委員會會議。此後的兩個多月中，在陳伯達、胡喬木的幫助下，他親自主持主要文件的起草，包括分配部分段落起草任務，召集會議，（討論內容從重大命題到措詞選擇），反覆審閱和修改初稿。在那兩個月中，毛澤東的日程表幾乎每天都有關於八大準備工作的內容。[98] 事無巨細，他都親自過問。9月14日，即八大開幕的前一天，他通夜修改政治報告和開幕詞。晨二時，他改完政治報告後批示劉少奇：「（一）國際部分的一段增加和一些其他字句修改請即令人抄正付翻譯，並另打清樣。（二）黨的部分，本日十二時前伯達等修改，已要他們直接付翻譯。」晨四時半，交楊尚昆：「此件請打清樣（校正錯字），並付翻譯。清樣請於本日上午十二時以前各書記處同志及胡喬木，陳伯達，田家英請他們再作修改，於九月十四日下午三時交田家英彙集酌定交我。」可是四小時後，他又作修改，批示楊尚昆：「請即將改處付翻譯和付印也照改」。[99]

　　有些研究者認為毛澤東對八大的結果不滿意，因為「八大提出的建設社會主義的基本綱領卻不是從毛澤東思想導出的，這是黨的集體領導的決定，基本上是蘇聯計畫經濟的中國版。

98　同上，頁591-626。
99　同上，頁624-625。

這一點有點類似延安整風前對蘇聯經驗權威的依賴」。於是毛
澤東作八大後又要再搞一次整風。[100] 這種闡釋顯然已經過時
了。毛澤東牢牢地掌控著中共黨內的一切，特別是像八大那樣
的重大事件，而其他的領導人都是「跑龍套」的；上引毛澤東
在八大開幕前一天的活動證實了這一點。[101] 毛澤東在八大期間
要淡化階級鬥爭，這確實是一反其常態，而且幾個月後，他又
發起反右，徹底拋棄了「八大路線」。但是這不等於說毛澤東
沒有主張淡化階級鬥爭。9月27日，八大批准通過了關於政治報
告的決議後閉幕，而這個決議「是在毛澤東主持下由陳伯達和
胡喬木負責起草的。決議正確分析中國社會的主要矛盾，指出
國內的主要矛盾『已經是人民對於經濟文化迅速發展的需要同
當前經濟文化不能滿足人民需要的狀況之間的矛盾』，明確指
出黨和國家的主要任務是『保護和發展生產力』」。[102] 在八大
期間，毛澤東用不同的方式來一再表明這個觀點。9月23日，即
在他批評了史達林在階級鬥爭沒有了以後仍然抓人殺人的第二
天，他又對英國代表波立特說：「在史達林時期，階級鬥爭沒
有了，社會已進入了沒有階級的社會，反革命更少了，但史達
林的思想仍停留在舊社會的時代……我們勝利只有七年，我們

---

100 金觀濤、劉青峰，〈反右運動與延安整風〉，《二十一世紀》，1997年4月
　　號，頁26-27。

101 毛澤東的個人作息時間表比八大開幕議程表更重要：他改完開幕詞後批示
　　楊尚昆：「此件是否講，要看十五日我睡眠的情況才能臨時作決定。所以
　　暫時不要印發各代表和外國人。請注意。」「主席」起不了床，八大就開
　　不了。所以中共高層會議都在下午和晚上，因為毛澤東上午要睡覺。毛澤
　　東在黨內的專橫可見一斑。

102 《毛年譜》，卷2，頁639。

政權專政的職能，只剩下10%了。由於沒有那麼多反革命分子，所以專政的範圍縮小了。現在我們的任務是解放生產力，保護生產力。生產力需要人，要人們不恐慌，要黨內不恐慌，要民主黨派不恐慌，要全國人民不恐慌。」9月26日，他又對尼泊爾總理說：「人們的精神生活是不應受到干涉的，這是人們的感情問題。對精神生活的任何干涉都會造成很大的反感。」[103]

此時此地的毛澤東簡直有點像資產階級自由主義分子似的。為什麼？如果他在1955年12月還在同尤金大談階級鬥爭，而幾個月後他就來了一個大轉彎，那麼他決定的「八大路線」一定不可能是深思熟慮的結果；他甚至不知如何來表達他究竟想說什麼。在關於政治報告的決議中，陳伯達和胡喬木在「國內的主要矛盾已經是人民對於經濟文化迅速發展的需要同當前經濟文化不能滿足人民需要的狀況之間的矛盾」這句話的後面加了一句：「這一矛盾的實質，在我國社會主義制度已經建立的情況下，也就是先進的社會主義制度同落後的社會生產力之間的矛盾。」修改後的稿件在開會前送毛澤東審定，毛肯首了。但是他不久對這句話提出了異議。[104] 毛澤東的「筆桿子」想把他的意思說得更清楚，更理論化一些，而這兩句話的意思也完全相同，為什麼毛澤東要對後一句話提出異議呢？答案只

---

103 同上，頁633-638。此時的毛澤東是否能夠想像在他死後中共幹部會強迫成千上萬的孕婦墮胎？他的社會主義革命就是要按馬克思主義的教條來改造社會（social engineering），為此，不「改造」人，不干涉人們的「精神生活」能行嗎？他不久發動的反右運動，就是最大和最嚴重的對人民精神生活的侵犯。

104 同上，頁639。

有一個：當他意識到他自己的「新發明」可能有問題時，他把責任轉嫁到他的祕書身上；毛澤東必須是「永遠正確」的。

　　其實仔細考察毛澤東在八大的準備和開會期間的言行，除了對上述「主要矛盾」的說法同他一貫的思想大相逕庭以外，他的基本思想的要點沒有很大的變化。他花了很大的精力來審閱和修改政治報告，從他作出的修改和加寫處，可以看到他最注重的是中共的領導權問題。如8月4日，他在審閱「關於無產階級專政和統一戰線」部分的劉少奇修改稿時強調：「無產階級專政的實質，就是工人階級經過共產黨對國家政權的領導……在人民共和國成立以後，參加國家機關工作的不只有農民及其他勞動人民，而且還有民族資產階級，各民主黨派，無黨派民主人士和各少數的代表人物。主要代表人物和他們的團體都宣告他們願意接受中國共產黨的領導，承認中國共產黨在國家政權中的領導地位。」在修改稿提出黨在今後應當完成的任務時列出來七個「必須」，毛澤東又加了兩個，其中之一是：「必須進行鞏固黨的思想，政治和組織的力量，加強馬克思，列寧主義的理論的研究。」[105] 在「國家的政治生活」部分，完成稿說：「革命的根本問題是政權問題。我們為什麼能夠在僅僅七年的時間內根本改變我們祖國的面貌，在社會主義改造和社會主義建設方面獲得如此巨大的成就呢？這難道不是因為我們領導工人階級和廣大人民群眾取得了全國政權的緣故嗎？……世界上一切國家的實質都是階級的專政，問題只是什麼階級對什麼階級的專政……反革命分子是要破壞我們的國

105同上，頁603-609。

家，破壞我們的建設，危害人民的安全的，因此，我們的國家機關必須鎮壓和肅清反革命分子⋯⋯在今後，我們的公安機關、檢查機關和法院仍然必須同反革命分子和其他犯罪分子進行堅決的鬥爭。」[106] 這裡所表述的「毛澤東思想」完全沒有任何新意。那麼，究竟是八大《政治報告》還是《關於政治報告的決議》真正反映了「八大路線」的精神呢？

可見毛澤東關於國內主要矛盾的新提法和淡化階級鬥爭的言論既非深思熟慮的結果，也同他的總體思路不相吻合。它更像是毛澤東腦子裡的海市蜃樓，其基礎是他對中國政治形勢過分樂觀的估計，對他本人能掌控一切的自信，以及他要把中國建設成「比蘇聯」更好的迫切願望。因此，當他意識到被他動員起來的人們想要否定中共領導權時，他對形勢的估計暗淡了，自信變成了憤怒，那個美妙的海市蜃樓也飄然消失了。於是，第二個大轉彎開始了，從「春暖花香」的「八大精神」，又回到了「急風暴雨」式的「反右」鬥爭中去了。然而，在八大至1957年春夏之交，一個樂觀自信的毛澤東是不會搞「陽」謀，設圈套，「引蛇出洞」的，因為那不合乎邏輯。在4月4日，他在最後審定《關於無產階級專政的歷史經驗》時說：「最重要的是要獨立思考，把馬列主義的基本原理同中國革命和建設的實際相結合。在民主革命時期，我們吃了大虧之後才成功地實現這種結合。取得了新民主主義革命的勝利。現在是社會主義革命和建設時期，我們要進行第二次結合，找出中國怎樣建設社會主義的道路⋯⋯在建設上考慮能否不用或者少用

106《建國以來重要文獻選編》，卷9，頁79-94。

蘇聯的拐杖，不像第一個五年計畫那樣搬蘇聯的一套，自己根據中國的國情，建設得又多又快又好又省。」[107] 此後不久，他又作了《論十大關係》的講話，同時也在文藝界提倡「百花齊放」，如推薦《十五貫》等等。這些都表明他急於要把中國的經濟文化搞得「比蘇聯」更好的願望。

順著這條思路，毛澤東又主張擴大民主，同時準備整風。5月17日，毛澤東審閱中央關於學習《改造我們的學習》等五個文件的通知：「為了克服實際工作中的教條主義和經驗主義，特別是克服學習馬列主義和外國經驗中的教條主義傾向」，需要在全黨縣委書記以上的幹部中學習討論《改造我們的學習》、《整頓黨的作風》、《反對黨八股》、《關於若干歷史問題的決議》、《關於無產階級專政的歷史經驗》。[108] 這顯然是整風的第一步。根據毛澤東的旨意，周恩來7月21日在上海黨代會作了關於「專政要繼續，民主要擴大」的講話。他說：「專政的權力雖然建立在民主的基礎上，但這個權力是相當集中相當大的，如果處理不好，就容易忽視民主。蘇聯的歷史經驗可以借鑑。所以我們要時常警惕，要經常注意擴大民主，這一點更帶有本質的意義。要解決這個問題，就要在我們的國家制度上想一些辦法，使民主擴大。比如人民代表大會代表，我們現在還不是實行直接的、祕密的選舉，全國的經濟和文化水平還沒有發展到具備這樣的條件。但是我們可以從另外一些方面來擴大民主。」他接下來例舉了三個方面：（一）使人大代

107《毛年譜》，卷2，頁557。
108同上，頁586-587。

表經常去接觸人民；（二）把人大代表的發言，包括批評政府工作的發言，都發表出來；（三）使人大代表參加政府工作的檢查。[109]

如果說毛澤東在八大前後已經開始考慮整風的問題，最後使他下決心的因素可能是1956年秋天波蘭和匈牙利事件的爆發以及中共在東歐各國的影響的上升。八大前後，至少是《內部參考》報導所顯示的，東歐的人們對中共的新方針很感興趣。波蘭各界在討論蘇共二十大問題時眾說紛紜，不少人就說，當今世界上最有權威的共產主義理論家毛澤東尚未對此發表意見，需要聽一聽毛澤東對此問題的見解才能令人信服。人們在爭論不休時往往說：等著聽毛澤東的見解吧。波蘭人常以羨慕的口氣對中國留學生說，你們中國革命是自己搞成功的，又是大國，史達林不敢命令你們；你們是根據你們的具體情況決定政策的。我們是小國，一切都要聽從別人。匈牙利駐蘇大使說，中共八大提出了新的創造性的理論和實踐問題，包括社會主義建設的問題。匈牙利黨對此很感興趣，十分重視。匈牙利中央書記說，八大文件中很多東西值得匈牙利學習、研究，特別是中國黨把廣泛的民主和堅強的集中領導相結合，應當學習中國黨在實現無產階級專政的同時又能廣泛的團結全國各階層人民的經驗。[110]《內部參考》的編輯顯然十分了解什麼能使毛澤東喜心樂耳。

同時，被波匈事件搞得焦頭爛額的赫魯雪夫也來請教毛

109《建國以來重要文獻選編》，卷8，頁432-438。

110〈內部參考〉，引自沈志華，《思考與選擇》，頁378。

澤東，要中共派出代表團去歐洲幫助處理危機。毛澤東10月29日同劉少奇通了電話，讓他向蘇共建議，要對其他社會主義國家在經濟上和政治上放手，放開。和平共處五項原則也適用於社會主義國家間的關係。兩天後，毛澤東會見波蘭駐華大使基利洛克時說：「現在問題已經解決了，蘇聯已經發表了宣言，大體上是和平共處五項原則，就是我們跟印度提出的那個五項原則。這一來，不久你們波蘭，所有社會主義國家都自由，獨立了……宣言還檢討了一些錯誤，承認對兄弟國家關係有錯誤」。基利洛克當場宣讀了波蘭黨政治局的電報：「政治局對英明的中國共產黨和毛澤東同志本人，對波蘭目前政治局勢的變動所表示的關懷，以及你們提出的意見，表示衷心的感謝」。[111] 毛澤東已經成為反對蘇聯大國沙文主義的英雄，並成功地為波蘭和所有東歐社會主義國家爭取到了獨立和自由。他還不能成為世界共產主義運動的領袖嗎？11月1日，劉少奇和鄧小平一行從蘇聯回到北京，向毛澤東和政治局彙報訪蘇情況。據與會者稱：「這次會議同前幾次會議的嚴肅緊張完全不同，整個會議過程洋溢著興高采烈的氣氛。」[112] 當克里姆林處於窮困的危機狀態，中南海則是喜氣洋洋。毛澤東和他的戰友們似乎在慶賀他們向蘇聯領導權挑戰的第一個勝利。

　　自我慶賀之外，毛澤東還必須從波匈事件中吸取教訓，以防類似事件在中國重演。循著他《論十大關係》的思路，他很快把注意力集中到兩個方面：兼顧農業和輕工業，以改善人

---

111 《毛年譜》，卷3，頁19。
112 這是根據吳冷西的回憶，下一章將詳細討論。

民物質生活；擴大民主自由，即所謂「讓人講話，天不會塌下來」。他10月30日會見基利洛克時就說：「應該多搞些輕工業和農業。我們也有這個問題，我們正在注意輕工業和農業，重工業不能搞得太多。蘇聯犧牲輕工業和農業來發展重工業的那條路，恐怕不那麼合適。過去，批評資本主義國家，說他們是先搞輕工業後搞重工業。結果，社會主義國家重工業搞起來了，輕工業很差，人民不滿意，農民不滿意。史達林錯誤中，恐怕也要算進這一條。」[113] 他以後搞「大躍進」和「農，輕，重並舉」的念頭在此已經露角了。如果把輕工業和農業搞上去並不是一年半載就能完成，擴大民主和整風似乎可以當機立斷。11月8日，毛澤東對各地來的書記們說：「現在天下基本上太平了，階級鬥爭基本上過去了……蘇共二十大是大民主，一鳴驚人，把史達林打倒。我們是搞小民主，對資產階級和平改造也是小民主。我們準備明年或者後年（大家要求明年），再整一次風，整三個東西——主觀主義，官僚主義，宗派主義。」[114] 11月10日開始的八屆二中全會基本按毛澤東的這兩條思路進行的，而劉少奇和周恩來等人的發言從不同角度來闡述基本相同的論點。[115]

　　11月11日，狄托作「普拉演說」，對史達林個人崇拜背後的社會制度問題提出了質疑。11月24日，毛澤東主持政治局擴

---

113 《毛年譜》，卷3，頁20。

114 同上，頁25-26。

115 沈志華對八屆二中有詳細的描述，在論述毛同劉、周間的「不同聲音」時主要在對此前中國經歷的看法：劉、周批評較多，毛則強調總方向的正確和成果之大。見《思考與選擇》，頁424-434。

大會議，討論狄托的演說；三天後決定「再寫一篇文章」，即
〈再論無產階級專政的歷史經驗〉。毛澤東召開許多次會議，
討論和修改〈再論〉，在八易其稿後，於12月29日發表。其
中，毛澤東最注重的兩個問題是對史達林功過的估價以及正確
處理人民內部矛盾。[116]《再論》發表後在蘇聯和東歐發生了
很大的反響，1957年1月4日至10日間，《內部參考》連連不斷
地報導《真理報》轉載〈再論無產階級專政的歷史經驗〉一文
後的讀者反應。有讀者說：「我參加共產黨三十年了，據我評
判，這樣的闡明史達林功過問題深刻地符合我們內心感覺。」
甚至有蘇聯人說，世界上出現了偉大的列寧繼承者毛澤東，蘇
聯人民已經由史達林崇拜轉到對中國共產黨的崇拜了。還有人
說，赫魯雪夫應該到中國去學習。[117] 這種報導必然博得毛澤
東的歡心，也更增強了他的自信。毛澤東推動整風的步驟加快
了。同時加快步驟的是他要取代蘇聯在國際共運中的領導地
位，並付之於行動。1957年1月18日，在莫斯科的周恩來要南斯
拉夫駐蘇大使向狄托轉達毛澤東希望中、南兩黨召集一個世界
共產黨大會，並撇開莫斯科。周恩來又打電話給伍修權大使，
讓在南斯拉夫訪問的彭真同狄托詳細談同樣的建議。為了使這
次談話絕對保密，周指示伍修權親自擔任翻譯。[118] 毛澤東在國
內推行新政策和在國際上爭奪國際共運領導權是相互聯繫，相
互交叉的，其連結點就是他要把中國建設得「比蘇聯好」，從

---

116 《毛年譜》，卷3，頁36-57。
117 沈志華，《思考與選擇》，頁442-443。
118 《毛年譜》，卷3，頁68。伍修權，《回憶與懷念》，中央黨校出版社，
　　1991，頁310。此問題將在下一章詳細展開。

而增加他成為「當代列寧」的資本。

　　1957年2、3月間，毛澤東作了兩次重要報告，即2月27日的《如何處理人民內部的矛盾》和3月12日在全國宣傳工作會議上的講話。同時他在中南海召開各界座談會，包括文藝界、教育界、新聞出版界、科學界等等。他還到天津、上海、南京、山東等地講話。各次講話海闊天空，涉及面很廣，但是中心還是社會主義建設中農輕重兼顧和擴大民主（包括「百花齊放，百家爭鳴」和「互相監督，長期共存」）以及黨內整風。[119] 通過上述一系列的輿論準備，毛澤東在4月間多次起草中共中央關於整風的通知，正式宣布整風的開始。但是他對整風的主題和目標以及時間和程序都還沒有考慮成熟。4月9日，毛澤東審閱修改《關於整風運動的決定（草案）》，其主要內容是：「中央決定在全黨開展一次以反對主觀主義，官僚主義和宗派主義為內容的整風運動。一九五七年進行準備工作，並在適當範圍內試行，一九五八年全面開展，大約在二至三年內完成。」他還批示：「此件以早發出為有利」。但是他很快就改變了主意，該決定從未發出，只是存檔而已。[120]

　　4月19日，毛澤東起草《中央關於檢查對正確處理人民內部矛盾問題的討論和執行情況的通知》，責令各級黨委檢查和彙報：「黨和黨外人士（主要是知識界）間的不正常的緊張氣氛是否有了一些緩和，你們對人民鬧事採取了什麼態度，黨內某些人中存在的國民黨作風（即把人民當敵人，採取打擊壓迫

---

119 《毛年譜》，卷3，頁69-122。

120 《毛文稿》，卷6，頁421-422。

方法，所謂群眾路線，所謂同群眾打成一片，所謂關心群眾疾苦，對於這些人來說，只是騙人的空話，即是說黨內有一部分人存在著反動的反人民的思想作風）是否開始有所變化⋯⋯以上各項問題請即寫成報告，在接此電報以後十五天內用電報發來。」[121] 此措詞嚴厲的《通知》一定使毛澤東對整風的內容有了更具體的想法，同時也加強了他對整風的迫切感。4月21日，毛澤東又說：「中國共產黨是一個力量很大的黨，如搞不好，人民就要怕我們，一個黨使人民怕，這個黨就不好了，就危險了。黨內黨外的緊張要緩和，要充分展開辯論，講道理，這樣黨和人民才能接近。」[122] 此時毛澤東對整風運動的念頭似乎更成熟了。4月25日凌晨一點鐘，他把彭真叫來，「談關於整風運動指示稿的修改問題」。4月27日，毛澤東批示：「黨的整風指示，日內即可發出，即以正確處理人民內部矛盾為主題，發揚正確的思想作風，糾正主觀主義，官僚主義，宗派主義的錯誤的思想作風。」4月30日，毛澤東在擴大的最高國務會議上說：「幾年來都想整風，但找不到機會，現在找到了。凡是涉及到許多人的事情，不搞運動，搞不起來。需要造成空氣，沒有一種空氣是不行的。現在已造成批評的空氣，這種空氣應繼續下去，以正確處理人民內部矛盾為題目，分析各個方面的矛盾⋯⋯整風會影響黨外，規定非黨員自願參加，自由退出。最近兩個月就是這個方式，有意見就說，黨內外打成一片，此即整風。」5月1日，《人民日報》發表〈中國共產黨中央委員會

---

121 同上，頁432-433。
122 《毛年譜》，卷3，頁136-137。

關於整風運動的指示〉。[123] 中共的黨內整風由此開始。從他在4月間的活動可以斷定，毛澤東對整風的具體做法有一個較長時間的逐步形成過程，而在此時，他根本不可能已經在考慮搞「陽」謀，引蛇出洞了。

如果延安整風確立了毛澤東對中共的絕對領導權，他希望這一次整風會幫助他獲得對世界共運的領導權。因此，5月間的毛澤東似乎是真心實意地要整去黨內的「錯誤的思想作風」並要民主黨派和知識分子參加「對於黨政所犯錯誤缺點的批評」。5月4日，他在《中央關於請黨外人士幫助整風的指示》中說：「現在整風開始，中央已同各民主黨派以及無黨派領導人士商好，他們暫時（至少幾個月內）不要表示態度，不要在各民主黨派內和社會上號召整風，而要繼續開展對我黨錯誤缺點的批判，以利於我黨整風，否則對我黨整風是不利的（沒有社會壓力，整風不易收效）。」[124] 同一天，他對保加利亞代表團說：「我們這次關於整風的指示，你們知道不知道？要把黨內外矛盾處理好，思想上的錯誤和缺點糾正過來。公開在報紙上批評黨的缺點，黨內黨外合作一塊來批評錯誤和缺點，這樣黨就更團結。要使公開批評成為習慣。共產黨的缺點可以批評，人民政府的缺點可以批評。言者無罪。」也在同一天，他還對緬甸客人說：「今後準備造成比較活躍的空氣，叫人民可以說話，可以發表意見，不受官僚主義的打擊。做得如何還要

---

123 同上，頁138-143。
124 《毛文稿》，卷6，頁455-456。

看，我們是向這個方向努力的。」[125] 看來毛澤東是下了決心要把中國社會建設得更開放、更活躍，「比蘇聯」更好。在他的推動下，所謂的「大鳴大放」開始了。

毛澤東搞運動向來就是動員一部分人去鬥爭另一部分人，先要「造成空氣」，要有「社會壓力」。但是此次運動的角色卻完全顛倒過來了。歷次運動都是中共黨員幹部整群眾，整知識分子；而這一次在職的「當權派」成為運動的對象。毛澤東說是要「和風細雨」，但是他又指責黨內一部分人有「國民黨」式的「反動的反人民的思想作風」，對人民「打擊壓迫」。中共基層幹部歷次運動中對所有下屬人員進行「排隊摸底」，找出一大批「運動對象」來進行鬥爭，有些甚至把本單位的絕大多數視為「有政治問題的人」來調查整治。但是這些運動都是毛澤東發動的，他還層層下壓指標，鞭策下屬去打擊壓迫那些「對象」，達不到指標的，還要受批評或被撤職。而現在這些基層幹部卻成為替罪羊了，他們自然會對整風有牴觸和不滿。有一個北京大學學生嗅出了一點中共黨內的矛盾，寫了一篇題為〈我的憂慮和呼籲〉的文章，說黨中央已經開始分裂，毛主席的「鳴」、「放」政策遭到了黨內90%的人的反對和黨內保守勢力的反擊。有人想逼迫毛主席下台。毛澤東看後批示：「完全造謠，但值得注意。」[126] 他要注意的究竟是「有人造謠」，還是黨內有很大的阻力？

知識分子和黨外群眾也很清楚，「當權派」掌握著打開

---

125 《毛年譜》，卷3，頁145-146。

126 《毛文稿》，卷6，頁493。

人事檔案櫃的鑰匙，也就是掌握著他們的政治生命。因此大多
數人仍然小心翼翼，「少說為妙」。但是有少數的知識分子，
特別是熱血沸騰的大學生，實在忍不住對共產黨長期對他們及
其家庭的打擊和壓迫的不滿，於是抓住整風的機會，把他們的
情緒用文章或大字報「鳴放」出來。他們批評的矛頭不僅指向
本單位的黨政領導人，還對歷次運動，特別是肅反，提出疑問
和指責。高級知識分子，特別是民主黨派領導人，則提出非黨
人士「有職無權」，而中共黨組包辦一切；章伯鈞更是直截了
當地說，要解決非黨人士有職無權的問題，必須改變黨組負責
制。[127] 這些批評都是毛澤東不願聽到的，他稱之為「牛鬼蛇
神」，即「破壞性的批評」。他所希望聽到的是對他的「偉大
的氣魄」的讚美和有利於「鞏固黨的威信」的話。因此，6月7
日，當他讀了《文匯報》的題為〈知識分子應怎樣對待整風〉
一文時，批示胡喬木：「此文很好，可以轉載在顯著地位。」
該文列出了七條對待整風的「正確態度」，包括：「第一，要
認識黨有偉大的氣魄。黨是以全國人民意見為制定政策的依據
的，是大公無私，敢於公開承認錯誤，糾正錯誤的⋯⋯第六，
要從幫助整風來改造自己⋯⋯第七，要領會整風運動的實質。

127《文匯報》，1957年5月9日。引自沈志華，《思考與選擇》，頁537。大量
　　的所謂「右派言論」當時都是公開發表的，各地還把比較強烈的言論作為
　　反革命猖狂進攻的「罪證」收集成冊，以「教育群眾」。在沈志華和朱正
　　的書裡也引了很多，並分析毛澤東對這些言論的反應。因篇幅有限，這裡
　　不再重複；相反，指出毛澤東想聽到的是什麼，似乎更能說明他的性格以
　　及他對民眾心理和國內形勢估計的錯誤。

整風的目的就是要鞏固黨的威信，加強黨的戰鬥力量。」[128] 很明顯，大多數參加「鳴放」的知識分子並不像《內部參考》的編輯，專門挑選和發表領袖喜歡聽的話，於是毛澤東從失望轉為憤怒，他感到「事情正在起變化」了。

當毛澤東意識到黨內和黨外對整風的負面反應時，他很快就沉不住氣了；5月4日他要黨外人士在「至少幾個月內」集中幫助共產黨整風，可是兩個星期後，他就變卦了，寫了〈事情正在起變化〉一文；整風開始轉向反右。為了安撫對整風心懷不滿的黨內幹部，他說：「在共產黨內部，有各種人。有馬克思主義者，這是大多數。他們也有缺點，但不嚴重。」同時他還承認，「有些錯誤，是執行中央方針而犯的，不應當過多地責備下級。」如果這種情況在前兩周內沒有變化，那麼他為什麼要發動整風呢？黨內黨外的情況客觀上沒有變，而毛澤東選擇的鬥爭對象變了。他說：「現在應當開始注意批判修正主義」，因為黨內有「大批的知識分子新黨員」，「他們欣賞資產階級自由主義，反對黨的領導。他們贊成民主，反對集中。他們反對為了實現計畫經濟所必須的對於文化教育事業（包括新聞事業在內的）必要的但不是過分集中的領導，計畫和控制。」他稱這種修正主義者「即共產黨的右派」，「跟社會上的右翼知識分子互相呼應，聯成一起，親如兄弟。」[129] 而兩周前，他自己就是個「資產階級自由主義」分子。同時，狄托1956年11月做了「普拉演說」，對產生個人崇拜背後的制度提

128《毛文稿》，卷6，頁494-495。
129同上，頁469-476。

出了疑問，此後中共指責其為「修正主義」，但是在1957年1月，毛澤東完全不在乎狄托的觀點，極力想同南共一起召集國際共運會議。這不是翻手為雲，覆手為雨嗎？有的研究者說得很對，毛在這一段時間的講話和文章很多，「但是真真假假，虛虛實實，有的文過飾非，有的強詞奪理，令人眼花撩亂，不知道到底哪些是他的真實想法。」[130] 其實，真也好，假也好，虛也好，實也好，都是他的「真實想法」，只不過是哪一段時間的「真實想法」而已。

　　這樣的領袖怎麼能維持人們對他的崇拜和敬仰呢？在很多毛澤東的法寶中，「文過飾非」和「強詞奪理」占很重要的地位。當他對自己的論點並不十分自信時，他往往以強烈的措詞和橫蠻的態度來充填他的理虧，他對《武訓傳》的批判就是一個例子。他向狄托暗送秋波時有點偷偷摸摸，但是當他批判狄托「修正主義」時又是振振有詞了。他明知知識分子不願參加「大鳴大放」的一個重要原因是怕中共的「釣魚」策略，因此他做了大量的工作來減輕人們的顧慮。但是當他感到「事情正在起變化」時，他卻說：「現在右派的進攻還沒有達到頂點……我們還要讓他們猖狂一個時期，讓他們走到頂點。他們越猖狂，對於我們越有利益。人們說，怕釣魚，或者說：誘敵深入，聚而殲之。」[131] 這是在他發出請黨外人士幫助整風的指示不到兩周時說的，因此這就是公開承認所謂的「整風」就是「釣魚」，而事實並非如此。毛澤東為什麼要造成一種假象，

130沈志華，《思考與選擇》，頁523-524。

131《毛文稿》（6），頁471。

說他的整風目的就是要「誘敵深入，聚而殲之」呢？一言以蔽之：文過飾非。有研究者說：「毛澤東這樣做，不僅是為了在知識分子面前掩蓋他言而無信的政治權術，更主要的是在國內外的共產黨面前掩蓋他對中國社會和局勢的判斷『失誤』。正因為如此，他在五月中旬後才把全部精力投入到反右運動中，其熱情和關注程度，比發動整風時有過之而無不及。」[132] 此乃畫龍點睛之筆也。

為了保持他「永遠正確」的形象，毛澤東不惜把五十多萬知識分子投入階級鬥爭的水深火熱之中，搞得他們家破人亡。同時，他此次向「左」的大轉彎將把北京的國際國內政策推向「大躍進」、台海危機，以及中蘇分裂的歧途。這是下一章的探討內容。

---

132 沈志華，《思考與選擇》，頁564。

第六章

國際的權威，獨樹一幟
1954-1958

如果說朝鮮戰爭是毛澤東向金日成開了綠燈後才爆發的，其中史達林和金日成的角色卻不容否認。毛澤東同意金日成的軍事冒險的原因之一是他想當「東方列寧」的雄心。五〇年代中國面臨的另一次重大國際軍事衝突是1954-1958兩次台海危機，兩次都是毛澤東一手挑起的。砲擊金門，「解放台灣」，其矛頭似乎指向國民黨和美國，但是毛澤東實際上還有另一個目標：打破莫斯科對國際共產主義運動領導權的壟斷，向克里姆林的「和平共處」新政策挑戰；獨樹一幟，由他來當國際共產主義運動的領袖。毛澤東的這一雄心在1958年的台海危機表現得更加明顯：為了在經濟建設上趕超蘇聯，他在製造國際衝突的同時，在國內推動「大躍進」、「人民公社」等等不切實際的運動，造成空前未有的大饑荒和成千上萬人的死亡。

然而現有對毛澤東和兩次台海危機的研究不僅寥寥無幾，而且謬誤重重。很多有關著說把研究重點放在美國在危機中的

政策行為，而非毛澤東的政策行為。[1] 在談及毛澤東時，大多數的作者稱其為「深思遠慮的戰略家」，「靈活機動的戰術家」。那麼毛澤東為什麼在此時此地要砲打金門，「解放台灣」呢？他的戰略目標何在？斯道爾珀說毛澤東的動機是民族主義，他要阻止美國企圖把台灣從中國分裂出去。[2] 也有人強調中美雙方彼此的判斷錯誤：北京並無意攻占金門和馬祖，華盛頓的反應過分了。[3] 另有人注重於毛的國內動機：借助於外界的危機來推動國內的群眾運動。[4] 奇怪的是，所有的研究者都認為毛澤東一手掌控著北京在台灣海峽的行動，卻沒有一個研究是聚焦於毛的個人行為。本章將用新近的史料來證明，毛澤東一手造成台海危機，但是他既沒有一個明確的長遠的戰略目

1　Robert Accinelli, "Eisenhower, Congress, and the 1954-55 Offshore Islands Crisis," *Presidential Studies Quarterly,* Vol. 20（2）（Spring 1990）：329-345; H.W. Brands, "Testing Massive Retaliation: Credibility and Crisis Management in the Taiwan Strait," *International Security,* Vol. 12（4）（Spring 1988）：124-151; Gordon Chang, "To the Nuclear Brink: Eisenhower, Dulles, and the Quemoy-Matsu Crisis," *International Security,* Vol. 12（4）（Spring 1988）：96-123.

2　Thomas Stolper, *China, Taiwan, and Offshore Islands: Together with an Implication for Outer Mongolia and Sino-Soviet Relations*（New York: M.E. Sharpe, 1985）, pp. 3-11.

3　Gordon Chang（張少書）, He Di（何迪）, "The Absence of War in the US-China Confrontation over Quemoy and Matsu in 1954-55: Contingency, Luck, Deterrence?" *American Historical Review,* December 1993, pp. 1500-1524.

4　Thomas Christensen, *Useful Adversaries: Grand Strategy, Domestic Mobilization, and Sino-American Confrontation, 1949-1958*（Princeton, NJ: Princeton University Press, 1996）; Chen Jian, *Mao's China and the Cold War*（Chapel Hill: University of North Carolina Press, 2001）, pp. 163-204.

標，也沒有一個近期的軍事計畫。他兩次砲打金門，「解放台灣」，都不是深思熟慮的戰略行為，而更像是心血來潮的一時衝動。至於他的動機，則大有可疑之處。研究者們對毛澤東的戰略目標和動機的分析是眾說紛紜，然而他們卻分享同一個假設：毛兩次命令砲打金門，但是他從來沒有打算攻占金門。這一假設是完全錯誤的。

第一次台海危機：1954-1955

在1954年7月之前，北京對國民黨占據的沿海島嶼的政策和軍事行動其實是國共內戰的繼續，而美國也無意干涉。1950年朝鮮戰爭爆發後，美國第七艦隊進入台灣海峽。但是華盛頓明確告訴台北，美國不會幫助防守沿海島嶼，也不會贊同國民黨利用這些島嶼為進攻大陸的基地。艾奇遜在1950年7月就把美國對沿海島嶼的立場講得一清二楚。[5] 可是毛澤東本能地過分估計了美國的敵意，他始終認為美國要利用沿海島嶼來攻擊大陸，於是他就迫不及待地要占領這些島嶼，以便一勞永逸地解除後顧之憂。[6] 毛澤東這種對美國敵意的過分估計其實無意中幫助了

5　John Garver, *The Sino-American Alliance: Nationalist China and American Cold War Strategy in Asia*（New York: M.E. Sharpe, 1997）, pp. 112-147.

6　何迪1990年的文章正確地指出，直至1958年危機的最後階段，毛澤東始終如一地要占領沿海島嶼，包括金門和馬祖。見He Di, "The Evolution of the People's Republic of China's Policy towards the Offshore Islands," in *Great Powers in East Asia: 1953-1960,* ed. by Warren Cohen and Akira Iriye（New York: Columbia University Press, 1990）, pp. 222-245. 但是他在1993年同張少書合寫上述文章（見注3）時改變了主意。該文稱毛澤東沒有攻占金門之

美國。1951年1月，中朝軍隊向南推進，麥克阿瑟提議用國民黨軍隊對大陸的騷擾來牽制中國在朝鮮的軍事行動。儘管這一提議很快被華盛頓否決了，毛澤東一接到此消息，立即於1月12日電報陳毅等人：美國與台灣當局密謀對廈門、汕頭等地進行大規模進犯，請迅速研究對策。陳毅第二天就提出方案：以四個軍保衛廈門。同時中央軍委又決定把25軍和砲三師從朝鮮前線調回福建。[7] 麥克阿瑟被否決的提議的戰略動機就是要牽制中國在朝鮮的行動；但是由於毛澤東錯誤的估計，麥克阿瑟的目標毫無代價地實現了。

　　從台北方面來看，儘管華盛頓的立場，沿海島嶼仍然成為向大陸滲透和對中共占領的島嶼進行騷擾的基地。國民黨軍隊在沿海島嶼實行「以大吃小」的戰術，對中共占領的島嶼實行突然襲擊。例如，1952年10月11日從金門出發的9,000餘國民黨部隊襲擊南日島，全殲中共在島上的一個連。當夜1,000多中共增援部隊登陸，也因寡不敵眾，全軍覆沒。等更多的增援部隊抵達時，國民黨部隊已全部撤退了。1953年7月16日一萬多國民黨部隊從金門出發，並出動30架飛機，襲擊東山島1,200餘中共軍隊，但是由於中共主力迅速登島，國民黨部隊立即撤退，雙方各損失千餘。東山島戰鬥是國共間幾年來在沿海島嶼進行的「游擊戰」中的最大一次，也是最後一次。毛澤東對此次戰鬥親自關注，並嘉獎參加部隊。[8]

意，美國政府反應過分了。

7　徐焰，《金門之戰》（北京：中國廣播電視出版社，1992），頁151-152。

8　見黃克誠給毛的報告，1953年7月17日，和毛的批語，《毛文稿》，卷4，頁281-282；《毛年譜》，卷2，頁133-134；同上，頁160-166。

　　朝鮮戰爭結束後，北京的注意力自然轉到金門島上，因為這是國民黨在沿海島嶼的基地和主力所在。1953年1月至3月間，中共曾多次砲擊金門，但是中共既沒有制空權，也沒有砲兵優勢。而國民黨在金門的砲兵可以隨時打擊廈門和周邊地區。因此，中共想攻占金門就是理所當然之事。1953年10月，陳毅向中央報告，準備用五個軍的兵力攻占金門，並突擊修建機場和鷹廈鐵路。毛澤東立即批准了該報告，並責令張愛萍組織福建前線指揮所。可是毛澤東很快又改變了主意，他要求推遲攻占金門，先拿下浙江沿海島嶼。一些作者認為毛的決定的改變是因為在朝鮮停戰後的國際形勢下，一場大規模的渡海作戰行動顯得不合時宜，而且解放軍的渡海作戰能力也尚待增強。同時，援越抗法已經提到了議事日程上來了。[9] 這種解說應該是有根據而合理的。

　　其實在史達林死後，赫魯雪夫開始提倡和平共處的外交方針。在朝鮮停戰談判並達成協議的過程中，毛澤東也感到中國需要和平時間來發展國內經濟建設。因此，他是贊成和平共處方針的。1953年11月23日，他寫信給胡志明：

　　　　目前法國人民要求經過和談結束越南戰爭的壓力越來越大，法國統治階級中一部分人也認為侵越戰爭得不償失，主張和談。拉尼埃也兩次表示願意談判。但是美帝從朝鮮停戰後便企圖使侵越戰爭擴大化，脅迫法帝打到底。在這個時候，越南民主共和國政府正式表示願意用和平協商方

9　徐焰，頁167-169。

式解決越南戰爭，是需要的，合時宜的。只有這樣，才能
把和平旗幟抓在我們手裡，更進一步鼓勵法國及全世界愛
好和平人民的積極鬥爭，揭穿法國反動派說越南不要和
平，把戰爭責任提到越南身上的陰謀。也只有這樣，才能
利用和擴大法美之間的矛盾。[10]

毛澤東這種「和平共處」的理念是北京鼓勵和支持越南在
日內瓦和談的基礎，也是他決定不打金門的原因，因為打金門
很可能引起和美國的直接衝突，而打浙江沿海島嶼，只是過去
幾年國共衝突的繼續，事實證明美國不會干涉。於是1953年12
月，浙江海防聯合司令部成立，中共1954年上半年的軍事注意
力集中於積極準備攻占一江山和大陳等浙江沿海島嶼，其方針
是由北向南，從小到大，逐島進攻。[11] 同時北京的外交重點是
取得日內瓦和談的成功，避免越南成為第二個朝鮮的結局。7月
7日，周恩來從日內瓦回北京，向政治局擴大會議報告，毛澤東
在會上說：

在日內瓦，我們抓住了和平這個口號，就是我們要和
平。而美國人就不抓這個東西，它就是要打，這樣它就
沒有道理了。現在要和平的人多了，我們要跟一切願意
和平的人合作。來孤立那些好戰分子，就是孤立美國當
局……現在總的國際形勢就是美國人相當孤立，局勢還很

10　《毛年譜》，卷2，頁195。
11　徐焰，頁168-172。

有希望。現在，門要關死已經不可能了。而且，很有一種
有利的形勢，需要我們走出去……現在，美國同我們關係
中的一個重要問題就是台灣問題，這個問題是個長時間的
問題。我們要破壞美國跟台灣定條約的可能……緩和國際
緊張局勢，不同制度的國家可以和平共處，這是蘇聯提出
來的口號，也是我們的口號。現在變成艾登他們口裡的話
了，變成尼赫魯他們口裡的話了，他們也講緩和國際緊張
局勢。這就是很大一個變化。這種變化，估計再有一個時
期，只要東南亞這個問題緩和下來之後，會有個促進。所
以，整個形勢應當說是比較過去大為好轉。[12]

　　此時的毛澤東完全認同史達林後蘇聯的和平共處方針，不
僅要促使越南戰爭的和平解決，同時還要以此為契機，推動世
界範圍的和平統一戰線。他也不排除同美國的對話，以期阻止
美台條約的簽訂。在和平解決印度支那戰爭的同時，毛澤東還
爭取於印度、緬甸、印度尼西亞、泰國等鄰近國家建立互不侵
犯和友好條約。1954年4月29日，中印談判公報發表，首次提出
了「和平共處」五項原則：互相尊重領土主權，互不侵犯，互
不干涉內政，平等互惠，和平共處。[13] 這是一種對抗美國正在
推行的東南亞聯盟的有效政策。與此同時，他在沿海島嶼問題
上也採取比較謹慎的態度，避免讓國共內戰轉化為國際衝突。
6月1日，粟裕報告說舟山群島南部海面發現八艘美國軍艦，並

12　《毛澤東文集》，卷6，頁332-335；《毛年譜》，卷2，頁256-257。
13　《人民日報》，1954年4月29日；《毛年譜》，卷2，頁240-250。

有飛機在上空盤旋。中共指揮部命令各部嚴密監視敵情，隨時報告，但是「我軍不得向其射擊，以免引起衝突」。毛澤東的批示不僅表揚粟裕和華東領導「處理正確」，還著重指出：「不要先向美軍開砲，只取守勢，盡量避免衝突。」[14] 這種對外政策非常溫和的毛澤東形象同此前要當「東方列寧」來輸出革命的毛澤東，顯然有天壤之別。但是，這個溫和的毛澤東形象能維持多久？

就像1950年10月10日前在國內政策上異常溫和的毛澤東突然急轉彎一樣，外交政策上異常溫和的毛澤東在1954年的7月又會來一個向「左」的急轉彎。7月8日，周恩來在政協常委會擴大會議報告日內瓦和談，毛澤東的講話和他前一天在政治局會議上的講話基本一致，但是更具體地提到了要同英、法建交，並「爭取與美國政府改善某些關係」。[15] 日內瓦會議於7月21日結束，兩天後毛澤東給胡志明發賀電：「越南民主共和國代表團在日內瓦會議上，代表著為民族獨立和自由而英勇鬥爭並取得輝煌勝利的越南人民的和平願望，努力爭取印度支那和平，終於達成協議。這是越南人民的又一重大勝利，這一勝利有助於促進亞洲的集體和平與安全，有助於緩和國際緊張局勢。」同一天，他在審閱修改關於海防指示稿時強調：「當我海空軍巡邏公海或直接護航時，對一切外國的飛機軍艦均不得攻擊。」[16] 這是溫和的毛澤東的最後一次表現，7月27日，他致電

14 《毛年譜》，卷2，頁244。
15 同上，頁257-258。
16 同上，頁260。

在波蘭的周恩來，一反前調：

現在我們目前仍然存在一個戰爭，即對台灣蔣介石匪幫的戰爭，現在我們目前仍然存在一個任務，即解放台灣的任務。在朝鮮停戰之後，我們沒有及時（推遲了半年時間）地向全國人民提出這個任務，沒有及時地根據這個任務在軍事方面，外交方面和宣傳方面採取必要的措施和進行有效的工作，這是不妥當的。如果我們還不提出這個任務，還不進行一系列的工作，我們將犯一個嚴重的政治錯誤。提出這個任務的作用，不僅在於擊破美蔣軍事條約，而更重要的是可以提高全國人民的政治覺悟和政治警惕心，從而激發人民的熱情，以推動國家建設任務的完成。[17]

幾天前他還在高唱和平，為此他改變了打金門的主意，為什麼現在他卻要「解放台灣」了呢？幾天前他還要與美國政府改善關係，以阻止美台軍事條約，現在他卻要以軍事行動來實現這一目標了呢？他所謂的「一系列的工作」包括當天的標題為〈一定要解放台灣〉的社論，開始了全國性的宣傳攻勢，猛烈攻擊「美將匪幫」。第二天，他又命令軍方提出軍事方案，大規模的部隊調動隨之開始。比如遼寧的砲兵9師和三個高砲師進入浙江福建地區，並突擊搶修沿海鐵路和空軍機場。9月3日和22日，中共砲兵突然砲擊金門，同時積極準備攻占一江山和

17 同上，頁263。

大陳島。[18] 翻手為雲，覆手為雨的毛澤東一下就把國共內戰繼續轉變為一場國際軍事危機。

　　毛澤東列舉了這一政策大轉向的兩點動機，一是要「擊破美蔣軍事條約」，二是「可以提高全國人民的政治覺悟和政治警惕心，從而激發人民的熱情，以推動國家建設任務的完成」。他的第一點動機其實是個幌子，因為他幾天前還在用溫和的外交途徑來阻止華盛頓和台北的締約，而現在卻用強硬的軍事行動來實現同一個目標，為什麼？史實將證明他的新政策其實促進了華盛頓和台北的締約。於是，第二點動機，即他說的「更重要」的目的，就是國內動員，來推行他的階級鬥爭和「繼續革命」的方針。1954年夏秋之前，他已經發動了鎮壓反革命，三反五反；此後又要發動反胡風和肅反運動、反右運動，以及「三面紅旗」和「大躍進」。一個「和平共處」的國際環境是同國內不斷的群眾性政治運動和階級鬥爭是格格不入的，而沒有國內的「繼續革命」，他的「紅太陽」的光輝就會黯然失色。於是他決定同莫斯科的「和平共處」方針分道揚鑣，背道而馳，通過製造國際緊張局勢來為他的國內「群眾運動」服務。同時，1954-1955年的台海危機也是毛澤東第一次露出了他決心挑戰莫斯科的馬腳。

　　如果說毛澤東的「解放台灣」之舉是以國內動員為目的的政治策略，這恰恰是同他自己的外交和軍事策略相矛盾的。在外交上，他的目的是要阻止美國和台灣締約。就在他給周恩來7月27日的電報中，他還說：「根據公開消息，美國對於訂立美

18　徐焰，頁175-176。

蔣共同防禦條約一事，似乎還有顧慮。似乎還未下最後決心。
而如果美蔣簽訂了一個這樣的條約，則我們與美國的關係將會
長期緊張下去，更難尋求緩和與旋轉的餘地。所以，擊破美蔣
共同防禦條約和東南亞防禦條約，乃是我們當前對美鬥爭的最
中心的任務。」[19] 此前他用「和平共處」的策略來尋求「緩和
與旋轉的餘地」，華盛頓遲遲不願同台北簽約。艾森豪政府同
此前的杜魯門政府一樣，不願被台北拉進一場由台灣挑起的對
大陸的戰爭，因此不願同台北訂立共同防禦條約。而華盛頓向
台灣提供軍事武器，則是要加強其對台北的制約能力。[20] 但是
毛澤東的「解放台灣」之舉，迫使華盛頓改變政策。1954年8月
27日，艾森豪總統在記者招待會上說：「任何進犯台灣的軍隊
都必須跨過美國第七艦隊」。兩天後，四艘美國艦艇開到大陳
島訪問。美國政府已表明要防衛台灣的意圖，也開始轉變對國
共在沿海島嶼爭鬥長期採取不聞不問的態度。而毛澤東卻對美
國政策動態視而不見，繼續推行他的「解放台灣」策略。在9月
3日「砲打金門」後，華盛頓開始同台灣協商締約問題。

　　可是毛澤東仍不罷休，堅持他的強硬政策。11月30日，他
命令軍方於12月20日攻占一江山島。在此命令中，他說這一軍
事攻擊的政治目的是要迫使美國不要把沿海島嶼列入共同防禦
條約。[21] 可見此時毛澤東已經認識到美蔣締約不可避免，但是
他依然認為中共在浙江沿海的軍事攻擊可以嚇退美國，從而不

19　《毛年譜》，卷2，頁263。

20　Robert Accinelli, "Eisenhower, Congress, and the 1954-55 Offshore Island
　　Crisis," *Presidential Studies Quarterly*, Vol. 20（2）：329-345.

21　徐焰，頁178-80。

把沿海島嶼放在共防條約之內。他的無視事實的一廂情願很快破產了：12月2日，美台共同防禦條約簽訂了，共同防禦的地方除了台灣和澎湖之外，還包括「一切雙方同意的領土」。這種故意含糊的措詞是要警告中共美國可能與台北一起共同防禦沿海島嶼。[22] 毛澤東7月27日以來的行動已經徹底挫敗了他的外交目標；他搬起石頭，卻砸了自己的腳。1955年1月，幾經推延的一江山戰役終於打響，此時中共的火砲可以直接打到大陳島了。一向不願過問國共在浙江沿海爭鬥的華盛頓現在向台北提議，如果國民黨從大陳等浙江沿海島嶼撤退，美國會公開承諾共同防禦金門島。1月28日，美國國會通過《台灣決議案》，給了美國政府一張空頭支票，用一切手段來防禦台灣。[23] 至此，毛澤東在台灣海峽的冒險徹底地失敗了。如果按7月27日前的既定方針，中共完全可以拿下浙江沿海島嶼而不迫使美國的加入。然而他的新政策卻以美國對台北的承諾為代價來占領一江山和大陳島；他想要占領金門和馬祖的計畫也將成為幻想。

　　毛澤東歷來不認錯，常常將錯就錯。他把美台共同防禦條約中沒有明確地包括沿海島嶼說成是他在浙江沿海軍事攻擊的結果。國民黨軍隊從大陳島和其他浙江沿海島嶼不戰而退後，他認為繼續他的強硬政策可以迫使國民黨從金門和馬祖撤退。1955年2月21日，他說美國人是得寸進尺，因此對美必須採取堅定而不妥協的立場。他同時把美國通過瑞典和印度等國尋求外交途徑來解決爭端的努力看成是退卻和示弱，於是他決定把台

22　Garver, p. 57.

23　Chang and He, p. 1514.

灣海峽緊張的時局推向一個新的高度。[24] 中共軍方認為浙江沿海的空軍可以攻擊馬祖，而金門則太遠了；同時馬祖只有國民黨一個師，因此積極準備進攻並占領馬祖的計畫將付之實行。[25] 毛澤東認為，在巨大的壓力下，美國會要台北從馬祖和金門撤退。3月15日，他告訴彭德懷：「馬祖及其他任何島嶼敵人撤走時，我均應讓其撤走，不要加以任何攻擊或阻礙。」[26] 毛澤東顯然大大低估了華盛頓對遵守條約承諾的嚴肅性，而事實將很快擊破他的幻想。面對中共咄咄逼人的姿態，華盛頓開始醞釀使用戰術核武器來阻止中共對台灣的進攻，並在公眾輿論方面為此作準備。3月26日，根據海軍司令卡尼的談話，美國各大報紙報導，艾森豪政府要在金門和馬祖問題上很快攤牌，為了保衛它們，戰爭也在所不惜。國會的鷹派們也敦促政府，不惜一切代價來保衛金門和馬祖。[27]

　　華盛頓的政策態勢最終驚醒了毛澤東，他的政策不僅沒有迫使美國壓台北從金門和馬祖撤退，反而不惜代價來共同防禦它們。3月底，他據說對他的軍事將領們說，要做好核戰爭的準備。[28] 其實毛澤東從來無意要在台灣海峽同美國打仗，並三番五次地明確指示要竭力避免同美軍發生衝突。1954年6月

24　同上，頁1515-1516。

25　徐焰，頁188-189。

26　《毛文稿》，卷5，頁55。

27　Accinelli, pp. 329-346.

28　Zhang, Shuguang, *Deterrence and Strategic Culture, Chinese-American Confrontations, 1949-1956*（Ithaca: Cornel University Press, 1992），pp. 221-222.

2日，毛澤東得知美國海軍艦艇和飛機在浙江沿海活動後，指示粟裕：「不要先向美軍開砲，只取守勢，盡量避免發生衝突。」[29]8月21日，他收到美國空軍在大陳島地區活動的報告後，立即發出指示：「請注意，需確實查清沒有美艦美機的時機，方可對上下大陳島進行攻擊，否則不要攻擊。」[30]12月11日，他又指示軍方：「因美軍正在浙東海面作大演習，攻擊一江山時機目前是否適宜，請加考慮」。[31] 一江山戰役因此再一次被推遲了。毛澤東顯然不想同美國發生衝突，那麼他為什麼要宣傳「解放台灣」並作出咄咄逼人的軍事姿態呢？這就進一步證明他的真正意圖是國內政治動員，甚至不惜以中共對沿海島嶼的既定軍事計畫為代價。在華盛頓說服台北從大陳和其他浙江沿海島嶼撤退後，毛澤東又錯誤地估計了形勢，認為繼續他的強硬政策，美國會逼台北從金門和馬祖撤退。當現實和他的幻想適得其反時，他就不得不從「戰爭邊緣政策」（brinksmanship）向後退，因為他從來沒有同美國打仗的念頭。1955年4月23日，周恩來發表聲明，願意同美國就緩和遠東的，特別是台灣海峽的，緊張局勢而談判。中美大使級談判不久開始了。[32] 第一次台海危機就此平息了。毛澤東的國內動員的目的是達到了，但是由於他迫使美國加入國共在沿海島嶼的衝突，「解放台灣」，甚至「解放金門馬祖」，變為永遠不可實現的口號。

---

29 《毛文稿》，卷4，頁495。

30 同上，頁533。

31 同上，頁627。

32 《周恩來年譜，1949-1976》，頁470。

　　然而此時的毛澤東並沒有就此罷休。1955年5月12日，粟裕報告毛澤東，福建的軍用機場將於6月底竣工。「為解放金門，馬祖創造條件」，軍方建議立即在新機場進駐空軍。該報告還具體地提出了軍事建議，例如空軍和砲兵聯合作戰，以摧毀馬祖的雷達等等。毛澤東批示：「照辦」。[33] 台灣海峽的平靜究竟能維持多久？

第二次台海危機：1958

　　從1955年到1958年，在中共積極進行沿海軍事準備的同時，美國大模大樣地在台灣設置地對地導彈系統和戰術核彈頭。北京的專家們認識到美國會不惜使用核武器來防禦台灣及其沿海島嶼。[34] 但是華盛頓的政策並沒有威懾住毛澤東。相反，1957年的毛澤東似乎是無往不勝。他在莫斯科聲稱：「我認為目前形勢特點是東風壓倒西風，也就是說社會主義的力量對於帝國主義的力量占了壓倒的優勢。」[35] 但是在貌似強悍的背後，隱藏著一個恐慌不安的毛澤東；他始終認為美國支持下的國民黨會用沿海島嶼為跳板來侵犯大陸。1957年12月18日，他得知國民黨飛機幾次進入沿海上空，散發傳單。他立即指示彭德懷：「請你督促空軍全力以赴，務殲入侵之敵。請考慮我空軍一九五八年進入福建的問題。」[36] 國民黨飛機進入大陸散

33　《毛文稿》，卷5，頁128。

34　Zhang, pp. 225-227.

35　《毛文稿》，卷6，頁630-636。

36　《毛文稿》，卷6，頁677。

發傳單已是司空見慣的了。為什麼他卻在此時反應如此強烈，要空軍「全力以赴」呢？四個月後，軍方提出了砲擊封鎖金門的方案。[37] 對毛澤東來說，現在的問題只是如何選擇一個有利的時機來製造第二次台海危機。

　　如果說1954-1955年的毛澤東發動「解放台灣」有心血來潮之嫌，完全沒有一個討論醞釀和計畫準備的過程，他在1958年則顯得更耐心一些。4月間制定並批准的砲擊和封鎖金門的方案，直至夏天才付諸現實。這可能是因為他既想拿下金門、馬祖，但是又不想同美國發生直接衝突；而他已經迫使華盛頓承諾了台北來共同防禦包括金門和馬祖在內的國民黨占領區。他曾經希望在軍事壓力下，美國會勸台北從金門和馬祖撤退；這個破滅的幻想在1958年又死灰復燃了。這是因為金門、馬祖確實是他的眼中釘。他曾經說：

　　　　我們這個蔣委員長，就是有那麼多兵，他搞三分之一的
　　　兵力十一萬人在兩個島上，其中九萬五千人在金門島，一
　　　萬五千人在馬祖島。而金門島三面在我們砲火包圍中。金
　　　門距我們只有三公里。金門島把廈門變成一個死港。馬祖
　　　島把我們福州的閩江海口塞住了。這個東西得整它一下。[38]

　　要拔掉這兩個眼中釘而又不同美軍衝突，這就是毛澤東的一塊心病，也是使他在1958年危機中顯得猶豫不決和遲疑多變

37　徐焰，頁199-200。
38　《毛澤東傳》，頁865。

的原因。首先來看他如何選擇砲擊金門的時間和託詞。在拖延
了數月後，毛澤東在1958年7月終於找到了一個「良機」：美軍
進入黎巴嫩，中東形勢突然緊張。7月16日，莫斯科發表聲明，
譴責美國出兵中東，並宣布在蘇聯南部的加盟共和國舉行軍事
演習。北京不甘落後，同日發表聲明之外，毛澤東決定對金門
實行砲擊和封鎖。[39] 7月18日，毛澤東在軍事會議上說：金門砲
戰，意在擊美。支援阿拉伯人民的反侵略鬥爭，不能只限於道
義上的，還要有實際行動的支援。他要以地面砲兵實施主要打
擊，同時將兩個空軍師進入汕頭和連城機場。兩天後，以葉飛
為首的前線指揮所成立，砲擊金門的部署和準備迅速進行。[40]

　　砲擊金門是一個軍事行動，而毛澤東為此選擇的時機和理
由卻是政治和外交性質的。他既要避免和美國的直接衝突，希
望美國迫使台北撤退，同時又把砲擊金門和美國在中東的行動
聯繫起來，要「擊美」和以「實際行動」來支援阿拉伯人民的
反美鬥爭。他的戰略目標和戰略行動明顯地自相矛盾。砲擊金
門原定於7月28日開始，而毛澤東在7月27日變卦了。恐怕他自
己也意識到他的決定的謬誤之處，他寫信給彭德懷說：

　　　　睡不著覺，想了一下。打金門停止若干天似較適宜。
　　目前不打，看一看形勢……中東解決，要有時間，我們是
　　有時間的，何必急呢？暫時不打，總有打之一日。彼方如
　　攻漳，汕，福州，杭州，那就最妙了。這個主意，你看如

39　徐焰，頁202-203。
40　《毛澤東傳》，頁857。

何？……如彼來攻，等幾天，考慮明白，再作攻擊。以上
種種，是不是算得運籌帷幄之中，制敵千里之外，我戰則
克較有把握呢？[41]

　　毛澤東意識到以「支援阿拉伯人民」為由來打金門是行不
通的，現在他希望台北先攻擊大陸城市，然後再反擊。其實他
明明知道台北的「反攻大陸」只是一個空頭口號，既沒有實力
的基礎，也得不到美國的贊同。因此，他否決了自己的前一個
託詞，又以另一個同現實背道而馳的假想來取而代之。此後，
他將不斷地提出不同的理由來證明他砲擊金門的正確性和必要
性，比如「絞索論」等等。他這樣做的目的就是要向他的追隨
者顯示，他是個偉大的戰略家，能夠「運籌帷幄之中，制敵千
里之外」。他說的「若干天」過去了，若干周也過去了，他似
乎忘了要砲擊金門一事。8月19日，彭德懷以為毛澤東不再想打
金門了，解放軍的總參謀部取消了福建前線的一級戰備狀態。
時隔一天，毛澤東又變卦了。8月20日下午，他召集高層會議，
要求盡快實行砲擊金門。[42] 這一次他沒有給予任何政治或外交
的理由，因為與會者都知道，毛澤東的砲擊金門只有一個目
標，就是用軍事壓力來迫使華盛頓逼台北從金門馬祖撤退。8月
23日，砲擊金門開始了。同一天，毛澤東說：我們的要求是美
軍從台灣撤退，蔣軍從金門、馬祖撤退。你不撤我就打。台灣
太遠打不到，我就打金、馬。這肯定會引起國際震動，不僅美

---

41 同上，頁854。
42 Chen, pp. 179-180.《毛年譜》，卷3，頁416。

國人震動、亞洲人震動，歐洲人也震動。[43]

　　美國人確實震動了，他們的反應既迅速又強硬。華盛頓在8月8日就明確地說，目前的形勢和1954年底不同，現在的沿海島嶼已同台灣本土集合為一體，對沿海島嶼的攻擊就是對台灣本土的攻擊。中共砲擊金門後，美國政府認為這是對台灣本土攻擊的起點。美總統立即命令第七艦隊為台北運輸艦護航；更多的軍艦從地中海調往台灣海峽。十五架B-47轟炸機進入警備狀態，準備用戰術原子彈來打擊中共目標。但是為了不鼓勵台北去擴大衝突，美國參謀長聯席會議主席特別告誡美軍駐台司令，不要對國民黨政府透露所有美國的軍事計畫。[44]9月4日，艾森豪授權杜勒斯在羅德島的新港發表聲明，明確表示美國有條約義務和國會授權來防禦台灣，而沿海島嶼，即金門、馬祖，是防禦台灣的重要部分。這就是所謂的「新港宣言」（Newport Declaration）。[45] 可是毛澤東對美國明明白白的戰略意圖和政策表態視而不見，聽而不聞。8月25日，他在政治局會上說：

> 從這幾天的反應看，美國人很怕我們不僅要登陸金門，馬祖，而且準備解放台灣。其實我們向金門打了幾萬發砲彈，是火力偵察。我們不說一定登陸金門，也不說不登陸。我們相機行事，慎之又慎，三思而行。因為登陸金門

43　吳冷西，《憶毛主席》（北京：新華出版社，1995），頁74。

44　參見美國參謀長聯席會議給美軍駐台灣司令8月29日的電報。*Foreign Relations of the United States, 1958-1960, China, V. XIX, Document 53.*

45　這一宣言的全文在*Foreign Relations of the United States, 1958-1960, China, V. XIX, Document 68.*

不是一件小事，而是關係重大。問題不是那裡有九萬五千
蔣軍，這個好辦，而在於美國政府的態度。美國同國民黨
訂了共同防禦條約防禦範圍是否包括金門，馬祖在內，沒
有明確規定。美國人是否把這兩個包袱也背上，還得觀
察。打砲的主要目的不是要偵察蔣軍的防禦，而是偵察美
國人的決心，考驗美國人的決心。[46]

　　毛澤東是知道美國要防禦台灣的政策姿態，但是他懷疑美
國人的戰略信譽（credibility）。更確切地說，他希望美國人
說話不算數，在壓力之下就沒有決心了。因此，他不是要「偵
察」美國人的決心，更是要「考驗」美國人的決心。美國二戰
後的國際安全戰略是建築在「集體安全」系統上的，比如北大
西洋條約組織（NATO）。在亞太地區美國先後與日本、南朝
鮮、菲律賓締結雙邊條約，以及東南亞條約組織。在這個集體
安全系統裡，美國的「戰略信譽」十分重要，如果華盛頓拋棄
一個盟友，或對某一條約義務自食其言，美國就會失去作為安
全體系的主心骨的地位，以致使整個系統搖搖欲墜。但是毛澤
東對此似乎一無所知。其實他是以己之心，度美國人之腹。在
朝鮮戰爭中，他對史達林和金日成的承諾，有說話不算數之
嫌。他希望美國人也一樣，在壓力下就退卻了。但是他不知道
他能加多大的壓力才能使華盛頓退卻，而他又不願同美軍發生
軍事衝突。這種自相矛盾的心理，是理解毛澤東在兩次危機中
的表現的關鍵。

46　王焰，《彭德懷年譜》（北京：人民出版社，1998），頁698。

毛澤東說美國人怕他「解放台灣」，其實他更怕同美國人打仗。8月20日他聽取葉飛彙報前線的準備情況。聽完彙報後，毛澤東沉默無語，然後又突然提出這麼一個問題：你們用這麼多的砲打，會不會把美國人打死啊？葉飛說國民黨軍的美國顧問一直配備到營一級，美國人會被打到。毛聽後又沉默了十多分鐘，然後又問：能不能不打到美國人？葉飛說避免不了。毛聽後再也不問其他問題，也不給任何指示，就宣布休息。砲擊金門後，美艦為國民黨護航，葉飛請示毛澤東如何對付，毛下令「只准打蔣艦，不准打美艦」，並要葉飛每半小時向他報告一次。葉飛又問：如果美艦開砲怎麼辦？毛答：「如果美艦開砲，不准還砲。」葉飛怕聽錯了，又重複問了三遍，毛的答覆是「不准還擊」。[47]

毛澤東的自相矛盾不止於此。他的宣傳部門理解他要施加壓力的意圖，因此，總政治部從8月27日起，開始不斷地廣播，敦促金門的國民黨部隊放下武器，因為「對金門的登陸進攻已迫在眉睫」。毛澤東得知後，非常惱怒，並發指示，規定一切重要的宣傳，包括文告、口號、社論、廣播等等，都要事先通過他。[48] 他1954年推出「解放台灣」，從而把美國人拉進本來是國共內戰在沿海島嶼的繼續，以配合他的國內動員，並同蘇聯的「和平共處」唱反調。1958年8月25日，他就已經知道美國人認為北京「不僅要登陸金門，馬祖，而且準備解放台灣」，

47　這是葉飛1984年的談話紀錄，見《毛澤東傳》，頁857-861。葉飛的回憶被文獻資料證實，見《毛年譜》，卷3，頁440-441。

48　同上，頁859-860。

但是他並沒有作出任何舉動來使華盛頓稍稍平靜一下，因為他的目的就是要製造緊張局勢，增加軍事壓力。那麼他的部下說要馬上登陸的廣播不是使局勢更加緊張，壓力更加增大了嗎？為什麼毛澤東對此要惱怒呢？這就進一步說明他砲擊金門，挑起國際爭端，卻沒有一個通盤計畫和既定政策；他的方針就是「打打看看，看看打打」，就像他在上述指示中所說。

　　如果說毛澤東的砲擊金門是火力偵察或考驗美國對共同防禦金門、馬祖的決心，9月4日美國政府的「新島宣言」就是他所得到的答覆。他知道他的政策冒險已經失敗，美國人不會自食其言，要求國民黨撤退，儘管華盛頓極其不願為兩個小島同中國打仗，並使用核武器。此後毛澤東的言行都為了一個目的，那就是要在打了敗仗後仍能逞英雄。9月6日，他在最高國務會議講話時提出了所謂的「絞索政策」：美國要和蔣介石一起守金門、馬祖，「它上了我們的絞索……我們哪一天踢它一腳，它走不掉，因為它被一根索子絞著了。」同時他還說：「我們並不要登那個什麼金門，馬祖。你登它幹什麼？它的工事相當堅固。就是嚇它一下。」然後他又重彈「國內動員」的老調：「這種在武裝對立的情況下的緊張局勢，也是能夠調動一切積極因素，並且使落後階層想一想問題。」[49] 毛澤東不僅把金門、馬祖說成是「酸葡萄」，他並不打算拿下它們，而且還把他得不到的東西說成是對付敵人的武器。為了給他失敗的行動添加一層愛國的光彩，毛澤東甚至不惜製造「假新聞」：「他要拿沿海島嶼交換台灣，我們是原則上不能交換台灣。你

49　同上，頁862-863。

這個沿海島嶼交我們，台灣就成為獨立國，這個東西總不可以吧。」[50] 這樣他就把砲擊金門說成是維護國家統一和領土完整的民族主義愛國行動了。但是仔細考察一下，所謂的「他」根本不存在。華盛頓至今為止，從未主張過「台獨」，而且當時台北占有聯合國席位，美國根本無意承認北京政府。毛澤東顯然製造出了這個根本不存在的「他」，以此來為自己臉上貼金。

在同一個會上，毛澤東說：「美國人和我們都怕打仗。但是誰怕得更多一點呢？是杜勒斯怕我們怕得多一點。這裡有一個力量的問題，人心的問題。人心就是力量。」他接著說美國的「新港宣言」是「前面很硬，後面就軟了，就是雷聲大，雨點小」。他把美國在堅持原則的同時又提出恢復談判看成是一種軟弱和退卻的表示，於是他給砲擊金門又增加了一層勝利的光彩：「現在好處就是我們這一打，打出美國想談了，它敞開了這扇門了。看樣子它現在不談，也是不得下地，它每天緊張，它不曉得我們要怎麼樣幹。那好，就談吧。」同一天，周恩來發表《關於台灣海峽地區局勢的聲明》，表示中國政府準備恢復中美兩國大使級會談。會談在9月15日開始。[51] 至此，第二次台海危機開始趨向緩和。

但是毛澤東還是遲遲不願放棄他要台北從金門、馬祖撤退的幻想。既然華盛頓不會壓台北撤退，蔣介石能不能被說服呢？9月8日，周恩來接見香港記者曹聚仁，說金門、馬祖的蔣

50　同上，頁866。
51　同上，頁863-866。

軍有三條路可走：與島共存亡；全師而還；美國逼蔣撤退。這
第三條路「是很不光彩的」。兩天後，周恩來又見曹聚仁，要
他盡快轉告台北：如果美軍不再護航，北京會停止砲擊七天，
讓國民黨向金門、馬祖運糧彈補給。「內政問題應該自己來談
判解決⋯⋯美國可以公開同我們談，為什麼國共兩黨不能再來
一次公開談判呢？」[52] 硬的失敗了，就來軟的，這完全可以理
解。但是毛澤東在9月9日，又將他的「絞索論」的講話公開
登報發表，這也就是向世界宣布，他不想讓美蔣從金門、馬祖
撤退，因為他要把那兩個島變成牽制敵人的「絞索」。[53] 這不
又是自相矛盾嗎？10月30日，他對《人民日報》的吳冷西說：
「其實我們也不是不想拿下金門，馬祖。但這個問題不單是
同蔣介石有關，特別是要考慮美國的態度，切不可以魯莽從
事。」他還說：「在華沙恢復的中美會談，經過幾個回合的
和談偵察，大體可以判斷美國人要保台灣但不一定保金門，
而且有跡象顯示美國人企圖以放棄金、馬換取我承認其霸占台
灣。」但是他要暫停這方面的宣傳，待中央決策後再說。[54] 9月
11日，毛澤東指示周恩來：「華沙會談，三四天或一周以內，
實行偵察戰，不要和盤托出。」周恩來說：「估計美方可能先
提停火，再提沿海島嶼非軍事化。已預告王炳南予以駁斥。」[55]
　　在砲擊的「火力偵察」失敗後，毛澤東又要進行「和談偵

52　《周恩來年譜，1949-1976》，卷2，頁168。

53　《人民日報》1958年9月9日。

54　吳冷西，《憶毛主席》（北京：新華出版社，1995），頁81-82。吳的回憶
　　被《毛年譜》，卷3，頁452的記載所印證。

55　《周恩來年譜，1949-1976》，卷2，頁169。

察戰」，因為他始終沒有放棄他發難的基本目的：拿下金門、馬祖，而不同美國打仗。在整個9月間，毛澤東繼續在做「美蔣金馬撤退」之夢，台灣海峽的緊張局勢也拖延不息。9月13日，他命令前線部隊要「白天黑夜打零砲，每天二十四小時……使敵晝夜驚慌，不得安寧」。[56] 9月18日，他又要周恩來通過施亞努向世界表明「我國收復沿海島嶼的決心和解放台灣的神聖權利」。[57] 可見在「新港宣言」後的整個九月間，毛澤東仍然堅持繼續加強軍事和外交壓力，以使美國逼迫台北從金門、馬祖撤退，因為這是他挑起危機的目的。但是到了10月初，砲戰和談判都沒有結果，毛澤東可能也累了。9月30日，杜勒斯在回答記者提問時說，國民黨在金門的部隊如果在軍事壓力下撤退，將對其他地區的人民、他們的士氣和台灣本身的防禦非常不利。但是如果雙方停火成為可靠的現實，那麼把那麼多的部隊集中在那些島上是不明智的，從軍事的觀點來看也是如此。他還說，停火不一定要有簽字的協定，很可能就是既成事實。[58] 國務卿答記者問是常規，杜勒斯在此也沒有陳述任何新的政策觀點。然而毛澤東則如獲至寶。從10月3日到13日，他幾乎每天都召集政治局會議，討論杜勒斯談話和美國對台灣政策。他在9月6日已經拋出美國要製造「兩個中國」的假新聞，直至9月30日，他還感到不要馬上對此進行公開宣傳。但是在10月3日和4日的政治局會議上，「兩個中國」成了主要話題。附和著毛澤

56　《毛文稿》，卷7，頁416。

57　《周恩來年譜》，中卷，頁171。

58　杜勒斯答記者問的摘要在 *Foreign Relations of the United States, 1958-1960, China, V. II, Document 143.*

東的思路，周恩來說，杜勒斯的談話，表明美國想趁目前這個機會製造兩個中國，要我們承擔不用武力解放台灣的義務，以此為條件，美國可能要台灣放棄所謂「反攻大陸」的計畫，並從金門、馬祖撤退。杜勒斯這個政策，一句話就是以金、馬換台、澎。毛澤東說，偵察任務已經完成，問題是下一步棋怎麼走，可以設想，讓金、馬留在蔣介石手裡如何？這樣做的好處是金、馬離大陸很近，我們可以通過這裡同國民黨保持接觸，什麼時候需要就什麼時候打砲，什麼時候需要緊張一點就把絞索拉緊一點，可以作為對付美國人的一個手段。[59] 這樣，毛澤東不僅找到了一個體面下台的台階，同時又能把自己塑造成民族英雄。

周恩來實際上不會相信華盛頓會推行「兩個中國」的政策。10月5日，他告訴安東諾夫：美國手裡有三張牌，一張是保衛金馬，另一張是搞「兩個中國」，第三張是凍結台灣海峽。經過前一段的鬥爭，美國人收回了第一張牌。對第二張牌，中國政府堅決反對，蔣介石也不接受。至於第三張牌，由於蔣介石的強烈不滿，美國人還不會馬上打出來。[60] 關於「第二張牌」，既然台灣海峽兩岸的政府都反對，聰明能幹的周恩來真的會認為美國人那麼愚蠢固執，要推行不可行的政策嗎？看來他是投毛澤東所好，讓毛找個台階，也好讓危機早點結束。

其實，毛澤東在1955年就已經用反對美國製造「兩個中國」的假新聞來為他的「解放台灣」之舉辯護。1959年10月，

59　《周恩來年譜，1949-1976》，卷2，頁177-178。

60　《毛澤東傳》，頁876-879。

他告訴赫魯雪夫：美國要「我們保證對台灣不使用武力，這實際上就是承認『兩個中國』。這個辦法他們很早就提出了，是通過艾登提出的」。[61] 但是細細一查，美國根本沒有通過艾登提出以金、馬換台、澎之意。1955年2月21日，杜勒斯在馬尼拉說，他要警告試圖居中斡旋的艾登，「除非『國共雙方』在近期達成在台灣海峽的停火，明文表述的或既成事實的停火，我們將不可能有理由繼續拒絕國民黨對中共沿海軍事集結的攻擊，其規模將會更大；特別是考慮到中共還在聲稱他們要用全副武力來進攻台灣。」[62] 華盛頓的一貫立場就是要根據條約和國會決議案來防護台灣，但是又不願同中共為沿海島嶼展開全面衝突。因此停火和維持現狀就是順理成章的近期政策。美國很重視國民黨的士氣，因為它是台灣防禦的一個重要因素。杜勒斯同一天還說，除非國民黨能顯示從浙江沿海島嶼撤退將引起無望的士氣衰退，美國主張撤退。但是美國將盡一切能力來使國民黨能夠守住金門、馬祖，而不需要美國的直接干預。[63] 在整個第二次危機期間，美國的態度依然如故。所謂美國要「以金、馬換台澎」，只不過是毛澤東的一廂情願和一個體面的託詞而已。

既然現在把主要矛頭指向華盛頓，對台北就要拉一下，實行「統一戰線」之策略。10月15日，毛澤東決定停止砲擊，「偃旗息鼓，觀察兩天」，同時「不要發表公開聲明」。但是

---

61 《毛年譜》，卷4，頁196。

62 *Foreign Relations of the United States, 1955-1957, China, V. XIX, Document 123.*.

63 同上。

時隔一天，他又改了主意，發表了〈告台灣同胞書〉：「我們
都是中國人，三十六計，和為上計……台，澎，金，馬是中國
領土，這一點你們是同意的……世界上只有一個中國，沒有兩
個中國。這一點，也是你們同意的……美國人總有一天肯定要
拋棄你們的……杜勒斯九月三十日的談話，端倪已見。」[64] 毛
澤東的用意非常清楚，就是要利用和加深華盛頓與台北的矛
盾。但是他似乎忘了，正是他製造的兩次台海危機，把美國和
台灣拉得更近了。而所謂的「兩個中國」的陰謀，其實是產於
北京，而不是華盛頓。至於拉緊「絞索」，更是一種「打腫臉
充胖子」的託詞。事實上，兩次危機之後，毛澤東可能也逐漸
懂得了美國對戰略信譽的極端重視，不會輕易自食其言。因
此，他再也沒有在台灣海峽製造緊張局勢了。恰恰相反，1958
年後，他把主要矛盾轉到了中國的主要盟友頭上去了；中蘇關
係的緊張在十年內從「論戰」發展到真槍實彈的邊界戰爭。這
一過程是同兩次台海危機切切相關的。

五〇年代的中蘇矛盾

1958年台海危機和中蘇分裂的開始，不僅發生在同一個
時間段，更因為這兩個事件出於同一個根源，那就是毛澤東要
當世界共產主義的領袖。他把砲擊金門說成是支援中東人民對
帝國主義的鬥爭，又要把金門、馬祖當著牽制美帝國主義的絞
索。儘管這些都是宣傳而已，毛澤東要把他的「中國革命」和

---

64 《毛澤東傳》，頁875-876。

國際反帝鬥爭聯繫起來的念頭卻是顯而易見的。他的矛頭表面上是指向美國，但是隱藏在幕後的另一個動機是向蘇聯的「和平共處」方針和國際共產主義領導權的挑戰。從這個意義上說，1958年台海危機既是毛澤東對美敵意的產物，又是他同莫斯科爭鬥的結果。

　　毛澤東在1958年7月推遲砲擊金門的原因之一是赫魯雪夫突然對北京的訪問。赫魯雪夫來訪的主要目的是向毛澤東解釋有關「長波電台」和「聯合艦隊」的事宜。1958年4月，蘇聯國防部長馬林諾夫斯基向彭德懷提議，用最新的技術在中國沿海建立一個聯合的長波無線電台，用以指揮太平洋地區的艦隊。雙方共同投資，共同使用。6月7日，毛澤東批示：「錢一定由中國出，不能由蘇方出。使用共同……如蘇方以高壓加人，則不要回答，拖一時期再說。」[65] 他顯然對提議中的軍用設施之所有權非常敏感，堅持要中國出資，中方擁有，蘇方只提供技術。同時他對蘇聯人的態度也十分敏感，他們的態度不好，寧可不合作。7月21日，蘇聯大使尤金來見毛澤東，轉達了赫魯雪夫對中國要求蘇聯幫助加強海軍和海防的意見：「蘇聯的自然條件使我們不能充分發揮核潛艇艦隊的作用……因此赫魯雪夫同志希望同中國一起商量一下，建立一支共同潛艇艦隊。」毛澤東不無諷刺地說：「啊，就像農民搞合作社一樣。」尤金繼續接著說：「希望中共中央派周恩來，彭德懷同志以及必要的助手到莫斯科，把我們的一切東西都看看，然後具體商量。」毛澤東對蘇方的建議非常不滿：「我們想叫你們幫助我們搞，

65　《毛文稿》，卷7，頁265-266。

但對『合作社』問題沒想過，要研究一下。是否只搞『合作社』你們才幹？首先要明確方針：是我們辦，你們幫助，還是只能合辦，不合辦你們就不給幫助，就是你們強迫我們合辦。我們先討論，同意就去人，不同意，又不幫助，我們就不搞。」[66]

尤金是凌晨一點多才離開，毛澤東上午十一點又把他招來，一直把這位蘇聯大使訓到下午四點多：

> 昨天你們走了，我一直睡不著，也沒有吃飯……看來，關於海軍提出的核潛艇的請求可以撤銷……你們就是不相信中國人，只相信俄國人。俄國人是上等人，中國人是下等人，毛手毛腳的，所以才產生了合營的問題。你們只搞了一點原子彈，就要控制，就要租借權。你們一直不相信中國人，史達林很不相信。中國人被看作是第二個狄托，是個落後的民族。你們說歐洲人看不起俄國人，我看俄國人有的看不起中國人……我們對米高揚不滿意。他擺老資格，把我們看做兒子。他擺架子，可神氣了……現在我們決定不搞核潛艇了，撤回我們的請求……那你們就幫我們建造核潛艇麼！你們可以做顧問。為什麼要提出所有權各半的問題？這是一個政治問題。[67]

赫魯雪夫得到報告後，立即要來訪北京，親自向毛澤東解

66　《毛年譜》，卷3，頁390-391。
67　同上，頁391-392。

釋，以平其憤怒。毛澤東同時把砲擊金門的日期推延了。赫魯雪夫7月31日抵達北京。第一次會談，毛澤東顯得非常感情化，對赫魯雪夫完全沒有一種國與國首腦間的外交禮儀。赫魯雪夫先講了半小時，試圖對中方解釋蘇方的關於長波電台合作的設想。毛澤東突然制止他的客人：「你講了很長時間，還沒有講到正題……請你說明什麼是共同艦隊？」當赫魯雪夫繼續談長波電台對蘇聯在太平洋的潛艇艦隊的重要性時，毛澤東越聽越惱火，憤然立起身，指著赫魯雪夫的鼻子，聲色俱厲：「你講的這一大堆毫不切題。我問你，什麼叫聯合艦隊！」赫魯雪夫漲紅了臉，很不自在：「我們不過是來跟你們商量商量……」毛澤東怒不可遏：

　　「什麼叫共同商量。我們還有沒有主權了？你們是不是想把我們的沿海地區都拿去？你們都拿去算了！」赫魯雪夫嘟囔：「我們沒有這個意思，不要誤解……」毛澤東抓住不放：「你這個意思不對。你明明是搞聯合艦隊！」赫魯雪夫已經知道毛澤東不會答應辦聯合潛艇艦隊，於是說：「我們能不能達成某種協議，讓我們的潛艇在你們國家有個基地，以便加油，修理，短期停留，等等？」「不行！我再不想聽到這種事！」毛澤東斷然拒絕。赫魯雪夫微露憤懣地說：「大西洋公約組織國家在相互合作和供應方面沒有什麼麻煩，可是我們這裡竟連這樣的一件事情都達不成協議！」會談不歡而散。[68]

68　李越然，《外交舞台上的新中國領袖》，外語教學與研究出版社，1994，頁148-154。李越然是毛澤東的俄語翻譯，作者於1998年9月4日採訪了他，並有錄音。《毛年譜》，卷3，頁396-397也有對此會談的記載，雙方態度之激烈充滿在字裡行間，只是李越然的描述更有聲有色一些。

　　毛澤東的大發雷霆並沒有顯示他的維護中國主權和反對「大國沙文主義」的精神，因為中國需要蘇聯的幫助來加強國防建設，而莫斯科又願意商量並作出一些讓步。他何樂不為呢？他的違反基本外交準則的行為實際上反映了他內心深處的悲憤和失望。史達林死後他就有心取而代之，無奈中國實在太落後。他曾經抱怨中共如要召集一個世界共產黨會議，別人不會來。這種深藏的自卑在一定條件下會表現為突發的憤怒，總認為別人把他看低了。北京向莫斯科伸手要援助，毛澤東已經感到沒有面子了；而對方還要講條件，他就覺得是可忍，孰不可忍了。兩國領導人的這樣的會談情況顯示了兩國關係前景不妙，當時在場當翻譯的李越然得出結論是正確的：「中蘇關係不可避免地朝惡化的方向發展了」。69

　　其實史達林後的克里姆林對北京的態度有了很大的改觀，蘇聯對中國的援助成倍地增長。1954年，赫魯雪夫歸還了旅順軍港，把所謂「合營」的東北的鐵路和新疆的公司的俄國股份還給中國。在有些情況下，蘇聯新改造的武器在本國尚未投入生產時就交給中國了。有些俄國歷史學家至今還在提問莫斯科當時為什麼那樣做，赫魯雪夫後來也不無後悔地說，當時他對毛澤東是倒仰著鞠躬。70 如果毛澤東能利用那時蘇聯的友好姿態和中國在社會主義陣營裡的影響，北京的國防和建設事業都會繼續得益匪淺。但是他的「權威夢」不僅把中蘇同盟毀了，

---

69 同上。

70 Sergei Goncharenko, "Sino-Soviet Military Cooperation," in O.A. Westad, ed. *Brothers in Arm: the Rise and Fall of Sino-Soviet Alliance,1945-1963*（CA: Stanford University Press, 1998）, pp. 141-164.

二戰後一時氣勢洶洶的國際共產主義運動也開始江河日下了。

　　赫魯雪夫的北京之行是在毛澤東決定砲擊金門以後，但是他對來訪的蘇聯領導人隻字不提他即將在台灣海峽採取的軍事行動。8月23日砲擊後，美國的反應迅速而強烈，台灣海峽面臨核戰爭的危險。蘇聯外長葛羅米科於9月6日匆匆趕到北京，並帶來赫魯雪夫給艾森豪的信的草稿。該信宣布，如果中國被核武器所打擊，侵犯者將立即被同樣的武器還擊。毛澤東在信上批示，要周恩來找幾個人研究一下，寫個意見，「肯定正確部分占90%，可商量部分只占少數。」[71] 赫魯雪夫把他的草稿送給毛澤東過目已經是世界外交史上少見的例子，而毛澤東對這種「客氣」視為理所當然，竟然像對下屬的文章來批改評論，更是獨一無二的。雖然有著不久前與毛澤東不愉快的會談，赫魯雪夫仍然想挽救和改善中蘇關係。而毛澤東則是趾高氣揚，對蘇聯領導人毫無尊重之意。

　　代表毛澤東的周恩來在同葛羅米科會談時說：我們砲擊沿海島嶼，是已經考慮到與美國打一場地區性的仗的可能，也準備承受美國對我們的打擊，包括戰術核武器摧毀我們一些城市。在目前的階段，即使美國動用戰術核武器，蘇聯也不要參加這個衝突。只有當美國把戰爭擴大時，蘇聯可以用核武器還擊。[72] 作為1950年《中蘇友好合作條約》的簽字者，毛澤東故

71　《毛年譜》，卷3，頁439-440。

72　此段談話在中文資料中查不到，但是在前蘇聯檔案館卻有案可查。見　Vladislav Zubok, Constantine Pleshakov, *Inside Kremlin's Cold War*（Cambridge: Harvard University Press, 1996），p. 225. 毛澤東在10月14日覆赫魯雪夫的信中有同樣的意思。見《毛年譜》，卷3，頁463-464。

意對蘇方隱瞞他即將開始的軍事行動，已經是違反條約的條款和精神的。如果他千方百計地要避免與美軍的衝突，不願砲擊時打死幾個美國人，那麼他告訴莫斯科中國準備與美國開戰，並承受核武器的攻擊，更是對盟友的扯謊。更有甚者，作為一個援助的接受者和蘇聯核保護傘的受益者，毛澤東竟然告訴赫魯雪夫何時使用核武器。這種本末倒置的荒誕在外交史上是罕見的，但是它卻有其深厚的根源，那就是毛澤東多年來追求世界共產主義領導權的雄心，並在1957年莫斯科會議期間和之後，把自己看成為實際上的領袖，高居於赫魯雪夫之上。

　　儘管毛澤東不可思議的行為，赫魯雪夫繼續願意向中國提供額外的援助。9月27日，赫魯雪夫的公開信發表一周時，他又致信毛澤東，重申「對中國的攻擊就是對蘇聯的攻擊」之原則。同時他召見劉曉，中國駐蘇大使，表示願意對中國增加軍事援助以加強海空軍的實力。劉曉立即回報北京，但是毛澤東拖了整整十來天才答覆：不要蘇聯援助。[73] 克里姆林真的被毛澤東的行為驚呆了，並對他的精神健康問題提出疑問。他們指示尤金送報更多有關毛澤東私人生活的情況。[74] 莫斯科對毛澤東精神穩定狀況的疑問不是毫無道理的。在他和赫魯雪夫情感激動的會談後，他對李志綏說：赫魯雪夫要和美國改善關系？好吧，我們就用打砲來祝賀他們。蔣介石要美國用原子彈打我

---

73 劉曉，《出使蘇聯八年》（北京：中共黨史出版社，1998），頁74-78。毛的覆信是10月14日發出的。見《毛年譜》，卷3，頁463-464。

74 Goncharenko, pp. 151-152.

們，讓他打吧。那時看赫魯雪夫怎麼說。[75] 毛澤東列舉了很多砲擊金門的理由，但是在他的心靈深處，還有一個他不能明說的原因，那就是他要向蘇聯外交方針和領導權挑戰。他並不是不能理解「和平共處」的策略，他在五〇年代初也真心擁護過。同時，他曾經和蔣介石結成兩次「統一戰線」。但是為了爭奪領導權，他不能跟著莫斯科的方針；他必須提出他自己的，並且與蘇聯不同或相反的方針。

　　毛澤東要抓國際共產主義運動的領導權從史達林死後不久就開始了。1954年他命令砲擊金門，開始了「解放台灣」運動，把美國引入了國共在沿海島嶼的爭奪。但是他根本沒有想到要根據1950年《中蘇友好同盟條約》的精神，事先通報一下莫斯科。他在台灣海峽製造國際緊張局勢，實際上是他向莫斯科的「和平共處」外交方針挑戰的開始。蘇聯二十大批判了史達林後，莫斯科對東歐國家的控制出現了危機。1956年的波蘭事件尚未平息，匈牙利事件又爆發了。毛澤東利用蘇聯的困難時機，加速了他的爭奪領導權的步伐。1956年6月，波茲南的工人罷工和上街示威，以及同政府和軍隊的流血衝突，震動了波蘭及其執政黨。在史達林時期被打擊的哥穆爾卡復出，批評當權者處理波茲南事件不當，要求改組政治局。當莫斯科試圖干涉時，哥穆爾卡更是在黨內黨外受寵於眾，並成為波蘭的新領袖。赫魯雪夫擔心波蘭要脫離社會主義陣營，退出華沙條約組織，因此準備對波蘭進行武裝干涉。10月20日，赫魯雪夫致電

75　Li, zhisui, *The Private Life of Chairman Mao*（New York: Random House, 1994）, p. 262.

毛澤東，說波蘭反蘇勢力囂張，準備武裝干涉，並問中共有何意見。身穿睡衣的毛澤東立即召開政治局會議，他說：「兒子不聽話，老子打棍子。一個社會主義大國對另一個社會主義鄰國武裝干涉，說違反最起碼的國際關係準則，更不用說違反社會主義國家互相關係的原則，是絕對不允許的。這是嚴重的大國沙文主義。」[76]

　　會後毛澤東立即召見尤金，並直截了當地說：「我們政治局一致認為，蘇聯武裝干涉波蘭是違反無產階級國際主義原則的，中共中央堅決反對蘇共中央這樣做，希望你們能懸崖勒馬。如果你們竟然不顧我們的勸告，膽敢冒天下之大不韙，中共中央和中國政府將公開譴責你們。」第二天，莫斯科來電，邀請中共派代表團參加蘇聯和波蘭的談判。毛澤東決定劉少奇和鄧小平於22日前往，任務是調解；方針是著重批評蘇共的大國沙文主義，同時也勸說波黨顧全大局；方式是只分別同蘇共或波共會談，並不參加他們兩黨間的會談。蘇聯派專機來接中共代表團，此後毛澤東每天都同劉少奇、鄧小平電話聯繫，幾

---

76 吳冷西，頁11-13。根據中俄文獻資料，沈志華信服地指出，吳的回憶有錯誤，因為10月20日時毛澤東根本不知道蘇聯有武裝干涉波蘭的意圖。因此北京也沒有在赫魯雪夫決定不對波蘭進行武裝公司的決策過程中起了如何決定性的作用。見《思考與選擇：從知識分子會議到反右運動》，香港中文大學出版社，2008，頁385-400。但是吳所說的內容和毛在其他時間講的是基本一致的，就是重點反對蘇聯大國沙文主義。同時吳對毛澤東在處理波蘭和匈牙利事件中的指導性作用的誇張也反映了北京對介入歐洲事務的自信。時隔一年後，毛澤東將公開在莫斯科會議上對蘇聯在共產主義運動中的領導地位提出挑戰。請看下文。

乎每天都在他的住所開政治局會議。[77] 他遙控代表團的行動，周旋於蘇波之間，儼然像個仲裁者。代表團還在莫斯科之際，匈牙利事件又接踵而來。10月23日，布達佩斯二十多萬人上街舉行反政府的示威遊行，推倒史達林塑像，衝擊黨政機關，占領電台和一些軍事設施。當天晚上，該國黨中央召開緊急會議，改革派的納吉出任部長會議主席。但是新政府無力制止反政府的群眾，反政府和反蘇的浪潮席捲全國。10月30日，米高揚通報了中共代表團匈牙利的形勢惡化，並徵求他們的意見。劉少奇立即與毛澤東通電話，問是否把出兵鎮壓和蘇軍從匈牙利撤退兩種意見都提出來同蘇方商量。毛澤東同意這樣做。[78]

早在10月24日，數千蘇聯軍隊進入了布達佩斯，但是他們使形勢更加惡化了。當天下午，至少25人被殺，2千多人受傷，一些匈牙利保安人員倒戈。反蘇反政府的行動蔓延全國。到了30日，形勢已經不可收拾，克里姆林決定撤退蘇軍。同時發表了一份宣言，承認蘇聯犯了嚴重的錯誤，違反了社會主義各國間的平等原則，並保證要尊重各國主權。時隔一天，赫魯雪夫又改變了主意，命令更多的蘇聯部隊去匈牙利鎮壓反蘇民眾，而米高揚仍然不同意，提議等十到十五天。由於考量到在羅馬尼亞、保加利亞、捷克等國的連鎖反應，克里姆林的多數人支持赫魯雪夫。11月5日，蘇聯的坦克和士兵開始鎮壓匈牙利人民，兩萬多匈牙利人喪生，一千五百多蘇聯士兵死亡。[79]

77　同上，頁13。

78　《毛澤東傳》，頁604-605。

79　William Taubman, *Khrushchev: The Man and His Era*（New York: W.W. Norton, 2003）, p. 299.

　　11月1日，北京發表《關於蘇聯政府十月三十日宣言的聲明》：中國支持蘇聯政府宣言；中國一向認為世界各國，包括各社會主義國家間的關係，應該建立在和平共處五項原則上。中國政府注意到波蘭和匈牙利人民在最近的事件中推出加強民主、獨立、平等並在發展生產的基礎上提高人民物質福利的要求，這些要求是正當的。[80] 同日晚上，劉少奇和鄧小平一行回到北京，向毛澤東和政治局彙報訪蘇情況。據與會者稱：「這次會議同前幾次會議的嚴肅緊張完全不同，整個會議過程洋溢著興高采烈的氣氛。」據說，赫魯雪夫在送代表團去機場時說，由於中共的幫助，蘇聯決定把軍隊留在匈牙利。蘇共主席團全體成員都來機場歡送，紛紛感謝中國先在波蘭問題上幫助他們，現在又在匈牙利問題上幫助他們。[81] 當蘇聯和東歐正經歷著特大危機時，為什麼北京卻是「興高采烈」呢？毛澤東和他的同志們終於感到他們過去做「小弟弟」或「兒子」的日子一去不復返了；現在是他們出人頭地的時候了。為了給國際共產主義運動提供方向，毛澤東決定要寫《再論無產階級專政的歷史經驗》，並明確地說，此文是「形式上面向國內，實際上面向世界」。[82] 同時在黨內會議上，他已經用「老子黨」的口氣來談論蘇聯問題了。1957年1月27日，毛澤東在省市自治區黨委書記會議上說：

80　《毛年譜》，卷3，頁21。

81　吳冷西，頁14-15。

82　《毛年譜》，卷3，頁40。

　　據我看，形勢比一些人強，甚至比大官強。在形勢的壓迫下，蘇聯那些頑固分子還要搞大國沙文主義那一套，行不通了。我們目前的方針，還是幫助他們，辦法就是同他們當面直接講。這次我們的代表團到蘇聯去，就給他們捅穿了一些問題。我在電話裡跟恩來同志說，這些人利令智昏，對他們的辦法，最好是臭罵一頓……當了第一書記，也是一種利，也容易使頭腦發昏，昏得厲害的時候，就得用一種什麼辦法去臭罵他一頓。這回恩來同志在莫斯科就不客氣了，跟他們抬槓子了。[83]

　　到了同年年底，毛澤東的這種「老子黨」的姿態就會在莫斯科共產黨國際會議上顯現無遺。他已經以國際共產主義運動的領袖自居了。然而他把自己的地位和聲譽看得比原則和道義更重要。1957年1月，正是他要在莫斯科的周恩來「臭罵一頓」赫魯雪夫的同時，他又要周恩來告知在南斯拉夫的彭真單獨會見狄托，向他轉達毛澤東的建議：由中共和南共共同發起召開一次世界各國共產黨代表會議，以討論和協調各國黨的活動問題。由於這時蘇共的名聲很不好，沒有幾個黨肯聽他們的話，所以由中共和南共發起較好。周恩來要求絕對保密，叫伍修權大使親自當翻譯。狄托不同意，毛澤東只能罷休。[84] 毛澤東顯然是要正式而公開地抓權了。但是狄托不配合，他對狄托的惱

83　《毛澤東文集》，卷7，頁191。
84　伍修權，《回憶與懷念》（北京：中共中央黨校出版社，1991），頁310。
　　伍的回憶被《毛年譜》，卷3，頁68的記載所印證。

火可想而知。史達林時期，南斯拉夫要承認新中國，毛澤東置之不理。赫魯雪夫同狄托和好後，毛澤東向南斯拉夫道歉，把責任推到史達林身上，說他自己被史達林看成是「半個狄托」。狄托拒絕了北京的建議後，毛澤東又轉彎，在批判「蘇聯修正主義」之前，就開始公開批判「南斯拉夫修正主義」。[85]這就大有「順我者昌，逆我者亡」的嫌疑了。

　　狄托的拒絕合作並沒有使毛澤東放棄抓權的願望，他將在1957年末舉行的莫斯科各國共產黨代表會議上表現他的實際領導權。在他出發前，他通過尤金要求莫斯科把機場的迎賓儀式降級，來接的人不要多，不要儀仗隊，尤金感到很為難，只說他向莫斯科如實彙報。毛澤東下機後，受到國賓級的禮儀接待；當赫魯雪夫陪同他坐車進城時，他抱怨說：「我不是請你們不要搞什麼儀式，少來人接嗎？怎麼還這麼隆重？」主人對客人解釋：「其他國家的領導人來了都照慣例辦的。你這樣珍貴的客人，禮遇是不能簡化的。」毛澤東說：「我看共產主義實現了，這一套也就都沒用了！」[86]毛澤東不是第一次出國，赫魯雪夫的回答也是常識；毛澤東奇怪的要求和言行似乎像要顯示他的謙虛，其實是要表現他的與眾不同。這只是他在國際會議上自我表現的開始。

　　毛澤東在莫斯科會議期間最注重的一個問題就是領導權，即共產主義世界以誰為首。在他第一次發言的開頭，他就直截了當地說：「我想談一談『以蘇聯為首』的問題……我們必須

85　《毛年譜》，卷2，頁633-634；《毛文稿》，卷7，頁172。
86　李越然，頁125-132。

有那麼一個國家，那麼一個黨，它隨時可以召集會議。為首同
召集會議差不多是一件事。既然需要一個首，誰為首呢？」他
接著說：

> 我們中國是為不了首的，沒有這個資格。我們經驗少。
> 我們有革命的經驗，沒有建設的經驗。我們在人口上是個
> 大國，在經濟上是個小國。我們半個衛星都也沒有拋上
> 去。這樣為首就很困難，召集會議人家不聽。蘇聯共產黨
> 是一個有四十年經驗的黨，它的經驗最完全。它的經驗分
> 兩部分，最大的基本的部分是正確的，一部分是錯誤的。[87]

聽來很謙虛的毛澤東其實已經試過要「召集會議」，但
是「人家不聽」，於是他就把「為首」和「召集會議」等同起
來，以限制蘇聯的實際領導權，首先是對會議的議程、方針和
決議的指導權。他以馬克思的繼承人自居，因此他應該掌握對
會議的指導權。周恩來1957年1月從蘇聯回歸後的報告說：在國
際局勢的問題上，莫斯科「考慮或應付具體的現實問題多，缺
乏對整個局勢的全面分析和預見，考慮和討論世界戰略和遠景
問題很差……更主要的是他們缺乏對於局勢好壞的兩種估計，
缺乏辯證觀點」。毛澤東很喜歡周恩來的報告，將其印發給各
省市自治區黨委書記。[88] 從這樣的認識出發，毛澤東認為他是
最有資格來指導會議的。莫斯科在毛澤東離開北京之前就把會

87　《毛文稿》，卷6，頁625-626。
88　《毛年譜》，卷3，頁72。

議宣言的草稿送來，他覺得很不滿意。因此他在原計畫上提前三天出發，以便指導宣言的起草過程。[89]

在莫斯科期間，毛澤東和一些歐洲共產黨領導人，如陶利亞蒂和哥穆爾卡等，單獨見面會談，他喜歡講他的「辯證法」，即戰爭有破壞性的一面，同時也有利於革命，諸如此類。就像周恩來認為蘇聯人「缺乏辯證觀點」一樣，毛澤東覺得歐洲人需要從他那裡學點辯證法。於是他讓胡喬木根據他的口述，寫成一段論述辯證法的文字，並將其加入到會議的宣言中。蘇斯洛夫是蘇方負責宣言起草的人物，他為此來找毛澤東。他小心翼翼地說：「毛主席，這是大家都熟悉的道理，不添進去好像也可以⋯⋯」毛澤東將手輕輕一擺：「說大家都熟悉，不見得。如果說有人知道，那必然也就有人不知道。這個觀點你信不信？」由於傲慢自信的毛澤東的執意堅持，蘇聯人只能就此罷休。[90]

在更實質性的理論和指導方針問題上，毛澤東要堅持無產階級專政和武裝革命，以及帝國主義階段戰爭的不可避免性，向蘇共「二十大」的「和平過渡」以及「和平共處」挑戰。在1956年11月，毛澤東就說：「關於蘇共二十次代表大會，我想講一點。我看有兩把『刀子』：一把是列寧，一把是史達林。現在史達林這把刀子，俄國人丟了。列寧這把刀子現在是不是也被蘇聯一些領導人丟掉一些呢？我看也丟掉相當多了。十月革命還靈不靈？還可不可以作為各國的模範？蘇共二十次代表

89　吳冷西，《十年論戰》（北京：中央文獻出版社，1999），頁92-115。
90　李越然，頁137-141。

大會赫魯雪夫的報告說，可以經過議會道路去取得政權，這就是說，各國可以不學十月革命了。這個門一開，列寧主義就基本上丟掉了。」[91] 劉少奇1950年就宣布，武裝鬥爭是中國革命的基本道路，也應該是其他國家爭取獨立和解放的道路，「這就是毛澤東的道路」。史達林命令《真理報》登載劉少奇的講話。[92] 而現在赫魯雪夫卻提倡通過議會道路，「和平過渡」到社會主義，那就是「修正主義」了。他表面上是維護十月革命，實際上是提倡「毛澤東的道路」；在中國國內，「延安道路通天下」成為那個年代很時髦的說法是順理成章的。

在同陶利亞蒂會見時，義大利共產黨領袖告訴他，義黨在議會是個大黨，在政治上很有影響。毛澤東顯然很不以為然，但是他也意識到要在歐洲各共產黨中提倡千篇一律的武裝鬥爭是行不通的。因此他採取迴避的辦法，當赫魯雪夫約他交談和平過渡問題時，他推說他已經睡了，就讓鄧小平談吧。最後在宣言中把兩條道路，即議會道路和武裝鬥爭都寫上。[93] 然而毛澤東對此依然耿耿於懷。當中蘇公開論戰時，人民日報發表了毛澤東親自指導下寫的「九評」，其中有一評的標題是〈論陶利亞蒂同志與我們的分歧〉，在匈牙利事件前後，毛澤東就主持寫了兩篇論無產階級專政歷史經驗的文章，來「教育」蘇聯和歐洲共產黨，儼然以馬克思的接班人自居。其實他的觀點很模糊，往往前後自相矛盾。

91　《毛澤東傳》，頁606。

92　見第一章。

93　李越然，頁135。

　　在國際關係上，毛澤東曾經一度對「和平共處」很熱中，但是1954年就決定與此背道而馳了。莫斯科在成功地發射了第一顆人造衛星後，似乎更加自信，社會主義國家在和平環境中可以同資本主義國家競爭並超過它們。赫魯雪夫越是熱中的事，毛澤東越要反對。但是他也知道，要在歐洲各國共產黨中兜售「戰爭不可避免」的觀點是不現實的。因此，他一方面高舉和平的旗幟來爭取時間，另一方面強調不怕戰爭和準備戰爭。這種「辯證觀點」又被毛澤東在莫斯科會議中推向極端。他在11月18日的會上說：

> 　　現在還要估計一種情況，就是想發動戰爭的瘋子，他們可能把原子彈，氫彈到處摔，他們摔，我們也摔，這就打得一塌糊塗，這就要損失人……要設想一下，如果爆發戰爭要死多少人。全世界二十七億人口，可能損失三分之一，再多點，可能損失一半……我說，極而言之，死掉一半人，還有一半人，帝國主義打平了，全世界社會主義化了，再過多少年，又會有二十七億。[94]

　　包括赫魯雪夫在內的很多人聽了毛澤東的講話都驚呆了，他們開始懷疑毛澤東是不是有精神方面的毛病，並要求蘇聯駐華使館收集有關他個人生活的材料向克里姆林彙報。

　　在莫斯科期間，毛澤東還提出在十至十五年內，蘇聯在經濟生產方面要超過美國，中國則要超過英國。如果他只是為宣

94　《毛澤東文集》，卷7，頁326。

傳和鼓動而誇張現實可能性的話，中國人民或許會倖免於難。
但是他是真正的躍躍欲試，在中國創造經濟奇蹟。他不久前已
經在會上說了，因為中國在經濟上還是小國，所以不能「為
首」。於是他回國後的注意力集中在經濟發展上，1958年也就
成為「大躍進」和「人民公社」之年。表面上他說要趕超英
國，而實際上是要趕超蘇聯。1958年7月31日，赫魯雪夫匆匆來
訪，毛澤東對客人說：「我們現在確實是出現了大躍進，農村
形勢很好。」劉少奇接著說：「我們現在發愁的不是不夠吃，
而是糧食多了怎麼辦？」赫魯雪夫不無嘲弄地說：「那好辦，
糧食多了你們不好辦，可以給我們。」[95]11月21日，毛澤東在武
昌大談「過渡到共產主義問題」，並提問：「中國和蘇聯哪個
先過渡到共產主義？要從各方面慎重考慮。中國早過渡究竟有
無可能，是否有利。即使有可能，也可以用社會主義之名，行
共產主義之實。」[96] 毛澤東真的利令智昏了，他的烏托邦共產
主義和趕超蘇聯的夢想和政策沒有創造出經濟發展奇蹟，反而
造成了空前未有的大饑荒，三千萬中國人將被活活餓死。

　　蘇聯人不久就得出了結論：「1958-1959年似乎是中國領
導層在外交領域中有奇特追求的時期」。[97] 這一結論將被赫魯
雪夫1959年的訪華進一步證明。蘇聯代表團先到美國訪問，赫
魯雪夫和艾森豪在大衛營的會談及其聯合聲明是東西方「和平
共處」的一個里程碑。在回國的路上，來北京參加中共建國十

95　李越然，頁149-150。

96　《毛文稿》，卷7，頁553。

97　Vladislav Zubok, Constantine Pleshakov, *Inside Kremlin's Cold War*（Cambridge: Harvard University Press, 1996），pp. 233-234.

周年慶祝活動。翻譯們事前接到通知，要他們做好思想準備，估計會談將會有「大的爭論」。蘇斯洛夫先到，陳雲到機場迎接。在談話中講到中國國內發展時，客人說，大躍進和人民公社超越了社會主義階段。[98] 莫斯科一直對毛澤東的大躍進持保留和批評態度。8月間的盧山會議，從蘇聯訪問歸來的彭德懷批評大躍進，毛澤東指責他「裡通外國」，站在莫斯科的立場上去了。現在蘇聯人在北京來批評大躍進，毛澤東的惱羞成怒是可想而知的。9月30日赫魯雪夫到後的中蘇會談一開始就充滿著火藥味。赫魯雪夫首先介紹了蘇美會談，毛澤東顯然不感興趣，並說：「你們跟美國人談，我們不反對。問題是你們有些觀點，什麼三無世界呀，大衛營精神呀，這怎麼可能呢？」當赫魯雪夫勸毛澤東釋放兩名美國飛行員時，他斬釘截鐵地說：「不行，這個事不能商量。」[99]

　　會談中爭論最激烈的是8月間的中印邊界衝突。赫魯雪夫認為，印度是不結盟國家，應該搞好關係。陳毅則憤激地說，印度越過邊界向西藏推進才發生衝突，「但是你們塔斯社發表公開聲明，偏袒印度，指責中國。」蘇聯人感到他們被中共政治局成員圍攻了，會談不歡而散。赫魯雪夫當天晚上沒有出席慶祝活動，第二天他告訴毛澤東，蘇聯決定撤回幫助中共建造原子彈的專家。[100] 中蘇同盟的解體已經是勢在必行了。兩個月後，蘇斯洛夫向蘇共主席團提交了一份關於赫魯雪夫訪華的報

---

98 李越然，頁159-164。李的回憶大部分被《毛年譜》，卷4，頁193-198的記載所印證，特別是關於印度問題上的爭論。

99 同上。

100同上。

告：「中共領導人有誇大中國社會主義關係成熟的程度……表現出一種驕傲自滿的情緒……這些問題的背後是對毛澤東同志的個人崇拜。從所有的情況來看，毛澤東也已經相信他自己的永遠正確性。」[101] 蘇斯洛夫的觀察是不無道理的。

　　當日內瓦會議結束時，中國似乎充滿著和平的希望。被長期戰爭所破壞的經濟也有可能在和平環境中重建恢復。但是毛澤東突然一改初衷，甚至不等周恩來回國，一手發動了「解放台灣」運動，製造遠東國際緊張局勢。他的「戰爭邊緣政策」把美國引入國共在沿海島嶼的爭鬥，促使很不情願的華盛頓與台北締結共同防禦條約。同時毛澤東又極其不願與美國發生直接的軍事衝突，於是他「解放台灣」就只能永遠是不可實現的口號了。毛澤東1958年如同覆徹地發起第二次台海危機，也沒有長期戰略目標和近期軍事計畫，只是希望在壓力下，美國人會動搖退卻，從而迫使台北撤出金門、馬祖。他的軍事冒險再次失敗，因為不願與美國打仗仍然是他的底線，而華盛頓則堅守盟約義務。從戰略和戰術的意義上來說，毛澤東的兩次冒險都是一無所得，不過他確實顯示了一種超凡的能力：打了敗仗仍能逞英雄。他能使他的追隨者和國內的平民百姓相信他是維護中國統一和主權的領袖。

　　但是他在東歐國家的英雄形象卻運氣不佳。朝鮮戰爭後，中共和毛澤東在社會主義陣營中的威望節節上升。在「非史達

---

101 The Cold War International History Project, The Wilson Center for International Studies, *Bulletin*, Vol. 8-9, 1996-1997, pp. 244-248.

林化」之後，特別是莫斯科在處理波匈事件時的慌亂，使赫魯雪夫在毛澤東面前相形見絀。可是毛澤東有點利令智昏了，他在莫斯科會議期間開始公開向蘇聯領導權挑戰，攻擊「和平共處」以及「和平過渡」方針。在中蘇公開分裂後，除了阿爾巴尼亞以外，沒有一個東歐共產黨國家是跟著北京走的。一心想當國際共運領袖的毛澤東，卻成為社會主義陣營中的孤家寡人。

結語

  綜上所說，中國五〇年代政治的基本特點就是毛澤東的超凡權威的形成、鞏固和擴大；而伴隨著這一過程的則是不斷的以群眾運動為方式的階級鬥爭。換言之，毛澤東人為製造的群眾性的階級鬥爭是他確立和鞏固他的「一人專政」之法寶。在1957年「反右」之前，他曾經試圖減緩「激風暴雨式的群眾性階級鬥爭」，多給人民一些自由和民主，把中國建設成一個比蘇聯更好的社會。但是他欲罷不能，原因在於人心所向：一旦毛澤東把無產階級專政的緊箍咒擱置一邊，實行「言者無罪」，人們心中對自由的渴望必然情不自禁地爆發出來。他一度自欺欺人地認為，中國人民不像匈牙利人，他們是擁護甚至熱愛共產黨及其領袖的。然而，在他發出請黨外人士幫助中共整風的指示不到兩周，他就認識到自己對現實估計的錯誤。於是他徹底拋棄了整風的念頭，轉而採用「誘敵深入，聚而殲之」的策略，把整風變為反右運動了。從此之後，毛澤東再也沒有向「右」轉過；因為他已經認識到他的權威只能用「無產階級專政」來維持。他果然變得越來越「左」，說階級鬥爭要「年年講，月月講，天天講」。當社會上的「反革命」基本上

都被打成「死老虎」後，他把矛頭指向「黨內走資派」，即劉少奇、鄧小平之類的「中國的赫魯雪夫」。「十年浩劫」的「文化大革命」是毛澤東「群眾運動」的最大和最高表現；但是他人不死，「浩劫」還沒完沒了。毛澤東把中國引向浩劫和災難，並把中共的黨政系統「砸爛」了，但是他對中國的命運之掌控卻絲毫沒有減弱。甚至在他死後，他說過的話仍然是「聖旨」，「一句頂一萬句」。這種違反常規和不可思義的現象為什麼在毛澤東時代的中國出現？他究竟有什麼能耐使他成為這樣一個超凡權威？

從基本的建國方針來看，很多研究者都說，毛澤東說比史達林更史達林主義。但是史達林死後不久，他的個人崇拜的偶像就分崩離析，屍體也被挖出遷移。而毛澤東至今仍然安然無恙地躺在他的紀念館裡，中共領導層還會不時地集體前往鞠躬瞻仰。史達林只是一個強權政治中的鐵腕人物，而毛澤東則是一個超凡權威，其個人崇拜是建立在「群眾運動」的基礎上的。韋伯說，超凡權威首先必須能向追隨者揭示他們的歷史使命，並向他們證實他是唯一能領導他們去實現這個使命的人，他就是他們的主人，他們就要對他俯首聽命。毛澤東在五〇年代初的成功，就在於他能夠用宣傳和政策行動來說服中國人民，他們的使命就是在中共的領導下去創建一個美好的「新民主主義社會」。在1949年前後，中共輿論宣傳的中心任務是確立「無產階級領導權」的命題爭辯（discourse）：無產階級是最先進和最大公無私的社會階級，它通過中國共產黨來實現對國家和政府的領導；因為中國革命是無產階級領導下的反帝反封建的革命，農民、民族資產階級和小資產階級是革命統一戰線

的組成部分。由於中共打敗國民黨的軍事勝利和人民渴望一個與腐敗無能的舊政府相反的新中國，毛澤東的「新民主主義社會」顯得十分有吸引力。同時，當時毛澤東強調黨內黨外的合作，政治協商會議成為起草臨時憲法的機構，他還要把一半的政府職位給民主黨派。這些因素的結合就使中共的「無產階級領導權」成為無可非議的真理，〈東方紅〉的歌聲也隨之響徹神州。

　　然而毛澤東1950年的《雙十指示》開始的第一個群眾運動，「鎮壓反革命」，改變了所有的一切；「新民主主義專政」開始向「無產階級專政」轉變。往日政協的座上客，變成今日的階下囚；就是很多作為「無產階級」成員的工人們也在劫難逃。但是毛澤東的鎮反與史達林的「大清洗」不同，它沒有那種「祕密警察半夜敲門—祕密審訊—祕密槍決」式的神祕的恐怖。毛澤東則把延安整風模式推廣至全國，其特點就是「大張旗鼓」地發動群眾，「大張旗鼓」地大殺反革命。毛澤東一個指示發來，各級中共幹部聞風而動，先是對所有人員的「排隊摸底」和「政治學習」，接著是「自我坦白」和「相互揭發」。根據他們掌握的「政治材料」，基層幹部尋找打擊對象，同時物色和組織積極分子，在大會小會上「展開鬥爭」。這種運動一部分群眾去鬥爭另一部分群眾的策略，不僅是傳統的「分而治之」的帝王權術，同時又是幫助確立超凡權威的手段。在長期受災受難的過程中，人民群眾中怨聲載道，有仇恨要發洩，但不知向誰而發。於是毛澤東抓住這個機會，把矛頭指向沒有確切定義的「反革命」。當政府和領袖號召人民去挖出和打擊「反革命」，並告訴他們這是實現歷史使命之必須

時，幼稚的人們的負面情緒，如仇恨和報復的需求，得到了發洩的機會。中共幹部同時又引導群眾去熱愛領袖毛澤東，因為他理解人民的要求，「大殺反革命」是民心所向。在這種扭曲的政治環境中，每一個人都是一個特定的階級的成員，他的思想和感情帶有階級性。一個運動中的積極分子，必須滿腔熱情地熱愛黨和領袖，又有對階級敵人的無比仇恨，就是這些「敵人」是他的親生父母也在所不惜。找「替罪羊」的手段並不是毛澤東的發明，歷史動盪時期總有一些人被扔出時代列車的車廂。法國革命時雅各賓黨人煽動對貴族階層的仇恨，造成血腥的大屠殺；希特勒指猶太人為萬惡之源，把他們投入集中營。那些獨裁者很明白，沒有「牛鬼蛇神」人民就不需要他們那樣的「救星」了。而毛澤東能夠在「樹立對立面」的同時，激發人民對他的熱愛，那是羅伯斯比和希特勒所望塵不及的。

在他成功地讓中國人民接受了「新民主主義」的歷史使命和中共的領導地位後，毛澤東突然轉向，發動鎮反運動。稍後，他對黨內解釋說，既然「新民主主義」是向社會主義的過渡階段，從1949年起，過渡就開始了，就要逐步地增加社會主義因素。一般老百姓對這種政治詭辯並不在意，他們對毛澤東的崇拜和臣服反而增長了。原因是：第一，他打著「為民除害」的旗幟來發動群眾，挖出「壞人」，加以懲治。他特別強調要殺「民憤大」的反革命，這就給民眾一個「出氣」的機會。於是北京居然有人在觀看集體槍斃「反革命」後，扭著秧歌回家。出了氣的人們高喊「毛主席萬歲」時就更加響亮。第二，韋伯不僅闡述了人們對超凡權威的相信和崇拜是他們服從的基礎，同時也強調了其他使他們俯首聽命的「世俗」原因，

例如對權威報復的恐懼和對權威賜善的希望。那種從「政治學習」到「坦白揭發」的運動過程充滿著火藥味；歇斯底里的批判，偷偷摸摸的祕告，使每個人都心懷恐懼。人們很快就認識到，要避免成為「獵物」的下場，最好的辦法就是成為「獵手」。同時中共在運動中物色「獵手」積極分子，吸收他們入黨。於是毛式階級鬥爭的群眾運動又成為擴大和發展中共黨組織的動力。這些運動的「既得利益者」掌握基層領導權後，在以後的運動中，他們會更加積極地踴躍參加，打擊別人來提高自身利益。這種惡性循環直至「文革」後才壽終正寢，因為毛澤東最後把鬥爭矛頭指向「黨內走資派」。

　　但是在五〇年代，毛澤東的威望和權力，由於一個接一個的運動，正在直線上升。鎮反後，「三反」接踵而來，同時還有思想改造運動；1955年的反胡風和肅反運動把矛頭轉向了機關學校的知識分子和「暗藏的反革命」。儘管很多人把他視為神聖，毛澤東終究是個凡人，而凡人總要犯錯誤。但是超凡權威是不能承認錯誤的，於是毛澤東需要有超凡的文過飾非的能力。每次運動一來，為了「調動群眾積極性」，他總是要反對「右傾」，鞭策部下極力而行。不過他同時總要加上一句防止「左傾」之類的話，因此從表面上看，毛澤東總是「正確」的，不左也不右。然而實際上，他在鎮反時層層下壓殺人指標；在三反時要各地上報「打虎預算」，並要各地相互競爭，報得越多越好。於是運動擴大化，「左傾」失控，而毛澤東是沒有責任的，因為他說過要防止左傾。於是下級只能承擔責任，自我檢查了。1957年從整風轉向反右是毛澤東文過飾非最典型的一招：為了掩飾他在「階級鬥爭」問題的估計和政策上

的「右傾」錯誤，他不惜把五十萬知識分子用「引蛇出洞」的策略，打成「右派」，以顯示他的「永遠正確」。但是更可怕的是當他不再文過飾非，而乾脆將錯就錯時，毛澤東已經走上歧路，災難將接踵而來，那就是1959年的廬山會議。毛澤東上山前是想糾正「大躍進」和「人民公社」運動中的「左傾」，而當彭德懷批評「小資產階級狂熱性」後，毛澤東不僅把他和「同夥」打成「右傾機會主義反黨集團」，還停止原來的糾左方針，繼續錯誤和狂熱的政策，導致大饑荒和成千上萬人民的死亡。[1] 毛澤東的超凡權威已經走向自己的反面，而中共黨組織卻無力以對。

通過「三反」和用純熟的權術來處理高崗事件後，毛澤東對中共這一台「機器」駕馭自如。從政治局成員到一般黨員對他五體投地地臣服和敬佩。「一人專政」的好處是使中共避免了國民黨的派別分爭而缺乏效率的弊病。但是當毛澤東把黨內政治演變成泰維斯所說的「宮廷政治」後，黨內政治活躍成分漸漸窒息。加之他對「使命」或「路線」之多變，並用「路線錯誤」的帽子來懲罰不能「緊跟」的下屬，於是本來精明能幹的人也無從措手足。彭德懷的下場和他的祕書田家英的自殺就是例子。然而，這只是超凡權威墮落的開始。廬山會議後，「大躍進」繼續升溫，於是「三年自然災害」出現了，1961年的中國經濟蕭條，糧食奇缺，成千上萬的人活活餓死。毛澤東在1962年1月的「七千人大會」上避重就輕地「為中央承擔責

1　關於廬山會議，參見李銳，《廬山會議紀要》（鄭州：河南人民出版社，2000）。

任」，同時認為「三面紅旗」是正確的，缺點錯誤只是「一個指頭的問題」。但是劉少奇則說所謂的自然災害是「三分天災，七分人禍」，鄧小平發言也強調政策錯誤的問題。就因為這些不同意見，江青說毛澤東「憋了口氣」直至「文革」時才出了氣。[2] 顯然他把非常隱晦和間接的批評看作是對他超凡權威的挑戰，於是他發起「文化大革命」，把中共這台「機器」來一個脫胎換骨的改造，而劉少奇和鄧小平也在劫難逃了。

其實，毛澤東的超凡權威最終走向自己的反面是不可避免的，因為其基礎，即他擁有超於凡人的天賦，實際並不存在；那只不過是他本人和他的追隨者的「假設」或「偽稱」而已。但是自命不凡的毛澤東卻雄心勃勃，不僅要主宰中國，還要指導國際共產主義運動。他在自己和中國共產黨和中華民族之間劃了等號；只有他才能代表共產黨和中國人民及其國家。因此，在台灣和西藏問題尚未解決之前，為了滿足他當「東方列寧」的志向，他支持金日成發動朝鮮戰爭。美軍仁川登陸後，他又怕打敗戰，遲遲不願出兵，錯過了不使美軍越過「三八線」的機會。打了幾場勝仗後，他又利令智昏，拒絕停戰談判，命令部隊不斷出擊，結果損兵折將，也失去了外交上的「黃金機會」。可是中國在朝鮮戰爭中的「勝利」神話卻風靡神州，毛澤東也成為中國的「救星」了。歷史事實是無情的：毛澤東把自己的聲譽和形象放在民族和國家利益之上，時常感情用事，政策多變無常，致使中國人民付出了慘重的代價。這個在外交上感情用事，變化無常的毛澤東又在兩次台海危機中

2　張素華著，《變局：七千人大會始末》（北京：中國青年出版社，2006）。

轉身復出，其結果不僅是對國內「左」傾政策的推波助瀾，同時引起中蘇同盟解體。

　　在毛澤東時代，事實往往被宣傳所掩蓋和歪曲，而人們往往聽信他們願意聽信的東西。因此「假新聞」層出不窮，其來源常常出自毛澤東，例如美國的「兩個中國」之政策，其目的只是讓他打了敗仗後仍能逞英雄。既然領袖要聽頌歌，下屬便不遺餘力地投其所好；就像不斷重複的謊言會變成真理似的，毛澤東也被他自己的宣傳機器吹得昏昏欲睡，視自我為神聖。這就是超凡權威的惡性循環：權威需要用崇拜來吹大，擴大了的權威需要更多的崇拜來維持。久而久之，小小的批評在權威聽來就如同晴天霹靂了。聰明的鄧小平在「七千人大會」後對此心領神會。七〇年代初，中美解凍，尼克森訪華一時轟動世界。周恩來在毛澤東的指揮下，操辦一切，當是無功也有勞。但是尼克森一走，毛澤東開始了「批周」，其原因是周恩來「功高蓋主」：「尼克森訪華後，毛澤東發現西方各大報刊對周恩來好評如潮，把中國外交說成是『周恩來外交』時，不禁醋意大發，由此萌發了要整治周的念頭。」[3] 季辛吉1973年11月訪華後，毛澤東指使政治局圍攻周恩來，甚至有人說周是「喪權辱國」和「右傾投降」。周橫直想不通，因為他事無巨細，都是向毛澤東請示了的。此時復出不久的鄧小平出來點撥周恩來了：你現在的位置離主席只有一步之遙，別人都是可望而不可即，而你卻是可望而可即。希望你自己能夠十分警惕這一點。周恩來一下領悟了：他在尼克森訪問期間，搶了毛澤東的

3　高文謙，《晚年周恩來》（紐約：明鏡出版社，2003），頁450。

風頭，「老人家」為此不高興了。於是他極力作自我批評，最後總算過了關。毛澤東聽此彙報後，對鄧小平更為賞識。[4] 雖然「偉大領袖毛澤東」的口號依然如故，此時自我為中心的毛澤東的人格實際上變得幾乎有點不可思議地渺小和狹窄；世界上沒有比他的威望和形象更重要的事情。那時已經走向自己的反面的毛澤東，也已經走到了他人生的盡頭。這是一個個人和歷史的悲劇。

　　前車之覆，後車之鑑。但願毛澤東的悲劇不會在中國重演。

4　同上，頁472。陳兼研究了中外有關資料後寫的《周恩來和1973年11月基辛格訪華》當是目前對此問題最詳盡的闡述，也對高書中的一些問題提出質疑。（華東師範大學，《人文科學》，第1期，頁15-26，2014）筆者為此問題請教陳兼，他慷慨相助，寄上該文，在此表示衷心感謝。

參考書目

歷史檔案報刊類

上海市檔案館館藏文件

美國國務院，《美國外交關係》（*Foreign Relations of the United States,*）1950-1960年.

沈志華編，《朝鮮戰爭：俄國檔案館的解密文件》，台北：中央研究院近代史研究所，史料叢刊（48），2003。

威爾遜中心國際冷戰史研究室（Woodrow Wilson Center, The Cold War International History Project,《電子檔案選集》（Digital Archives, Collections），https://digitalarchive.wilsoncenter.org/collections

哈佛大學冷戰史研究中心，《在線檔案文件》（Online Document Archives）https://digitalarchive.wilsoncenter.org/collections

喬治‧華盛頓大學，《國家安全檔案》（National Security Archives）https://nsarchive.gwu.edu/

中央情報局，《對蘇聯威脅的估計》（*Assessing the Soviet Threat*），Woodrow Kuhn, ed., Langley, VA: The Center for the

Study of Intelligence, CIA, 1997.

《大公報》，1951-1956年.

《港大公報》，1951-1953年.

《進步日報》，1951-1954年.

《人民日報》，1950-1958年.

《文彙報》，1950-1958年.

文件選編和回憶錄類

鄧小平，《鄧小平文選》，卷2，北京：人民出版社，1994。

劉少奇，《劉少奇論新中國經濟建設》，北京：中央文獻出版
　　社，1993。

劉曉，《出使蘇聯八年》，北京：中共黨史出版社，1998。

毛澤東，《毛澤東文集》，卷6，北京：人民出版社，1999。

洪學智，《抗美援朝戰爭回憶》，北京：解放軍文藝出版社，
　　1991。

江西省公安廳編撰，《江西省公安史：1949-1992》，公安機關
　　內部使用，南昌，1996。

金沖及、陳群主編，《陳雲傳》，上下卷，北京：中央文獻出
　　版社，2005。

李銳，《廬山會議紀要》，鄭州：河南人民出版社，2000。

李越然，《外交舞台上的新中國領袖》，北京：外語教學與研
　　究出版社，1994。

彭德懷，《彭德懷軍事文選》，北京：中央文獻出版社，
　　1988。

薄一波，《若干重大決策與事件的回顧》，上下卷，北京：中共中央黨校出版社，1991。

蕭勁光，《蕭勁光回憶錄》，北京：解放軍出版社，1987。

王焰，《彭德懷年譜》，北京：人民出版社，1998。

伍修權，《回憶與懷念》，北京：中共中央黨校出版社，1991。

吳冷西，《憶毛主席》，北京：新華出版社，1995。

吳冷西，《十年論戰》，北京：中央文獻出版社，1999。

楊尚昆，《楊尚昆日記》，上下卷，北京：中央文獻出版社，2001。

張秀山，《我的八十五年，從西北到東北》，北京：中共黨史出版社，2007。

中共重慶市委宣傳部編印，《重慶市右派言論選輯》，1957年8月。

中共湖北省委黨史研究室，《建國初期湖北的「三反」「五反」運動》，武漢：湖北人民出版社，2010。

中共中央文獻研究室，《建國以來毛澤東文稿》，北京：中央文獻出版社，1987，卷1-8，簡稱《毛文稿》。

中共中央文獻研究室編，《陳雲年譜》，上中下卷，北京：中央文獻出版社，2004。

中共中央文獻研究室編，《陳雲傳》，上中下卷，北京：中央文獻出版社，2005。

中共中央文獻研究室編，《彭德懷軍事文選》，北京：中央文獻出版社，1988。

中共中央文獻研究室編，《建國以來重要文獻選編》，1-10冊，北京：中央文獻出版社，1992。

中共中央文獻研究室編，《劉少奇傳》，上下卷，北京：中央
　　文獻出版社，1998。

中共中央文獻研究室編，《周恩來年譜，1949-1976》，卷1-3，
　　北京：中央文獻出版社，2012，簡稱《周年譜》。

中共中央文獻研究室編，《毛澤東年譜，1949-1976》，卷1-3，
　　北京：中央文獻出版社，2014，簡稱《毛年譜》。

中共中央文獻研究室編，《毛澤東傳，1949-1976》，上下卷，
　　北京：中央文獻出版社，2015。

中文著作論文類

白希，《開國大鎮反》，北京：中共黨史出版社，2006。

陳兼，〈周恩來和1973年11月基辛格訪華〉，華東師範大學
　　《人文科學》，2014，第1期，頁15-26。

陳永發，《延安的陰影》，台北：中央研究院近代史研究所，
　　1990。

陳永發，《中國共產革命七十年》，新北：聯經出版公司，
　　1998。

戴晴，《在如來佛掌中：張東蓀和他的時代》，香港：香港中
　　文大學出版社，2009。

高華，《紅太陽是怎樣升起的：延安整風的來龍去脈》，香
　　港：香港中文大學出版社，2000。

高文謙，《晚年周恩來》，紐約：明鏡出版社，2003。

何其芳，〈現實主義的路，還是反現實主義的路？〉，《文藝
　　報》，第3號，1953年2月。

季羨林，〈我的心是一面鏡子〉，《東方》，1994年第5期。

金觀濤、劉青峰，〈反右運動與延安整風〉，《二十一世紀》，1997年4月號，頁26-27。

軍事科學院軍事歷史研究部編，《中國人民志願軍抗美援朝戰史》，北京：軍事科學出版社，1990。

李楊，〈建國後第一次思想改造運動的前前後後〉，《中國社會導刊》，2004，見互聯網：《地緣大棋局》。

林蘊暉，〈高崗事件始末〉，《百年潮》，刊於「觀察者」網頁，2013-09-29，https://www.guancha.cn/BaiNianChao/2013_09_29_175694.shtml

邵雍，《中國會道門》，上海：上海人民出版社，1997。

沈志華，〈斯大林，毛澤東與朝鮮戰爭再議，根據俄國檔案文獻的最新證據〉，《史學集刊》，2007，第5期，頁54-65。

沈志華，〈唇齒相依還是政治聯姻：中國與北朝鮮同盟的建立和延續（1946-1958）〉，《中央研究院近代史研究所集刊》，第63期，2009，頁147-194。

沈志華，〈毛澤東與東方情報局：亞洲革命領導權的轉移〉，華東師範大學學報。（筆者感謝沈志華把此文在正式發表前寄來分享。發表的文章可查2012年《騰訊網》。）

沈志華，《毛澤東，斯大林與朝鮮戰爭》，廣州：廣東人民出版社，2012。

沈志華，《思考與選擇》，香港：香港中文大學出版社，2008。

王朝彬，《三反實錄》，北京：警官教育出版社，1992。

王海光，〈徵糧，民變與『匪亂』——以中共建政初期的貴州

為中心〉，華東師範大學中國當代史研究中心編《中國當代史研究》，卷1，北京：九州出版社，2011，頁229-266。

王麗麗，《在文藝與意識形態之間：胡風研究》，北京：中國人民大學出版社，2003。

王順生、李軍，《「三反」運動研究》，北京：中共黨史出版社，2006。

王守法、趙洪順，《山東的「三反」「五反」運動》，濟南：山東人民出版社，2008。

王文正口述，《我所親歷的胡風案》，北京：中共黨史出版社，2007。

吳玨，《「三反」「五反」運動紀實》，北京，東方出版社，2014。

吳雪晴，〈批判電影《武訓傳》的前前後後〉，《新中國往事：從胡風錯案到兩案審判》，北京：中國文史出版社，2011，頁33-41。

謝泳，〈思想改造運動的起源及對中國知識分子的影響〉，刊於石剛主編，《現代中國的制度與文化》，香港：香港社會科學出版社，2004。

徐焰，《第一次較量，抗美援朝戰爭的歷史回顧與反思》，北京：中國廣播電視出版社，1990。

徐焰，〈出兵入朝參戰決策最後確定的曲直過程〉，《黨史研究資料》，1991，第4期，頁7 -13。

徐焰，《金門之戰》，北京：中國廣播電視出版社，1992。

楊奎松，〈新中國鎮反運動始末〉，《中華人民共和國建國史研究》，卷1，南昌：江西人民出版社，2009，頁168-216。

楊奎松，《忍不住的「關懷」，19949年前後的書生與政治》，
　　桂林：廣西師範大學出版社，2013。

于風政，《改造》，河南人民出版社，2001。

張素華，《變局：七千人大會始末》，北京：中國青年出版
　　社，2006。

章立凡，〈風雨沉舟記〉，《二十一世紀》，1997年4月號。

趙家梁、張曉霽，《半截墓碑下的往事：高崗在北京》，香
　　港：大風出版社，2008。

朱正，《1957年的夏季：從百家爭鳴到兩家爭鳴》，鄭州：河
　　南人民出版社，1993。

英文著作論文類

Accinelli, Robert. "Eisenhower, Congress, and the 1954-55 Offshore
　　Islands Crisis." *Presidential Studies Quarterly*, Vol. 20（2）
　　（Spring 1990）：329-345.

Acheson, Dean. *Present at the Creation: My Years in the State De-
　　partment*（New York: W.W. Norton and Company, 1987）.

Apter, David, Tony Saich,. *Revolutionary Discourse in Mao's
　　Republic*（Cambridge: Harvard University Press），1994.

Ashley, Richard. "The Poverty of Neorealism," *International
　　Organization*, Vol. 38（2）（Spring 1984）：225-286.

Bennett, Gordon. *Yundong: Mass Movement in Chinese Communist
　　Leadership*（Berkeley: University of California Press, 1976）.

Brands, H.W.. "Testing Massive Retaliation: Credibility and Crisis

Management in the Taiwan Strait," *International Security,* Vol. 12（4）（Spring 1988）：124-151.

Brown, Jeremy. Paul Pickowicz, ed. *Dilemmas of Victory, The Early Years of the People's Republic of China*（Cambridge: Harvard University Press, 2007）.

Chang, Gordon,（張少書）, He Di（何迪）. "The Absence of War in the US-China Confrontation over Quemoy and Matsu in 1954-55: Contingency, Luck, Deterrence?" *American Historical Review*, December 1993, pp. 1500-1524.

Chang, Gordon. "To the Nuclear Brink: Eisenhower, Dulles, and the Quemoy-Matsu Crisis," *International Security*, Vol. 12（4）（Spring 1988）：96-123.

Chen, Jian. *China's Road to the Korean War*（New York: Columbia University Press, 1996）.

Chen, Jian. "China's Changing Aims during the Korean War," *The Journal of American–East Asian Relations*, Vol. 1（Spring 1992）：30-33.

Chen, Jian. *Mao's China and the Cold War*（Chapel Hill: University of North Carolina Press, 2001）.

Chen, Theodore and Wen-hui Chen. "The Three-Anti and Five-Anti movement in Communist China," *Pacific Affairs*,Vol. 26（March 1953）：3-23.

Chow Ching-wen. *Ten Years of Storm: The True Story of the Communist Regime in China*（New York: Holt, Rinehart & Winston, 1960）.

Christensen, Thomas. *Useful Adversaries: Grand Strategy, Domestic Mobilization, and Sino-American Confrontation, 1949-1958* （Princeton, NJ: Princeton University Press, 1996）.

Christensen, Thomas. *Worse than a Monolith: Alliance Politics and Problems of Coercive Diplomacy in Asia*（Princeton: Princeton University Press, 2011）.

Denton, Kirk. *The Problematic of Self in Modern Chinese Literature: Hu Feng and Lu Ling*（Stanford: Stanford University Press, 1998）.

Dikotter, Frank. *The Tragedy of Liberation, A History of the Chinese Revolution, 1945-1957*（New York: Bloomsbury Press, 2013）.

Endrey, Andrew. "Hu Feng: Return of the Counterrevolutionary," *Australian Journal of Chinese Affairs*, Vol. 5（January 1981）：73-90.

Garver, John. *The Sino-American Alliance: Nationalist China and American Cold War Strategy in Asia*（New York: M.E. Sharpe, 1997）.

Goldman, Merle. *China's Intellectuals: Advise and Dissent*（Cambridge: Harvard University Press, 1981）.

Goncharenko, Sergei. "Sino-Soviet Military Cooperation," in O. A. Westad, ed. *Brothers in Arm: the Rise and Fall of Sino-Soviet Alliance,1945-1963*（Stanford: Stanford University Press, 1998）, pp. 141-164.

Goncharov, Sergei, John Lewis, and Xue Litai. *Uncertain Partners: Mao, Stalin, and the Korean War*（Stanford: Stanford University Press）, 1993.

He, Di. "The Evolution of the People's Republic of China's Policy towards the Offshore Islands," in *Great Powers in East Asia: 1953-1960,* ed. by Warren Cohen and Akira Iriye（New York: Columbia University Press, 1990）, pp. 222-245.

Hickey, Michael. *The Korean War: The West Confronts Communism*（New York: Overlook Press , 2000）.

Jameson, C,. "The Short Step From Love to Hypnosis: A Reconsideration of the Stockholm Syndrome," *Journal for Cultural Research*. 2010, 14.4: 337-355.

Jowitt, Ken. *New World Disorder, the Leninist Extinction*（Berkley: University of California Press, 1992）.

Li, zhisui. *The Private Life of Chairman Mao*（New York: Random House, 1994）.

Lindholm. Charles, *Charisma*（Oxford: Blackwell, 1990）.

Lu, Xiaobo. Elizabeth Perry, ed. *Danwei, The Changing Chinese Workplace in Historical and Comparative Perspective*（New York: M.E. Sharpe, 1997）.

Mansourov, Alexandre. "Stalin, Mao, Kim, and China's Decision to Enter the Korean War, September 16-October 15, 1950: New Evidence from the Russian Archives," Document 7, CWIHPB, Issue 6-7（Winter 1995）.

MacFarghar, Roderich. *The Origins of the Cultural Revolution*（Oxford: Oxford University Press, 1974-1997）.

Montell, Sherwin. "The San-fan Wu-fan Movement in Communist

China," in *Papers on China* (Cambridge: East Asian Research Center, Harvard University) ,Vol. 8 (February 1954) ：136-196.

Post, Jerrold. "Narcissism and the Charismatic Leader-Follower Relationship," *Political Psychology*, Vol. 7, No. 4 (December 1986) ：675-688.

Pye, Lucian. "Factions and Politics of Guanxi: Paradoxes in Chinese Administrative and Political Behavior," Jonathan Unger ed. *The Nature of Chinese Politics: From Mao to Jiang* (Armonk: M.E. Sharpe, 2002) , pp. 38-57.

Rees, David. *Korea: The Limited War* (New York: St Martin's, 1964) .

Selden, Mark. *The Yenan Way in Revolutionary China* (Cambridge: Harvard University Press, 1971) .

Spence, Jonathan. *Mao Zedong* (New York: Lipper/Viking, 2006) .

Stolper, Thomas. *China, Taiwan, and Offshore Islands: Together with an Implication for Outer Mongolia and Sino-Soviet Relations* (Armonk: M. E. Sharpe, 1985) .

Shen, Zhihua. "China and Dispatch of the Soviet Air Force: the Formation of the Chinese-Soviet-Korean Alliance in the Early Stage of the Korean War," *The Journal of Strategic Studies*, Vol.33 (2) (April 2010) ：211-230 .

Shen, Zhihua, Yafeng Xia. "Mao Zedong's Erroneous Decision During the Korean War: China's Rejection of the UN Cease-fire Resolution in Early 1951," *Asian Perspective*, Vol. 35

（2011）：187- 209.

Sheng, Michael. "Beijing's Decision to Enter the Korean War," *Korea and World Affairs*（Summer 1995）：294-313.

Sheng, Michael. *Battling Western Imperialism: Mao, Stalin, and the United States*（Princeton: Princeton University Press, 1997）．

Sheng, Michael. "The Psychology of the Korean War," *The Journal of Conflict Studies*（Spring 2002）：56-72.

Sheng, Michael. "Mao and the Korean War: A Personality Account," *The New England Journal of History* 60（Spring 2004）：212-226.

Sheng, Michael. "Mao's Role in Korean Conflict: A Revision," *Twentieth Century China*, October 2014, pp. 269-290.

Strauss, Julia. "Paternalist Terror: The Campaign to Suppress Counterrevolutionaries and Regime Consolidation in the People's Republic of China, 1950-1953," *Comparative Studies in Society and History*, Vol. 44, 2002, pp. 80-105.

Stueck, William. *The Korean War, An International History*（Princeton: Princeton University Press, 1995）．

Thornton, Richard. *Odd Man Out: Truman, Stalin, Mao and the Origins of the Korean War*（Washington, D.C.: Brassy's Inc. 2000）．

Teiwes, Frederick. *Elite Discipline in China: Coercive and Persuasive Approaches to Rectification, 1950-1953*（Canberra: Australian National University, 1978）．

Teiwes, Frederick. "Establishment and Consolidation of the New

4

4

Regime," in *Cambridge History of China,* Vol. 14（Cambridge: Cambridge University Press, 1987）, pp. 88-92.

Teiwes, Frederick. *Politics at Mao's Court: Gao Gang and Party Factionalism in the Early 1950s*（Armonk, New York: M.E. Sharpe, 1990）.

Teiwes, Frederick. *Politics and Purges in China, Rectification and the Decline of Party Norms, 1950-1965*（New York: M.E. Sharpe, 1993）.

U, Eddy. *Creating the Intellectual: Chinese Communism and the Rise of a Social Classification*（CA: The University of California Press, 2019）.

Weathersby, Kathryn. "Should We Fear This?: Stalin and the Danger of War with America," Cold War International History Project（CWIHP）, Working Paper, No. 39（July 2002）.

Weber, Max. *From Max Weber: Essays in Sociology*, trans. H. H. Gerth and C. Wright Mills（New York: Oxford University Press, 1946）.

Wendt, Alexander. "The Agent–Structure Problem in International Relations Theory," *International Organization*,Vol. 41（3）（Summer 1987）：337-370.

Zhang, Shuguang. *Deterrence and Strategic Culture, Chinese-American Confrontations, 1949-1956*（New York: Ithaka, Cornel University Press, 1992）.

Zubok, Vladislav. Constantine Pleshakov, *Inside Kremlin's Cold War*（Harvard University Press, 1996）.

紅太陽的灼熱光輝：毛澤東與中國五〇年代政治

2021年6月初版　　　　　　　　　　　　　定價：新臺幣520元
有著作權·翻印必究
Printed in Taiwan.

著　者	盛慕真	
叢書主編	沙淑芬	
校　對	陳佩伶	
內文排版	菩薩蠻	
封面設計	沈佳德	

出　版　者　聯經出版事業股份有限公司
地　　　址　新北市汐止區大同路一段369號1樓
叢書主編電話　(02)86925588轉5310
台北聯經書房　台北市新生南路三段94號
電　　　話　(02)23620308
台中分公司　台中市北區崇德路一段198號
暨門市電話　(04)22312023
台中電子信箱　e-mail：linking2@ms42.hinet.net
郵政劃撥帳戶第0100559-3號
郵撥電話　(02)23620308
印　刷　者　世和印製企業有限公司
總　經　銷　聯合發行股份有限公司
發　行　所　新北市新店區寶橋路235巷6弄6號2樓
電　　　話　(02)29178022

副總編輯　陳逸華
總　編　輯　涂豐恩
總　經　理　陳芝宇
社　　　長　羅國俊
發　行　人　林載爵

行政院新聞局出版事業登記證局版臺業字第0130號

本書如有缺頁，破損，倒裝請寄回台北聯經書房更換。　　ISBN　978-957-08-5851-8 (精裝)
聯經網址：www.linkingbooks.com.tw
電子信箱：linking@udngroup.com

國家圖書館出版品預行編目資料

紅太陽的灼熱光輝：毛澤東與中國五〇年代政治/
盛慕真著 . 初版 . 新北市 . 聯經 . 2021年6月 . 320面 . 14.8×21公分
ISBN　978-957-08-5851-8（精裝）

1.中國大陸研究　2.中國政治思想

574.1　　　　　　　　　　　　　　　　　　110007903